2019 年度河北省社会科学基金项目（HB19YJ040）

乡村振兴视阈下河北省乡村人才振兴路径研究

贾冀南 著

中国纺织出版社有限公司

内 容 提 要

本书通过分析乡村人才与乡村振兴的理论机制，采用深入调研和实证方法挖掘影响河北省乡村人才振兴的关键因素，结合国内外乡村振兴的先进经验，科学设计河北省乡村人才振兴的政策组合措施，从而助力河北省乡村人才振兴目标的早日实现。

图书在版编目（CIP）数据

乡村振兴视阈下河北省乡村人才振兴路径研究 / 贾冀南著 . -- 北京：中国纺织出版社有限公司，2022.11

ISBN 978-7-5229-0038-4

Ⅰ . ①乡… Ⅱ . ①贾… Ⅲ . ①农村—社会主义建设—人才培养—研究—中国 Ⅳ . ① F320.3

中国版本图书馆 CIP 数据核字（2022）第 208711 号

策划编辑：曹炳镝　段子君　　责任编辑：段子君
责任校对：高　涵　　责任印制：储志伟

中国纺织出版社有限公司出版发行
地址：北京市朝阳区百子湾东里 A407 号楼　邮政编码：100124
销售电话：010—67004422　传真：010—87155801
http://www.c-textilep.com
中国纺织出版社天猫旗舰店
官方微博 http://weibo.com/2119887771
三河市延风印装有限公司印刷　　各地新华书店经销
2022 年 11 月第 1 版第 1 次印刷
开本：710 × 1000　1/16　印张：15.5
字数：263 千字　定价：99.00 元

前 言

农业、农村和农民问题始终是中国共产党在社会主义建设时期着重解决的重大课题。中华人民共和国成立后，以毛泽东为核心的党的第一代领导集体对解决农村、农业和农民问题进行了长期的艰辛探索，并提出了一系列关于农村发展的政策。改革开放后，我国实施了以家庭联产承包责任制为开端的农村经济体制改革，从而极大地激发了农村的经济活力，之后，我国采取了大规模开发式扶贫及扶贫攻坚战略。党的十八大以来，以习近平同志为核心的党中央提出了“精准扶贫”的战略部署，强调“精准扶贫，就是要对扶贫对象实行精细化管理，对扶贫资源实行精确化配置，对扶贫对象实行精准化扶持，确保扶贫资源真正用在扶贫对象身上、真正用在贫困地区”。精准扶贫旨在引导各类扶贫资源优化配置，实现精准帮扶。党的十九大报告指出，“农业农村农民问题是关系国计民生的根本性问题，必须始终把解决好‘三农’问题作为全党工作的重中之重，实施乡村振兴战略”。民族要复兴，乡村必振兴。当前，我国对乡村振兴工作愈加重视，乡村振兴已经成为促进中国城乡统筹发展和深化改革的焦点问题。

经济增长离不开人力资本的支撑，人力资本作为推动经济增长最活跃的因素之一，通过影响生产、消费、投资及储蓄等直接或间接地刺激经济增长，然而人力资本在空间分配上的不平衡是导致地区经济发展差异的主要原因之一。2021 年，河北省 GDP 总量为 40391.3 亿元，在全国排名第 12 位，而河北省人均 GDP 仅约为 5.41 万元，在全国仅排名第 27 位。可见，河北省与国内经济发达省市还存在一定的经济差距。同时，河北省城乡之间一直存在着较大的经济差距，2021 年，全省城镇居民和农村居民人均可支配收入分别是 39791 元和 18179 元，城乡收入比为 2.19，城乡居民收入差距明显。这直接导致了河北省乡村地区的大量农村劳动力外流到城市中，农村中留守老人、留守儿童现象突出，乡村“空心化”现象严重，乡村产业不兴、文化不兴等问题始终存在，不利于河北省城乡统筹发展。在乡村振兴的大背景下，要促进河北省乡村经济持续健康发展，实现河北省乡村社会的全面振兴，就必须改变河北省农村劳动力持续流失的现状，做好河北省的乡村人才振兴工作，培育更多的乡村人才，充分发挥乡村人才在河北省乡村社会经济发展的巨大作用。

本书是2019年度河北省社会科学基金项目《乡村振兴视阈下河北省乡村人才振兴路径研究》（HB19YJ040）的最终研究成果。为了探寻影响河北省乡村人才振兴的主要因素，课题组先后深入河北省石家庄市、邯郸市、邢台市、承德市、沧州市、唐山市、保定市等地的重点县域进行问卷调查和深入访谈，对“乡村基础设施”“城市吸引力情况”“政务服务情况”“政府政策”等方面进行重点调查，以便深入了解河北省乡村人才在工作和生活中的真正诉求。同时，通过实证方法进一步挖掘影响河北省乡村人才振兴的关键影响因素，为制定河北省乡村人才振兴的相关政策指明研究方向。

当前，河北省各地的乡村人才振兴工作都取得了较大的进展，但是从人才政策的实施效果来看还不是很理想，部分政策在实施过程中难度依然较大，在乡村人才培育与引进方面依然存在着一定的不足。这就需要政府各部门清醒认识乡村人才的重要性，统筹发力，破除乡村人才工作中的各种藩篱，科学制定乡村人才政策，并将其真正落到实处，切实做好河北省的乡村人才振兴工作。

现如今，我国已经消除了绝对贫困，全面小康社会已然建成，河北省应该抓住经济社会高质量发展的机遇，积极推动河北省乡村逐步进入发展快车道。因此，本书通过分析乡村人才与乡村振兴的理论机制，采用深入调研和实证方法挖掘影响河北省乡村人才振兴的关键因素，结合国内外乡村振兴的先进经验，科学设计河北省乡村人才振兴的政策组合措施，从而助力河北省乡村人才振兴目标的早日实现。

贾冀南

2022年9月

目　录

第一篇

绪论

第一章 导论

第一节 研究背景与研究意义

一、研究背景

2021 年 2 月 25 日，习近平总书记在全国脱贫攻坚总结表彰大会上宣布，我国脱贫攻坚战取得了全面胜利，区域性整体贫困得到解决，完成了消除绝对贫困的艰巨任务。与此同时，国家乡村振兴局正式挂牌成立，这表明自党的十九大报告中将乡村振兴上升为国家战略后，国家对乡村振兴工作愈加重视，乡村振兴已经成为当前和今后一段时间促进中国城乡统筹发展和深化改革的焦点问题。

而乡村要振兴，人才需先行，乡村振兴的核心在“人才振兴”。乡村各类人才在乡村振兴战略实施中起着至关重要的作用，是推动乡村振兴的强大力量。因此，大力推动乡村人才振兴已经成为我国目前推动乡村振兴的重要着力点与突破口。乡村振兴与人才振兴是相辅相成的关系，乡村振兴进程的持续推进可以促进乡村人才振兴，而乡村人才振兴又成为乡村振兴的内在动力。因而只有做好乡村振兴这篇“大文章”才能更好地吸引人才在乡村的集聚，从而更好地助力乡村振兴战略的实现。

当前，河北省在促进乡村人才振兴方面出台了一系列的政策，并取得了较好的效果，但囿于城市的“虹吸效应”，乡村各类人才向城市流入和集聚的趋势明显，导致河北省依然存在着乡村人才总量不足、质量不高、结构失衡等问题，这在一定程度上阻碍了河北省乡村振兴的进程。因此，河北省亟须将乡村人才振兴作为乡村振兴的内在驱动力，以更好地促进河北省与城乡统筹协调发展。基于此，深入挖掘影响河北省乡村人才振兴的关键驱动因素，进而设计河北省乡村人才振兴路径就非常具有必要性和现实性。

二、研究意义

1. 理论意义

当前，关于河北省乡村人才振兴的研究日渐增多，但是在对策建议上还不够细化。本书分析了乡村振兴与乡村人才振兴二者间的联系机理，深刻揭示了乡村振兴与乡村人才振兴之间的内在互动关系，采用科布—道格拉斯函数对河北省乡村人才经济贡献率进行测度；采用改进层次分析法的模糊综合评价法，深入挖掘了河北省乡村人才振兴的关键影响因素，从而为河北省乡村人才振兴的政策设计提供理论和实证支撑。这在一定程度上可以丰富和拓展乡村人才振兴的理论范畴。

2. 现实意义

当前，对河北省乡村振兴的研究大多是从产业兴旺、生态宜居、生活富裕等角度进行探讨，而以乡村人才振兴为视角去研究河北省乡村振兴的相关研究成果却十分薄弱。因此，深入研究河北省乡村人才振兴问题就非常具有现实性。本书通过对日本、韩国、美国、德国、法国，以及我国河南省镇平县、贵州省思南县、安徽省濉溪县等地的乡村人才振兴经验进行了归纳和总结，以期为设计河北省乡村人才振兴路径提供有益的经验借鉴，这对于河北省做好今后的乡村人才工作具有积极的实践指导意义。

第二节 研究目的

本书的研究目的有以下三点。

（1）厘清乡村振兴与乡村人才振兴的内在机理。本书对乡村振兴与乡村人才振兴的内在联系机理进行详细的阐释，证实了乡村振兴能进一步带动乡村人才振兴，而乡村人才振兴亦能促进乡村振兴的理论机制。

（2）测算河北省乡村人才数量对经济的贡献率。本书对河北省 2000 至 2020 年全国各省市的乡村人才总量进行了测算，评估了河北省乡村人才在全国的位置水平。使用科布—道格拉斯函数测度河北省乡村人才的经济贡献率，从而验证河北省乡村人才在乡村经济增长中的作用。

（3）设计河北省乡村人才振兴的对策体系。本书采用问卷调查的方式，对河北省各地市的乡村人才发放调查问卷，并利用改进层次分析法的模糊综合评价法，探究影响河北省乡村人才振兴的关键影响因素，同时，结合借鉴国内外乡村人才振兴的先进经验，设计河北省乡村人才振兴的对策体系，以期为政府相关部门制定乡村人才政策提供有益的借鉴和参考。

第三节 研究内容与研究框架

一、研究内容

本书内容共分为六篇：第一篇：绪论（第一章至第三章）、第二篇：理论篇（第四章、第五章）、第三篇：实证篇（第六章至第九章）、第四篇：制约因素篇（第十章、第十一章）、第五篇：经验篇（第十二章、第十三章）、第六篇：对策篇（第十四章、第十五章）。具体章节安排是：

第一章：导论。本章首先介绍了研究背景、研究意义、研究目的、研究内容与研究框架，捋清了本文的整体行文脉络；其次介绍了本书的研究方法和创新之处。

第二章：乡村振兴与乡村人才振兴的提出与现实背景。本章对中国农村脱贫历程和中国乡村人才的发展历程进行了系统的梳理，阐述了乡村振兴和乡村人才振兴的必要性。

第三章：文献回顾与述评。本章梳理了对乡村振兴与乡村人才振兴之间互动关系、乡村人才振兴影响因素、乡村人才振兴实现路径的国内外相关研究成果，并进行了文献评述。

第四章：乡村人才的概念界定与分类。本章从政府层面、乡村人才来源层面与乡村人才的类型层面三个层面对乡村人才进行细致的分类，并对乡村人才的内涵特征进行了具体的阐释。

第五章：乡村振兴与乡村人才振兴的内在联系机理。本章分析了乡村振兴与乡村人才振兴二者之间的互动关系，阐述了乡村振兴与乡村人才振兴之间的内在联系机理。

第六章：河北省乡村人力资本测算与分析。本章对 2000—2020 年全国各省市的乡村人才数量进行测算，明确了河北省乡村人才数量在全国所处的水平。

第七章：河北省乡村人力资本对经济增长贡献的实证分析。本章采用科布—道格拉斯函数对河北省乡村人才经济贡献率进行具体的测度，证实了河北省乡村人才在河北省乡村经济中的作用。

第八章：河北省乡村人才振兴影响因素统计数据分析。本章设计了河北省乡村人才振兴影响因素调查问卷，并对问卷的数据进行了进一步的分析，以便深入了解和掌握河北省乡村人才在乡村工作和生活中的真实诉求。

第九章：河北省乡村人才振兴影响因素实证分析。本章采用改进层次分析法的模糊综合评价法，深入实证分析了河北省乡村人才振兴的影响因素。

第十章：河北省乡村人才工作现状案例分析。本章选取了乡镇基层干部、乡村教师、乡村医生、乡村种养殖业从业者等典型人物进行了实地访谈，以便深入了解乡村人才的实际工作状态和工作生活诉求。

第十一章：河北省乡村人才振兴的制约因素分析。本章从城乡吸引力差距、乡村人才发展环境、乡村人才个体需求、乡村生活环境等视角深入剖析了制约河北省乡村人才振兴的主要原因。

第十二章：国际乡村人才振兴经验借鉴。本章通过对国外如日本、韩国、美国、德国、法国等国的先进经验进行了梳理和总结，从而为河北省乡村人才振兴提供借鉴参考。

第十三章：国内乡村人才振兴经验借鉴。本章主要分析了河南省镇平县、贵州省思南县、安徽省濉溪县等地乡村人才振兴的宝贵经验，从而为设计河北省乡村人才振兴政策提供有益的经验借鉴。

第十四章：河北省乡村人才振兴整体性治理发展路径。本章提出了推进乡村公共基础设施有效供给、发展乡村特色产业、提升城镇化水平、营造良好的营商环境、提升乡村教育水平、完善乡村医疗条件、建设生态宜居乡村与营造乡村文明等相关对策，以便从社会整体层面全力推进河北省乡村人才振兴工作。

第十五章：河北省乡村人才振兴资源性配置发展路径。本章提出了精准设计乡村人才引进政策、大力吸引人才下乡创业、建立乡村人才激励机制、完善柔性引才制度、重视本土人才培育、精准培养各类型乡村人才、建立新型职业农民培训体系等多项吸引乡村人才的具体举措。

二、研究框架

本书遵循“问题提出→理论分析→实证分析→案例分析→经验分析→路径分析”的思路来构建研究体系，通过研究内容的层层深入、逐层剖析，为河北省乡村人才振兴路径提供理论与实证依据。本书的技术路线如图 1-1 所示。

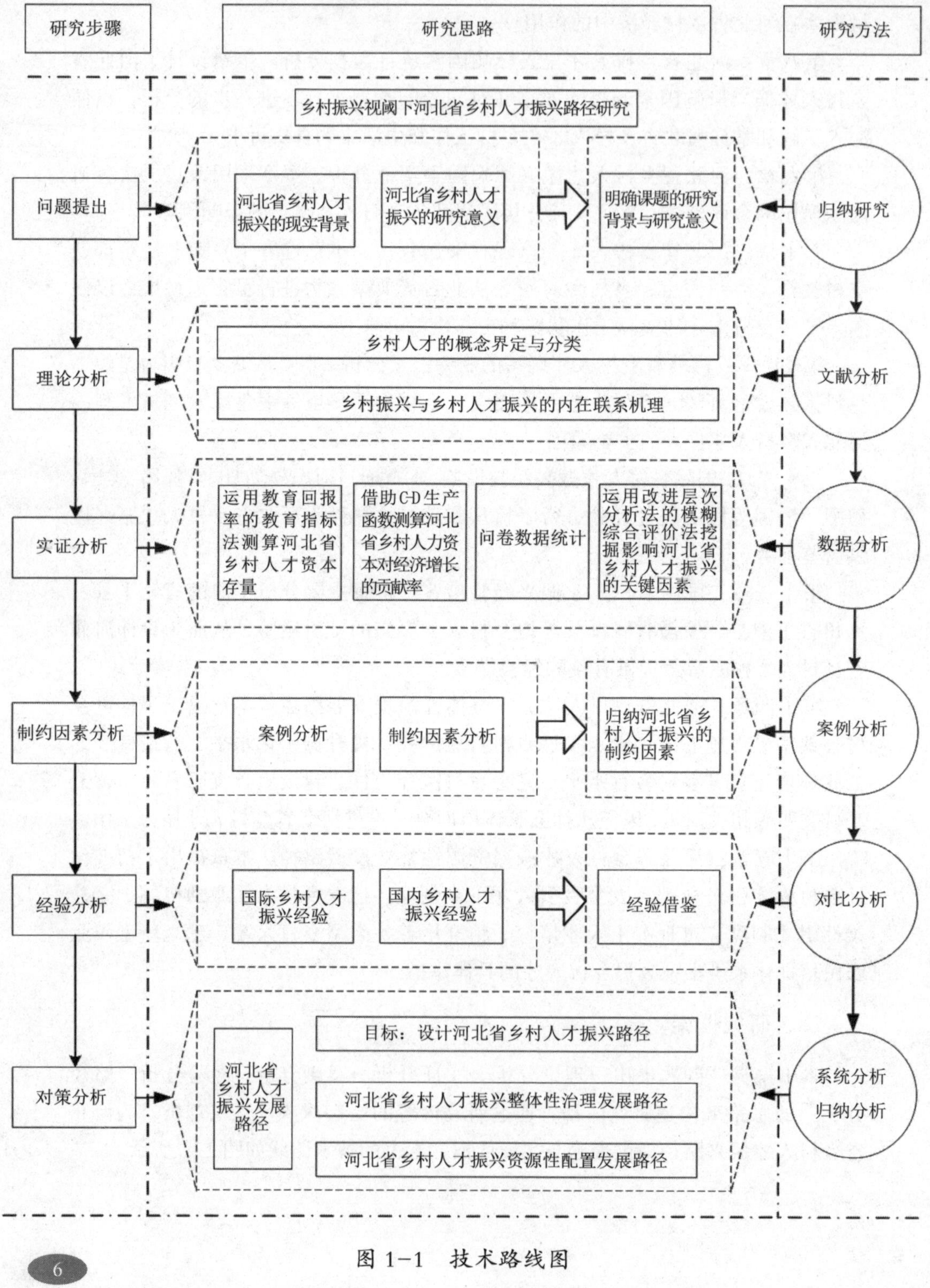
研究步骤
研究思路
研究方法
乡村振兴视阈下河北省乡村人才振兴路径研究
问题提出
河北省乡村人才振兴的现实背景
河北省乡村人才振兴的研究意义
明确课题的研究背景与研究意义
归纳研究
理论分析
乡村人才的概念界定与分类
乡村振兴与乡村人才振兴的内在联系机理
文献分析
实证分析
运用教育回报率的教育指标法测算河北省乡村人才资本存量
借助C-D生产函数测算河北省乡村人力资本对经济增长的贡献率
问卷数据统计
运用改进层次分析法的模糊综合评价法挖掘影响河北省乡村人才振兴的关键因素
数据分析
制约因素分析
案例分析
制约因素分析
归纳河北省乡村人才振兴的制约因素
案例分析
经验分析
国际乡村人才振兴经验
国内乡村人才振兴经验
经验借鉴
对比分析
对策分析
河北省乡村人才振兴发展路径
目标：设计河北省乡村人才振兴路径
河北省乡村人才振兴整体性治理发展路径
河北省乡村人才振兴资源性配置发展路径
系统分析
归纳分析

图 1-1　技术路线图

第四节 研究方法

一、文献回顾法

文献回顾法是进行学术研究的重要方法之一，通过文献回顾法对国内外文献进行梳理可以发现现有研究存在的不足之处。本书归纳和梳理了国内外关于乡村振兴与乡村人才振兴的相关文献，以期探寻过往相关研究的薄弱之处，为本书的后续研究提供方向。

二、实证分析法

本书使用教育指标法对河北省 2000—2020 年全国各省市的乡村人才数量进行整体测算；利用 C-D 生产函数法测算河北省乡村人才经济贡献率，验证河北省乡村人才资本在河北省乡村经济增长中的作用；采用问卷调查的方式，对河北省乡村人才发放调查问卷，并利用改进层次分析法的模糊综合评价法探究了影响河北省乡村人才振兴的关键因素。

三、案例研究法

本书选取河北省部分县域的乡镇基层干部、乡村教师、乡村医生、乡村种、养殖业从业者等乡村人才作为研究案例，研究了当前各类乡村人才在乡村工作和生活的实际状况和真实诉求，为构建河北省乡村人才振兴对策体系提供现实基础。

第五节 创新之处

一、学术观点创新

（1）乡村人才振兴与乡村振兴并不是两个孤立的系统，而是具有相互作用的互动关系，这需要积极探索两者互动关系的互促与交融关系模式，这对研究两者互动关系协调发展理论体系是有益的尝试和拓展。

（2）河北省乡村经济发展有其固有的发展惯式，必须高度重视乡村人才对乡村经济发展的重要作用，认真研判不同乡村人才的工作和生活诉求，设计契合乡村振兴的差异化发展路径，从而以河北省乡村人才的振兴带动河北省乡村的振兴。

二、研究方法特色

本书拟合理搭配质性研究与量化研究方法，以提高研究的基础性和实效性。

（1）引入多学科基础理论的前沿成果，如经济学、管理学、社会学、心理学等，以加强本书的研究理论基础。

（2）综合采取统计年鉴数据搜集、调查问卷数据采集、典型样本实地调查等方法，通过挖掘河北省乡村人才振兴的相关数据，为后续研究提供可靠的数据支撑。

（3）结合实证分析支撑研究过程，采用包括教育指标法、C-D 生产函数法和改进层次分析法的模糊综合评价法等方法进行实证研究。

第二章　乡村振兴与乡村人才振兴的提出与现实背景

本章首先简要回顾了中国农村的脱贫历程，阐述了乡村振兴的必要性；其次对中国乡村人才发展历程进行了回顾，并从人才强国、乡村振兴以及科教兴国三个战略层面论述了乡村人才振兴的必要性。

第一节　乡村振兴的提出背景

一、中国农村脱贫历程回顾

1. 中华人民共和国成立后至改革开放前（1949—1978 年）

新中国成立后，由于战争与天灾的困扰以及以美国为首的西方国家的遏制和封锁，新中国的经济建设面临了较大的压力。1949 年新中国成立伊始，全社会贫困人口数量庞大，贫困现象比较普遍，农村中有 40%~50% 的群众处于生活贫困状态[1]。由于这一时期的国家财政资金紧缺，而贫困人口存量较大，因此该时期国家主要是对因灾致贫人口、战争伤残群体，以及边远贫困落后地区实施“输血式”的生活救济，这一扶贫战略被称为小规模救济式扶贫[2]。据统计，当时乡村贫下中农仅占有 20%~30% 的耕地，而人口却达到 90% 以上；地主和富农占有 70%~80% 的耕地，而人口仅占不到 10%，因此当时农村的土地分配存在着严重的两极分化现象[3]。1950 年，国家颁布了《中华人民共和国土地改革法》，实施土地改革，废除地主阶级封建剥削的土地所有制，实施农民土地所有制，至 1952 年，我国基本消除了农民无地的状态[4]。1956 年年底，为了解决贫困人口的温饱问题，国家建立了人民公社化制度，旨在对农村贫困人口实施社会救济、自然灾害救助以及优抚安置等实物救济形式[5]。通过采取上述措施，农村中贫困人口的温饱问题得到了一定程度的改善，农村人口贫困现象得到了有效缓解。1967年中国建立了“五保制度”，提出要对鳏寡孤独农户和残废军人做到“保吃、保穿、保烧（燃料）、保教（儿童和少年）、保葬”，目的是保障处于绝对贫困状态中农村居民的基本生活水平[6]。此期间，中国的农村贫困率由1949年的80%下降到1978年的50%左右，农村中的贫困发生率得到大幅度的减少。未达到温饱线的农村人口占比下降了50%；截至1978年，全国农村贫困人口共有2.5亿人，占到当时全国人口总数的25.97%[7]。

2. 改革开放后至80年代中期（1979—1985年）

1978年党的十一届三中全会后，我国进入了改革开放新时期。同年，我国农村贫困人口有2.5亿人，分别占全国总人口和世界总贫困人口的25.97%和25%，贫困发生率为30.7%[8]。据此情形，这一时期我国实施了以家庭联产承包责任制为主的经济体制改革，主要目标是解决农村贫困人口的温饱问题[9]。1980年，为了促进老少边穷地区的经济发展，中央财政设立了“支援经济不发达地区发展资金”。1982年，为了解决贫困农户的经济来源和温饱问题，国家重点对甘肃定西、河西和宁夏西海固（“三西”地区）集中连片地区实施农业基础设施条件改善计划[10]。1984年，国家通过“以工代赈”形式重点改善“老、少、边、穷”地区的基础设施，提高贫困人口的收入水平[11]。从1978年到1985年，社会生产力得到极大解放，农民收入大幅提高，农村居民人均纯收入从133.6元上升到397.6元，年均增长率接近17%，农民年人均收入累计增加了264元[12]。农民人均收入的增长使得农民温饱问题逐步得到改善，有效缓解了农村中的严重贫困现象。从1978年到1985年，我国农村贫困人口从2.5亿人减少到1.25亿人，减少了50%，年均减少1786万人，农村贫困人口占农村总人口的比例由30.7%下降到14.8%，贫困发生率累计下降了15.9%[13]。

3. 80年代中期至21世纪初（1986—2000年）

20世纪80年代中期，农村贫困人口呈现出明显的区域集中特点，贫困人口主要分布在“老、少、边、穷”等区域，农村中发展不平衡的现象凸显[14]。1986年，为使扶贫工作更加规范化、机构化、制度化，我国成立了国务院贫困地区经济开发领导小组（国务院扶贫开发领导小组的前身）这一专门的扶贫机构，扶贫方式也由救济式扶贫向开发式扶贫转变。1987年，国务院发布了《关于加强贫困地区经济开发工作的通知》，提出1986—1993年的扶贫开发战略要以促进贫困地区经济增长为主要目标，制定了“明确工作重点，扶贫落实到户；发展商品经济，强化社会服务体系；因地制宜，兴办乡村扶贫经济实体；扶贫项目要公开招标，实行承包开发；资金要按使用效益分配；功夫要花在项目的准备和管理上；把智力开发摆到重要的位置；把科学技术作为经济开发的支柱；贫困县的中心任务是带领群众解决温饱，帮助村民脱贫致富；国家机关各部门要为贫困地区经济开发做出更大贡献”十项措施。1992 年，党的十四大报告明确提出，要采取多种方式对 18 个连片特困地区进行帮扶。通过大规模开发式扶贫，农村贫困状况得到显著改善，农民收入稳步提高。1985—1993 年，在国家大规模开发式扶贫政策的支持下，农村贫困人口由 1.25 亿人减少到 8000 万人，平均每年减少 640 万人，年均递减 6.2%，国家级贫困县农民人均纯收入从 206 元增加到 484 元，贫困发生率从 14.7% 降低至 8.7%，农民收入稳步提高，农村贫困状况得到显著改善[15]。1994 年，我国农村扶贫开发进入全面攻坚阶段，国务院颁布了《国家八七扶贫攻坚计划（1994—2000 年）》，确定了 592 个国家级贫困县，明确指出扶贫资金和扶贫项目要到村到户，以贫困村为基本单位，以贫困户为主要工作对象，以发展种养业为重点，坚持多渠道增加扶贫投入，力争用 7 年左右的时间基本解决 8000 万农村贫困人口的温饱问题[16]。通过扶贫到村到户、定点帮扶和对口帮扶等扶贫机制，以开发式扶贫和参与式扶贫相结合，引导社会公共参与，注重激发贫困人口主动脱贫的积极性，实现“内外造血式”扶贫开发机制，扶贫取得显著成效[17]。1994—2000 年，农村绝对贫困人口从 8000 万人减少到 3209 万人，贫困县农民人均纯收入由 483.7 元增加到了 1321 元，贫困发生率由 8.7% 下降到 3.4%，农村贫困人口温饱问题基本得到解决[18]。到 2000 年年底，贫困地区通电、通路、通邮、通电话的行政村分别达到了 95.5%、89%、69% 和 67.7%[19]。

4.21 世纪初至今（2001 年至今）

21 世纪以来，我国出现了相对贫困现象，农村贫困人口脱贫速度减慢，呈现出“大分散、小集中”的特点，贫困人口数量为 3209 万人左右。2001 年，国务院颁布《中国农村扶贫开发纲要（2001—2010 年）》（以下简称《纲要》），目标是到 2010 年尽快解决少数贫困人口温饱问题，改善贫困地区的基本生产生活条件，提高贫困人口的生活质量，逐步改变贫困地区的落后状况。《纲要》确定了 14.8 万个扶持重点贫困村，要求以整村推进、产业扶贫和劳动力转移培训等扶贫方式为主，建立起新型农村合作医疗制度和废除农业税费，目标是到 2010 年尽快解决贫困人口温饱问题，有效改善贫困地区农业生产条件和农民基本生活条件，大力改变贫困地区落后状况[20]。从 2001 年到 2010 年，我国把贫困瞄准重心下移到村，实行整村推进式扶贫。按 2010 年贫困标准（农民人均纯收入 1274 元），2001—2010 年，中国农村贫困人口从 9422 万人减少到 2688

万人，贫困发生率从10.2%下降到2.8%[21]，贫困地区农村基础设施和基本公共服务明显改善。2011年，中国贫困标准上升为2300元/年，按照这一标准，截止到2012年年底，我国贫困人口总量为9899万人，贫困发生率为10.2%[22]。党的十八大以来，习近平总书记高度重视扶贫开发工作，提出了一系列扶贫开发的新思想新观点新部署新要求，形成了中国新时期扶贫开发战略思想。通过建档立卡和动态管理，注重“六个精准”和“五个一批”，这一时期逐渐形成了较为完整的精准扶贫工作机制。2013年11月3日，习近平总书记在湖南湘西花垣县十八洞村考察时首次提出了“精准扶贫”的理念，强调：“我们在抓扶贫的时候，切忌喊大口号，也不要定那些好高骛远的目标。扶贫攻坚就是要实事求是，因地制宜，分类指导，精准扶贫。”2014年年初，中共中央办公厅、国务院办公厅发布《关于创新机制扎实推进农村扶贫开发工作的意见》，对我国扶贫开发工作做出战略性创新部署，提出建立精准扶贫工作机制。自此，中国扶贫开发进入精准扶贫新阶段。2018年，中共中央、国务院印发的《乡村振兴战略规划（2018—2022年）》中指出，确保到2020年，我国现行标准下农村贫困人口实现脱贫，贫困县全部摘帽，解决区域性整体贫困现象。2011—2018年，中国农村贫困人口从12238万人减少到1660万人，贫困发生率从12.7%下降到1.7%[23]。截至2020年，国家贫困县农村居民人均可支配收入为12588元，党的十八大以来年均增长11.6%，高于全国农村居民可支配收入2.3个百分点[24]。2020年，脱贫攻坚取得决定性胜利，现行标准下农村贫困人口全部脱贫，832个贫困县全部摘帽，绝对贫困现象得到历史性消除[25]。

二、乡村振兴的必要性分析

1. 乡村振兴是解决中国城乡发展不平衡问题的重要途径

近年来，城乡发展不平衡问题十分凸显，农村劳动力大量外流，乡村产业不旺、文化不兴等问题日益严峻，因此，就需要从根源上缩小城乡差距，加快推进农业农村现代化。全面推进乡村振兴是解决人民日益增长的美好生活需要同不平衡不充分发展之间的矛盾的必然要求，是统筹推进“五位一体”总体布局、协调推进“四个全面”战略布局的重大战略选择。因此，乡村振兴可以使乡村产业兴旺、乡风文明、生态宜居、生活富裕，有利于缩小城乡之间的差距，缓和城乡之间发展不平衡的矛盾。

2. 乡村振兴是实现农业农村现代化的关键

习近平总书记在党的十九大报告中指出要“建立健全城乡融合发展体制机

制和政策体系，加快推进农业农村现代化”。乡村振兴是从“城乡统筹”转向“城乡融合”，不仅强调城乡地位的平等，而且强调城乡要素的流动和城乡空间的共融。乡村振兴战略的实施可以激发乡村发展活力，增强乡村吸引力，构建新时代乡村可持续发展机制。乡村振兴旨在充分利用乡村产业、生态、文化等资源激发乡村发展活力，建立更加可持续的乡村经济内生增长机制，从而促进农业农村现代化的尽快实现。

3. 乡村振兴是从根本上解决“三农”问题的现实选择

21世纪以来，在国家各种强农惠农富农政策的支持下，“三农”工作取得了有效进展，但是农村经济发展相对滞后，农民收入增长缓慢等问题并没有得到根本性解决。党中央提出的全面推进乡村振兴，将乡村振兴战略上升为国家战略，就是要从根本上解决“三农”问题。这不仅成为新时代指导我国“三农”工作的行动指南，也为我国系统地解决“三农”问题指明了方向，有利于促进“三农”问题的解决，是全面脱贫的关键。

第二节 乡村人才振兴的提出背景

一、中国乡村人才发展历史回顾

1.20世纪50年代初至20世纪70年代末

在新中国成立初期，中国经济发展相对较弱，城乡几乎完全隔离，教育资源更是十分稀缺，人民文化水平普遍不高，远远不能满足大规模社会主义建设的需要和人民生活的需要。据资料显示，新中国成立之初，全国各类知识分子总计不到200万人，仅占全国总人口比例的0.37%，而文盲人口却超过80%，农村的文盲率更是高达95%以上，全国大、中、小学在校生总数不超过2500万人，适龄儿童小学入学率不到20%，初中入学率仅为6%，接受高等教育的在校人数只有11.7万人[26]。这说明在当时的农村社会，农村人口的文化水平处于极低的水平。1949年12月，中央人民政府教育部在北京召开的第一次全国教育工作会议上提出：“学校要为工农子女和工农青年开门，创办人民大学、工农速成中学，培养建设人才。”1952年，教育部《关于接办私立中小学的指示》中提出：“自1952年下半年至1954年，将全国私立中、小学全部由政府接办，改为公立。”当时全国私立小学共8925所，教职工5.5万人，学生160多万人，农村私塾占相当大的比例，接办农村私塾的工作一直进行到1956年，绝大部分农村私塾改为公办小学或民办小学，并进行相应的扩建，原有的私塾先生除极少数外大都成为农村中小学的教职工，农村私塾和学堂改造而成为农村中小学，这是新中国成立之初农村教育的基础和重要组成部分[27]。1958年是我国进入第二个五年计划的发展时期，在教育方面，为了纠正学习苏联经验过程中出现的偏向，总结我国教育建设的经验，探索中国教育发展的道路，开展了以教育和生产劳动相结合为中心的教育运动。到1960年，全国共有农业学校3万多所，学生296万人[28]。1966年，农村教育经历了种种改革尝试，从1968年下半年起，农村中小学陆续实行“贫下中农管理学校”。1970年修订的国家《第四个五年国民经济计划纲要》中提出：“争取在第四个五年计划期间，农村普及小学五年教育，有条件的地方普及七年教育[29]。”此后，农村中小学教育的事业规模在地方政府的干预下迅速扩大。

2.20世纪70年代末至20世纪90年代末

1977年5月，邓小平同志提出“尊重知识，尊重人才”的口号，在全国引起了巨大反响，重新点燃了广大科学和教育工作者心中的希望。随着改革开放的到来，国人的思想和视野逐步打开，其中高考的恢复使教育发展迈向了新的征程，使越来越多的农民公平公正地接受教育。1990年农民高等学校、农民中等专业学校和农民技术培训学校学生数分别为353人、112574人和1050万人；1999年农民高等学校、农民中等专业学校和农民技术培训学校学生数分别为1000人、21.93万人和6750.2万人[30]。可见，从1990年到1999年的10年间，农民高等学校、农民中等专业学校和农民技术培训学校学生数分别增加了2.83倍、1.95倍和6.43倍。在农民家庭劳动力文化状况中，文盲或半文盲人数由1990年每百人中的20.73人下降到1999年的8.96人，大专以上人数由1990年每百人中的0.1人上升到1999年的0.4人[31]。可见，农村中拥有大专学历以上的人数增长较快，增长了4倍，而文盲或半文盲人数却下降了2.3倍。在此期间，国家加大了对乡村教育的投入，农民中等专业学校和农民技术培训学校的数量得到大幅度增长，农村劳动力的学历和素质得到了一定程度的提高。

3.21世纪以来

21世纪以来，我国制定了许多关于乡村教育发展的政策。2003年，在《国务院关于进一步加强农村教育工作的决定》（国发〔2003〕19号）中提出，要建立健全资助家庭经济困难学生就学制度，全国农村义务教育阶段家庭经济困难学生都能享受到“两免一补”（免杂费、免书本费、补助寄宿生生活费），目的是避免农村学生因家庭经济困难的原因而处于失学状态。可见，国家对农村教育的转移支持的力度在不断加大，农村基础教育状况得到了逐步改观，为乡村储备了一定的乡村人才。2006 年在《关于实施农村义务教育阶段学校教师特设岗位计划的通知》中提出："公开招聘高校毕业生到西部地区'两基'攻坚县县以下农村学校任教，引导和鼓励高校毕业生从事农村义务教育工作，创新农村学校教师的补充机制，逐步解决农村学校师资总量不足和结构不合理等问题，提高农村教师队伍的整体素质。"该计划的实施扩充了乡村教师队伍，加强了乡村师资力量，为乡村人才的培养打下了基础。

（1）在农村劳动力学历层面。2010 年，乡村 15 岁及以上文盲人口、乡村未上过学的和乡村大专及以上学历的分别为 6289.36 万人、6990.13 万人和 1075.64 万人[32]；而到了 2020 年，上述人群的学历分别为 3034.48 万人、3618.10 万人和 2135.97 万人[33]。可见，从 2010 年到 2020 年，乡村 15 岁及以上文盲人口和乡村未上过学的人数下降了 2.07 倍和 1.93 倍，而大专及以上学历的人数却增长了 1.99 倍。这说明 11 年间中国农村具备大专及以上学历的人才在逐渐增多，而文化水平极低的乡村人口在进一步降低。

（2）在各级学校在校生人数层面。2017 年、2018 年、2019 年、2020 年，乡村初中在校生分别为 643.4 万人、648.4 万人、650.4 万人和 637.8 万人，乡村普通高中在校生人数分别为 77.9 万人、82.1 万人、82.9 万人和 90.5 万人[34]。可见，在 2017—2020 年 4 年间，乡村普通高中在逐年增加；在初中在校生人数方面，除了在 2020 年初中在校生人数比 2019 年略有下降外，其余年份都在持续增加。这是因为随着 2017 年乡村振兴战略的实施，国家加大了对乡村教育的投入，乡村教学条件得到很大改善，师资力量得到增强，使乡村各级学校的在校生数持续增加。

（3）在农民工学历层面。①全部农民工。2015 年，"未上过学的""小学文化程度""初中文化程度""高中文化程度"和"大专及以上学历"的农民工占比分别为 1.1%、14%、59.7%、16.9% 和 8.3%[35]。而到了 2020 年，上述学历的人口占比分别为 1%、14.7%、55.4%、16.7% 和 12.2%[36]。可见，2020 年"未上过学的"农民工所占比重比 2015 年下降了 0.1 个百分点，"小学文化程度"的农民工所占比重提高 0.7 个百分点，"大专及以上文化程度"的农民工所占比重提高了 3.9 个百分点。数据表明，农民工中未上过学的人数在持续下降，而大专及以上学历的农民工在不断增多，这说明在这个时间农村劳动力的整体学历水平在不断提高。

②外出农民工和本地农民工。2015 年，在全部在外出农民工和农村本地农民工中，“大专及以上文化程度”的分别占比 10.7% 和 6.0%[37]，而到了 2020 年，上述两部分农民工群体分别占比 16.5% 和 8.1%[38]。可见，相比于 2015 年，2020 年，外出农民工中“大专及以上文化程度”的比例上升了 5.8 个百分点，农村本地农民工中“大专及以上文化程度”的比例提高了 2.1 个百分点，大专及以上文化程度中的外出农民工比本地农民工多出了 3.7 个百分点，这说明农村高学历人才流失到城市务工的较多，农村人才在不断地流失。

二、乡村人才振兴的必要性分析

1. 乡村人才振兴是实施人才强国战略的必然要求

党的十九届五中全会审议通过的《中共中央关于制定国民经济和社会发展第十四个五年规划和二〇三五年远景目标的建议》，提出要深入实施人才强国战略、建成人才强国重大战略部署。人才是第一资源，乡村人才则是农业农村现代化的关键要素。乡村人才振兴不仅可以大力促进和带动乡村教育的发展，提高乡村人民的基础教育水平，整体提升乡村人民的整体素质，而且可以带动乡村相关产业的发展，提高乡村经济发展水平。乡村义务教育的发展能为乡村孩子提供公平而有质量的教育，为乡村振兴培养大批高素质的后备人才；乡村相关产业的发展能够吸引乡村人才回乡就业和创业，从而为乡村振兴聚拢人才。因此，只有提高乡村人民的受教育水平，提高乡村人才素质，才能促进乡村产业的跨越发展，最终促进人才强国目标的实现。

2. 乡村人才振兴是实施乡村振兴战略的有力支撑

2018 年 9 月，国务院印发的《乡村振兴战略规划（2018—2022 年）》中指出，各地区各部门要结合实际，认真贯彻落实，科学有序地推动乡村产业、人才、文化、生态和组织振兴的规划。乡村振兴最终是要实现乡村的产业振兴、人才振兴、文化振兴、生态振兴、组织振兴，这其中人才振兴是关键。农村发展需要各个领域大量高素质人才，乡村人才振兴可以为乡村培养和集聚大量乡村产业人才、乡村文化人才、乡村生态人才和乡村组织人才。同时，乡村产业人才是新时代“三农”工作队伍中的主力军，是乡村经济发展的重要人才支撑；乡村文化人才是当前乡村文化建设的重要支撑力量，乡村文化的高质量建设可以有效提升乡村人民的生活质量，丰富乡村人民的业余生活；乡村生态人才的发展有利于落实“绿水青山就是金山银山”的发展理念，有利于保护乡村的生态环境；乡村组织人才的振兴有利于优化乡村的社会管理，增强乡村人民的凝聚力。因此，乡村人才振兴能够为乡村振兴战略目标的实现提供有力的支撑。

3. 乡村人才振兴是实施科教兴国战略的重要途径

党的十九大报告提出，“要坚持科教兴国战略，培养和造就一大批具有国际水平的战略科技人才、科技领军人才、青年科技人才和高水平创新团队”。“科教兴国”战略以提高全民族教育水平和增强国家科技实力为目标，以全面落实科学技术是第一生产力为基本思想，依靠科技进步和提升劳动者素质技能来加强国家的经济建设，从而提高我国的国际地位，加速实现国家的繁荣富强。农村经济的发展关键要依靠大量乡村人才的支撑，因此，乡村人才振兴就显得至关重要。乡村人才振兴是要把教育摆在优先发展战略地位的重要举措，要实施提高乡村学校的教学设施水平，补充和优化乡村学校师资力量，提高乡村教师薪资待遇等一系列的尊师重教措施，从而为乡村培养大量可用人才。因此，实施乡村人才振兴可以提升乡村教育水平，为乡村振兴提供人才支撑，助力乡村经济社会的全面发展，从而实现科教兴国战略。

第三章 文献回顾与述评

本章梳理和归纳了乡村振兴与乡村人才振兴之间的互动关系、乡村人才振兴影响因素及乡村人才振兴建设路径三个层面的国内外研究现状，探寻当前研究中的薄弱之处，为本书的后续研究提供依据与方向。

第一节 关于乡村振兴与乡村人才振兴之间互动关系的研究

一、乡村人才振兴可以推动乡村振兴

乡村振兴离不开乡村人才的支撑，国外学者对此问题进行了相关研究，是我们可以借鉴的宝贵经验。Biobele（2014）基于对尼日利亚乡村人才的研究，指出乡村人才振兴的关键在于乡村人力资源的开发，要把乡村人力资源开发作为乡村振兴的重要途径[39]。Asrarulhaq（2015）研究了巴基斯坦的乡村人才问题，认为乡村人才的振兴可以推动巴基斯坦乡村经济发展[40]。JS Zhang & Peng S H（2019）通过对中国乡村人才的研究，指出人力资本是经济增长的源泉，加快乡村人才振兴可以促进农村经济的发展[41]。Jiang H & JianL（2019）基于对中国农民工的研究，指出振兴乡村人才应成为乡村振兴的第一要务，实现乡村振兴战略的重要途径在于尽快在农村地区集聚大量人才[42]。Ren W & Xue B（2020）研究了中国东北地区的乡村振兴战略，指出人力资本投资对于东北地区的可持续发展至关重要，乡村人才振兴是乡村振兴的重要保障[43]。

在国内研究方面，肖芸（2010）指出，加强乡村人才队伍建设，让人才素质跟上经济社会发展的步伐，从而加快乡村经济的发展[44]。高海燕（2016）指出，乡村振兴任重而道远，但问题的关键和根源还在于人，只有实现了乡村人才振兴，

乡村才能振兴[45]。2017 年，习近平总书记在党的十九大报告中首次提出“乡村振兴战略”，指出要“坚持农业农村优先发展，按照产业兴旺、生态宜居、乡风文明、治理有效、生活富裕的总要求，建立健全城乡融合发展体制机制和政策体系，加快推进农业农村现代化”。这为实现乡村振兴提供了指南和动力，相关学者对乡村人才振兴的研究也逐渐增加。宛诗平（2017）指出要实现乡村振兴目标，必须要人才先行，要牢牢抓住乡村人才建设这一关键环节不放松，促进乡村振兴战略目标的顺利实现[46]。侯嫣（2017）指出乡村振兴的关键是人才振兴，建设乡村人才队伍有助于推动乡村振兴战略有序实施[47]。张慧敏（2018）指出实施乡村振兴战略，必须要建设优秀的乡村人才队伍，才能达到强农兴农富民的目标[48]。张曼（2018）分析了当前乡村人才队伍建设的现状，指出要帮助农民掌握农业现代化技术，振兴乡村经济[49]。赵秀玲（2018）提出要树立乡村人才整体发展观，努力探究乡村人才成长多元化新模式，以确保乡村振兴战略目标的实现[50]。毛利、叶惠娟（2018）从保护乡土人才的视角出发，指出乡村人才是乡村振兴的实现基础，是城乡融合发展的关键[51]。吴忠权（2018）基于“三农”问题凸显的现实，指出实施乡村振兴战略的关键在于加强农村人力资本的高效开发，为乡村振兴提供人才支撑[52]。张萌、张秀平（2019）指出乡村振兴首要的是实现人才振兴，良好的社会环境有助于乡村人才队伍的稳定和逐步壮大，进而以人才振兴助力乡村振兴目标的实现[53]。廖智琪、陈修颖（2019）指出人才是乡村经济发展的核心和关键，人才振兴可以为乡村振兴奠定坚实基础[54]。薛瑞敏（2019）指出乡村发展需要多样的乡村人才队伍支撑，人才振兴能使乡村振兴更具底气、朝气和生气[55]。曹中秋（2019）认为乡村振兴的关键是激活人才潜能，人才在产业振兴、文化振兴等方面都发挥着重要支撑作用[56]。廖承英（2020）通过研究西藏农牧区实用人才队伍建设情况，指出农牧区人才队伍建设对西藏的乡村振兴起着关键性作用[57]。王国峰、钱子玉（2020）指出乡村振兴战略要努力破解人才发展瓶颈，要着力做好乡村人力资本开发工作，夯实乡村人才队伍基础，为乡村振兴战略的实施夯实基础[58]。吴帅（2021）指出推进乡村振兴战略的重点在于重视人力资本开发，强化乡村振兴人才支撑[59]。罗成友（2021）指出乡村振兴需用好本土人才，使乡村人才能充分发挥其能力，为乡村经济社会做出其贡献，因此，乡村人才振兴是乡村振兴的基础[60]。刘秀芳（2021）指出，人才是乡村振兴的重要源泉，乡村人才可以为乡村振兴提供保障[61]。查代春、钟志贤（2021）指出乡村人才是乡村建设的重要前提，要通过乡村人才振兴促进乡村振兴[62]。

二、乡村振兴可以促进乡村人才振兴

Richard Florida（2006）认为美国佛罗里达州乡村环境对于提高乡村经济竞争力、提升农民生活质量至关重要，改善乡村环境是吸引人才的重要前提条件[63]。Kobayashi A（2018）通过对美国乡村治理模式进行研究，发现美国实施了创新性北美乡村治理模式，此模式促进了乡村生产力的提升，推动了城乡一体化发展和乡村人才的振兴[64]。Liu C（2019）通过研究欧洲发达国家的乡村治理发现，政府要扶持乡村产业的发展，进而吸引乡村人才[65]。

王文婧、夏文花（2017）指出应完善乡村基础设施建设，优化公共服务，营造风清气正、公正和谐的政治生态，加快乡村发展，进而留住人才并吸引人才返乡[66]。拓兆兵（2018）指出要推动农村农业实现现代化，建设好乡村环境与基础设施，促进乡村发展，从而吸引年轻人留在乡村，促进乡村人才振兴[67]。苗丽（2019）指出要通过发展乡村经济增强乡村对各类人才的吸引力，有效遏制乡村人才的流失[68]。夏世平（2020）指出，需加大对乡村医疗的投资，完善基层医疗条件，从而可以吸引和留住人才[69]。黄玉林（2020）研究了乡村人才所面临的困境，指出要完善乡村教育政策，发展乡村教育，全方位打破乡村人才振兴瓶颈，从而留住乡村人才[70]。曹丹丘、丁志超（2020）以青岛市乡村人才振兴的实践举措为例，提出要振兴乡村文化与生态，从而带动乡村人才振兴[71]。唐丽霞（2021）指出，乡村振兴战略的实施受乡村人才数量不足、质量不高等问题的严重制约，因此，亟须破解人才瓶颈制约，从而促进乡村人才振兴[72]。

第二节 关于乡村人才振兴影响因素的研究

早在20世纪90年代，国外便开始对乡村人才振兴的影响因素进行了一定的研究，并形成了一系列的理论与实践成果。Frederick & Bernard（1993）以乡村人才吸引力的视角进行了深入研究，发现实施有效的人才激励机制是影响人才是否留在乡村的主要因素[73]。Wallce（1996）研究了非洲的农民教育问题，指出教育、职业技能培训与乡村人才振兴息息相关[74]。Hwaley（2005）通过对韩国、泰国强化职业农民培训的研究，发现各级政府对于培训的重视和支持有利于推进乡村人才振兴[75]。Tole & Ronald（2010）比较了韩国和泰国的实践，指出政府的资金支持对乡村人才发挥自身才能、实现自我价值起到了重要作用[76]。Kashiwa Chiba（2013）分析了埃塞俄比亚农村的发展实践，指出：提升乡村人才的基本素质与综合技能对于提升埃塞俄比亚乡村经济具有显著成效[77]。Kwasie & Alam（2015）基于澳大利亚的研究指出，农村的基础建设水平和农村社会经济环境是提升澳大利亚乡村人才质量的主要因素[78]。Ahmed 等（2016）指出政府应该重视对乡村村民的智力开发，这可以推动乡村经济的发展[79]。Qi Kun & Ziqiang Ge（2019）指出中国乡村人才振兴的主要影响因素是乡村公共基础设施和乡村人才服务保障机制[80]。Zhang J & Yanli（2020）通过研究中国新型农业创业人才的成功经验，表明加强新型农业创业人才培养对于实现乡村人才振兴至关重要[81]。

刘英（2014）分析了人才队伍建设面临的新的机遇和挑战，指出：地方政府干预、乡村人才政策、乡村人才法律法规等是影响乡村人才振兴的主要因素[82]。詹文文（2016）认为，人培养速度、培养管理体制、人才外流、乡村人才支持力度等因素是温州市乡村人才振兴的主要影响因素[83]。胡永万（2017）指出影响乡村人才振兴的主要因素是政府政策引导和创新创业环境[84]。蒲实、孙文营（2018）研究了制约乡村人才发展的问题，指出农村发展环境、乡村人才培养、管理和激励机制影响了乡村人才振兴的进程[85]。刘玉娟、丁威（2018）指出乡村振兴离不开本土人才的支持，乡镇基层干部、乡贤和致富能手对乡村人才振兴产生了重要影响[86]。高琦（2018）指出良好的发展环境、完善的政策支持、高质量的公共基础设施和优越的薪资待遇有利于吸引人才回流乡村，从而实现美丽乡村[87]。钱再见、汪家焰（2018）对江苏省 L 市 G 区进行了调研，认为政府引导、社会协同、文化振兴因素在乡村振兴中起关键作用[88]。曾升科、李勋华（2019）对渝西地区开展了人才问卷调查，指出基础设施、生态环境、职业发展、配偶就业、交通状况与乡村人才吸引力呈显著正相关关系[89]。周晓光（2019）指出农村传统思想观念偏差、农业产业效益偏低、农村环境相对落后等都会导致乡村人才流失[90]。李婷婷，贝淑燕（2019）分析了浙江省乡村人才振兴的现状，指出硬件设施因素、需求因素、观念因素、教育因素、政策因素是浙江省乡村人才振兴的主要影响因素[91]。郭险峰（2019）指出，乡村基建投入、融资难易程度、税收优惠、土地利用便利性是影响乡村人才振兴的主要因素[92]。王文强（2019）通过对乡村人才振兴相关机制的研究，指出人才激励机制是否有效创新，教育培训机制是否完善在乡村人才振兴中发挥重要作用[93]。苗成斌等（2020）指出，社会经济、制度措施、组织管理和个人管理影响了江苏省乡村人才的振兴[94]。田书芹、王东强（2020）研究了浙江“湖州模式”、湖北“咸宁模式”等多个案例，认为乡村人才的政治地位、薪酬福利、住房保障、医疗卫生、子女教育等与乡村人才振兴呈正相关关系[95]。李芳（2020）提出农村的教育投入、舒适的乡村环境、多产业的融合发展、完善的激励机制等可以实现乡村人才振兴[96]。王富忠（2020）分析了乡村振兴过程中的人才发展制约因素，指出乡村人才的选聘、引进、培育、管理和激励等因素制约了乡村人才的发展[97]。张慧泽、高启杰（2021）指出社会网络和产业网络是乡村人才创业的重要保障，在乡村人才振兴中发挥重要的作用[98]。曾欢、朱德全（2021）指出乡村社会保障、乡村农业生产、乡村生态保护是影响民族地区乡村人才振兴的主要因素[99]。蒋军成、陈显友（2021）指出，创新人才成长过程中的创新链、产业链、资金链、政策链、人才链在乡村人才振兴中发挥了重要作用[100]。杨帆、梁伊馨（2021）指出乡村人才振兴的主要制约因素是职业选择遭遇歧视，职业投资动力不足，职业保障相对缺位等[101]。陈朝阳、肖雨青（2021）指出城乡收入差距、乡村基础设施不健全、政府缺乏人才队伍建设在很大程度上造成了乡村人才的流失[102]。杨曼玉等（2021）指出乡村基础设施的落后及乡村基本公共服务的缺失制约了乡村人才的发展[103]。

第三节 关于乡村人才振兴建设路径的研究综述

Hwaley（2005）研究了韩国和泰国的职业农民培训情况，发现政府的重视和支持对于乡村人才的培训效果至关重要[104]。Latif et al.（2011）基于巴基斯坦的研究，提出应从提升农村基础教育、改善农村基础设施、加强农村电气化等方面入手，高效开发农村人力资源[105]。Mashreque（2012）分析了孟加拉国乡村人才的现实情况，认为政府应充分发挥主导作用，加强人才培养，促进农村人力资源的开发[106]。Sparkman（2015）分析了巴西农村人力资源开发的实践经验，指出要增加科技投资，增加教育投入，以实现农村人才资源的高效开发[107]。Lengyel et al.（2016）提出，匈牙利农村人力资源的开发应利用互联网技术，加强网络学习平台建设[108]。Van Mele P（2016）提出，要采取互联网应用、网络视频等方式进行培训以确保乡村人才培训的灵活性和创造性[109]。CR Farnworth（2017）研究了美国初级农民的培训实践，指出：乡村人才培训应该遵循公平、公正的原则，确保男性与女性都能够参与其中[110]。Sun Y（2019）

指出中国要加强乡村建设，建立农村现代经济发展体系，通过发展乡村经济促进乡村人才建设[111]。

2017年，习近平总书记在党的十九大报告中提出乡村振兴战略，国内学者相继对乡村人才振兴的路径进行研究。刘永进（2017）分析了宁夏的实践，提出要从完善评价乡村实用人才认定、教育和培训、人才激励机制来加强农村人才队伍建设[112]。薛江（2017）分析了日本促进人才回流乡村方面的经验，指出：要采用加大政府公共投资基础设施建设、增加乡村教育投入、实行农产品价格保护，缩小城乡收入差距，保护乡村文化和风俗传承等措施，以吸引乡村人才返乡[113]。刘馨（2018）提出要通过集体经济股权激励人才、提供社会保障吸引人才、多种培训方式培育人才，以达到乡村人才振兴的目标[114]。蒲实、孙文营（2018）提出要营造良好人才环境，完善市场竞争锻炼人才，重视乡贤等措施来加大对乡村人才的培养[115]。黄跃成（2018）分析了四川省的实践，提出要构建乡村科技人才体系，加快乡村产业的发展，以促进乡村人才振兴[116]。王军旗（2018）研究了河南省现有乡村人才的数量、质量和结构，提出要构建完善的乡村振兴人才保障体系。对乡村规划设计人才要积极引进、合理使用，对乡村治理人才要重点培育、大胆使用，对乡村本土人才要加大开发、积极使用[117]。赖德胜（2018）提出要完善支持返乡劳动力创新创业的政策体系，这有助于推动城乡人力资本再配置，促进乡村人才振兴[118]。吴忠权（2018）指出，产业的发展必须依靠人才，人才实现价值也需要产业发展的平台，两者相辅相成。产业的发展可以引进更多专业人才，还能带动人力资本的回流[119]。曾升科、李勋华（2019）通过在渝西地区开展人才问卷调查，指出政府要加大电力、道路、通信、饮用水等基础设施资金投入，加快环保基础设施建设，创办农业合作社，成立农村电商服务平台，从而加快实现乡村人才振兴[120]。余剑平（2020）以湖南省HD县为例，指出HD乡村应广纳贤才，充实农村乡土人才队伍；加强乡村人才技术培训，优化农村乡土人才队伍[121]。苗成斌、沙勇（2020）研究了江苏省乡村人才的发展实践，提出要打破乡村人才振兴的体制壁垒，强化制度激励，优化政策扶持，最大限度地释放政策红利，为乡村人才振兴提供坚强的组织保障[122]。杨旸（2021）指出要开办乡土人才培训班，建立“乡村人才专项编制”，搭建乡村人才实践平台，为推进乡村振兴战略奠定坚实的人才支撑[123]。徐姗姗（2021）指出要以制度创新推动乡村人才振兴，建立更具时代性与创造性的农村人才政策制度与柔性畅通的城乡人才双向流动机制，引导农村智力回归农村；要进一步构建农村乡土人才教育和培训机制和体系，培养多样化乡村人才，加强乡村人才队伍建设[124]。

第四节 文献评述

通过对乡村人才的相关文献进行梳理和归纳，发现乡村人才振兴的成果较多，为本书的后续研究奠定了基础。尤其在乡村振兴战略提出后，我国学界开始更加重视乡村人才振兴研究，取得了较为丰硕的研究成果。但是在影响乡村人才振兴因素方面，对影响乡村人才振兴因素的挖掘不够深入、全面。已有文献关于乡村人居环境情况、乡村医疗水平及柔性引才政策等影响因素的研究较少，研究范围还不够全面。同时，当前的研究在乡村人才振兴路径设计上还不够系统，还不能为乡村人才振兴提供较为全面的指导。本书拟从整体性治理和资源性配置两个层面去做路径安排，通过推进乡村公共基础设施有效供给，提升乡村基础教育水平，完善乡村医疗条件等路径来推进乡村人才振兴整体性治理。同时，本书还规划了精准设计乡村人才引进政策，大力吸引外部人才下乡创业，完善柔性引才机制，重视乡村基层本土人才培育等乡村人才振兴资源性配置措施，以使乡村人才振兴的建设路径更加系统和全面。

第二篇

理论篇

第四章　乡村人才的概念界定与分类

乡村要振兴，人才需先行。乡村振兴需要大量各种类型的乡村人才，对乡村人才进行概念界定和科学分类有利于针对不同类型乡村人才提出乡村人才振兴的差别化方案。

第一节　乡村人才的概念界定

“乡村人才”这一概念的内涵与外延在乡村振兴战略的深入推进中发生着动态的变化。从中文构词的角度分析其内涵，可将“乡村人才”拆解为“乡村”和“人才”来分别阐释。因此，“乡村”被定义为“具有自然、社会、经济特征的地域综合体，兼具生产、生活、生态、文化等多重功能，与城镇互促互进、共生共存，共同构成人类活动的主要空间”。党的十九大报告提出“乡村振兴战略”后，“乡村”这个空间概念名词被赋予了更多的社会性内涵。“人才”是指各行各业中具有一定专业知识或专门技能，进行创造性劳动并对社会做出一定贡献的人，是人力资源中能力和素质较高的劳动者。

结合以上关于“乡村”和“人才”这两个概念的解释，本书认为，乡村人才是指在空间上与乡村有直接的行为联系，在个人素质上具有一定的与乡村生产、经营、科技、管理、服务、社会治理等领域相关的知识和技能，且能够对乡村经济社会发展起带头作用的人才。

第二节　乡村人才的分类

一、政府层面分类

根据2018年中央一号文件和《乡村振兴战略规划（2018—2022年）》，

可将乡村人才划分为新型职业农民、农村专业人才、农业科技人才和外来社会人才四种类型。

1. 新型职业农民

新型职业农民是指具有科学文化素质、掌握现代农业生产技能、具备一定经营管理能力，以农业生产、经营、服务作为主要职业，以农业收入作为主要生活来源，居住在农村或集镇的农业从业人员。他们在确保国家粮食安全、重要农产品有效供给、推进现代农业转型升级、构建新型农业经营体系方面发挥着重要作用。

2. 农村专业人才

农村专业人才具体包括农业技术推广、乡村教育、农村卫生、畜牧兽医、渔业渔政、农村事务管理、农村法治、建设规划、环境整治、改厕节水等领域的人才。农村专业人才是乡村振兴的新动力，是农村经济发展的领路人，是文化传承的接班人，是生态环境的保护者，是维护乡村社会治安的重要力量。

3. 农业科技人才

农业科技人才具体包括农业技术推广研究员、农艺师、技术员、高级畜牧（兽医）师、农业经济师、农经员、园林工程师等。农业科技人才是具有较高学历和较强专业技能的专业人才，他们懂得农业科学技术，能够获得并掌握农业政策、农业技术技能等多方面第一手的信息。

4. 外来社会人才

外来社会人才是指企业家、党政干部、专家学者、医生教师、规划师、建筑师、律师、技能人才等。他们通过下乡担任志愿者、投资兴业、行医办学、捐资捐物、法律服务等方式服务乡村振兴事业。

二、按乡村人才来源分类

1. 在乡人才

在乡人才是指土生土长且未曾长时间离开过乡村的人才，这是乡村人才的主力军。参考《农村实用人才和农业科技人才队伍建设中长期规划（2010—2020 年）》中有关“农村实用型人才”的分类方法，可将“在乡人才”进一步分为“生产型人才”“经营型人才”“技能带动型人才”“技能服务型人才”“社会服务型人才”和“治理型人才”六类。

2. 返乡人才

返乡人才是指在外务工或学习后返乡并扎根乡村，同时为乡村建设做出贡献的人才。主要包括返乡大学生、返乡退伍军人和返乡农民工等。他们因外出工作和学习经历而积累了劳动技能、工作经验或专业知识，是推动乡村振兴的主要人才力量。

3. 下乡人才

下乡人才是指身在城市，却以“智力”“资金”“社会资本”等要素投入乡村振兴建设中的人才。具体来看，下乡人才又可以分为“智力型下乡人才”“资本型下乡人才”和“社会型下乡人才”。

三、按乡村人才的类型分类

1. 乡村管理人才

乡村管理人才是指为适应农业产业化发展和农村现代化建设需要而产生的具有一定经营管理知识或经验的人才。乡村管理人才可分为“政府行政组织类管理人才”“农业企业管理人才”“农村合作经济组织管理人才”和“专业技术型管理人才”。

2. 乡村科技人才

乡村科技人才是指在乡村建设过程中从事农业及其相关领域的科技活动，拥有大专及以上学历或具备中级及以上技术职称的专业技术人员，以及参加过专门农业科技培训并获得合格证书的实用型科技人才。具体而言，乡村科技人才包括“农业生产实用人才”“农业科技推广人才”“农业科研人才”和“农业科技管理人才”。

3. 乡村创新创业人才

乡村创新创业人才是指基于技术创新、产品创新、品牌创新、服务创新、商业模式创新、管理创新、组织创新、市场创新、渠道创新等方面在乡村从事创新创业活动的乡村人才。乡村创新创业人才包括本地农民工、外出务工返乡人员、大学生返乡群体、下乡科技人才等，这些群体形成了乡村创新创业的主力军。乡村创新创业人才具有示范带头作用，他们在推动技术创新的同时，也在促进农村发展、激发农村活力方面发挥着十分重要的作用。

4. 乡村文化传承人才

乡村文化传承人才是指能够对乡村文化进行传承、保护、延续和发展创造的文化工作者、文化骨干分子等专业人才。主要包括乡村非物质文化传承人、文旅人才、文艺表演人才、基层文化活动志愿者等。他们具备一定的文化技能或知识，对美丽乡村文化建设、乡村文化的传承与繁荣起着重要作用。

5. 乡村社会治理人才

乡村社会治理人才是指对乡村社会进行管理和协调，促进乡村社会和谐与稳定的人才。具体包括“乡镇党政人才”“村党组织带头人”“农村社会工作人才”“农村经营管理人才”“农村法律人才”。乡村社会治理人才在管理农村和社会公共事务、协调社会关系、化解社会矛盾、维护乡村基层安定等方面发挥了重要作用。

6. 乡村基础教育人才

乡村基础教育人才主要指从事乡村教育事业的中小学教职工队伍。包括在编乡村教职工、乡村实习任教师范生、在“国培计划”“三支一扶”“特岗教师”“公费师范生”和“农村学校教育硕士师资培养计划”中赴乡村任教的教师、乡村民办学校中的教职工和参与热心乡村教育事业的社会各界人士。

7. 乡村医疗卫生人才

乡村医疗村卫生人才是指在广大乡村从事医疗卫生活动，掌握一定的医疗卫生专业知识和专业技能的医疗卫生人员。主要是指乡镇卫生院（含中心卫生院）以及村卫生室工作的医疗卫生人员。

8. 乡村高端人才

乡村高端人才是指具有一定的专业知识或专门技能，能够胜任岗位能力要求，进行创造性劳动并对乡村发展做出突出贡献的人，他们是乡村人才中能力和素质较高的劳动者。主要包括乡村产业、农业创新创业、农业科技、农村经营管理等领域的高端人才。

9. 乡村实用人才

乡村实用人才是指在乡村经济、科技、教育、文化、卫生等领域中，具备一定的专业知识和技术水平的农村劳动者。按照从业领域的不同，乡村实用人才一般划分为5种类型：生产型人才、经营型人才、技能服务型人才、社会服务型人才和技能带动型人才。

10. 乡村电商人才

乡村电商人才是指为了适应现代农村商品市场发展而从事电子商务活动的人才。现代农村电商人才可分为技术型电商人才（掌握电子商务技术）、商务型电商人才（熟悉电子商务活动）、项目管理型电商人才（精通电商管理活动）和战略型电商人才（总揽电商全局，能作出正确决策）。

第三节 乡村人才的内涵特征

一、鲜明的时代性

随着2017年“乡村振兴”战略的提出，“乡村振兴”成为未来较长一段时期内处理城乡关系的基调。当今社会的竞争，归根结底是人才的竞争，乡村人才的重要作用越来越突出，已经成为我国乡村经济和社会发展的第一资源。人才资源是第一资源的思想体现了与时俱进的人才思想。因此，“乡村人才”在中国现代化建设过程中，尤其是在“乡村振兴战略”的背景下被赋予了鲜明的时代特征。

二、较强的专业性

乡村振兴战略的实施要求乡村人才必须具备较强的专业性。乡村人才在科技知识、劳动技能、经营素质、经营管理经验等方面，都具备比传统农民更强的专业化水平、文化素养和专业技术能力，可以利用专业知识在农业生产、社会治理、教育医疗等各方面发挥重要作用。

三、显著的带动性

乡村人才具备较高的专业素养和先进理念，能通过发挥自身特长带动乡村发展。同时，乡村人才能与时俱进，结合实际利用网络平台、新媒体平台等创造性地开展工作，提出乡村工作发展新思路，推动社会主义新农村建设。因此，乡村人才在实现自身价值的同时，也能对周边的农民起到显著的辐射、示范和带动作用。

四、较强的流动性

乡村在工作环境、生活环境和收入待遇方面都与城市有着一定的差距，而乡村人才又具备一定的知识和技能，出于自身发展的考虑，致使许多乡村人才不愿意长时间留在农村就业，只要机会合适就会流向城市。因此，乡村人才一般具有较强的流动性。

第五章 乡村振兴与乡村人才振兴的内在联系机理

人才振兴是乡村振兴的基础，是推动乡村发展的核心力量。要把乡村人力资本开发放在首要位置，大力培养本土人才。本章重点探讨乡村振兴与乡村人才振兴的关系，揭示了乡村振兴与乡村人才振兴的内在关系。

第一节 乡村振兴能够有效带动乡村人才振兴

一、乡村振兴能够带动乡村产业人才振兴

在乡村种养业方面，2022年中央一号文件《中共中央 国务院关于做好2022年全面推进乡村振兴重点工作的意见》中指出要保障“菜篮子”产品供给，大力推进种源等农业关键核心技术攻关。各省市也相继出台了众多支持乡村产业发展的政策和措施，在乡村振兴过程中，乡村经济得到了进一步的提振，带动了广大农民将投身于农业生产中，他们通过学习和掌握种养业的相关技术，提高了自身的种养殖技术能力，乡村“土专家”“田秀才”“致富带头人”“种养殖大户”大量涌现。因此，乡村振兴培育了大量乡村种养业人才。

在乡村旅游业方面，2021年《中华人民共和国乡村振兴促进法》明确提出，各级人民政府应当利用当地的农村资源和生态优势，大力支持红色旅游等乡村旅游产业的发展，加强旅游重点村镇的建设。可见，国家近年来对乡村旅游业越来越重视，并在政策上予以大力支持，以保障旅游业的发展。旅游业在乡村的兴起不仅带动了当地村民投身于乡村旅游产业，而且还吸引了大量外出务工村民返乡从事与旅游相关的产业。村民们开始接受正规的旅游培训，学习旅游

开发经营管理知识、旅游接待、旅游产品开发、旅游景区保护、旅游服务礼仪等相关知识，提升了自身的旅游专业素养。

在乡村电商产业方面，2020年财政部、商务部、国务院扶贫办颁布的《关于做好2020年电子商务进农村综合示范工作的通知》中强调，要夯实农村物流设施设备基础，健全农村电商公共服务体系，利用乡村电商促进农产品进城和工业品下乡。乡村电商的发展为乡村电商人才提供了良好的机遇，吸引了大量的村民、返乡务工人员、大学生、退伍军人和其他社会群体在乡村创业。他们通过学习网店注册、产品包装、摄影美工、物流运输、网络销售、平台直播规则等内容，在电商实践中丰富了电商从业经验，提升了电商专业技能和经营能力。

二、乡村振兴能够推动乡村教师人才振兴

2020年，中央一号文件《中共中央 国务院关于抓好“三农”领域重点工作确保如期实现全面小康的意见》中指出：要求各地有计划安排县城学校教师到乡村学校进行支教和帮扶；落实乡村中小学教师的平均工资收入水平高于或不低于当地公务员的平均工资收入水平政策；在教师职称评聘工作中要向乡村学校教师适当倾斜，对于符合条件的乡村学校教师；要将其住房纳入当地的住房保障体系中。2021年中共中央、国务院印发的《关于加快推进乡村人才振兴的意见》中提出要落实城乡统一的中小学教职工编制标准，继续实施教师专项计划和银龄讲学计划；对长期在乡村学校任教的教师，高级职称岗位实行总量控制、比例单列；要给予乡村教师一定的生活补助。政策的保障使得乡村教育得以顺利发展，乡村教育基础设施得到了显著改善，乡村教师的薪酬福利待遇也有了不同程度的提高。工作环境和薪资待遇的改善不仅使乡村本地的教师可以留在乡村学校安心任教，而且激发了众多大学生投身于乡村的教育事业。乡村教师队伍的稳定和扩大有效缓解了乡村基础教育阶段学校师资力量薄弱和教育质量不高的问题，为乡村储备了大量的乡村教师人才。

三、乡村振兴能够促进乡村医疗卫生人才振兴

2020年，国家卫生健康委出台的《关于允许医学专业高校毕业生免试申请乡村医生执业注册的意见》中指出，允许具有全日制大专以上学历的临床医学等相关医学专业的应届毕业生可以免试申请乡村医生执业注册。2020年中央一

号文件指出，城市医生如果要晋升高级职称，申请条件之一原则上是要有1年以上农村基层医疗工作服务的经历。2021年2月，《中共中央国务院关于全面推进乡村振兴加快农业农村现代化的意见》发布，提出要提升村卫生室标准化建设，提高乡村居民的健康管理水平，采取派驻乡村医生、乡村医生下乡巡诊等方式提高乡村基层卫生服务水平。随着乡村医疗人才扶持政策的颁布以及医改的不断深化，我国乡村医生的工作条件和福利待遇得到了明显改善，许多乡村改造和建成了一大批标准化的村卫生室，并配备和更新了先进的医疗器械，农村的医疗环境得到较大改善。与此同时，不少地方大幅提高了乡村医生的待遇水平。乡村医疗条件和乡村医生待遇的提高为乡村医疗人才注入了一针强心剂，有效地制止了乡村医生的外流，城市医疗人才也陆续深入到农村基层为村民服务，为农村储备了一批“下得去、留得住、用得上”的全心全意为人民服务的医疗卫生人才，乡村医疗人才得以在乡村集聚。

四、乡村振兴能够引导乡村文化人才的振兴

2017年5月，中共中央、国务院印发的《国家“十三五”时期文化发展改革规划纲要》中提出，要加强乡村基层宣传文化人才队伍的建设力度，培养乡土文化能人、民族民间文化传承人，大力扶持民间文艺社团组织，培育各类文化活动骨干。2021年国家加大了对乡村文化的重视力度，出台了《关于加快推进乡村人才振兴的意见》，明确提出要培育乡村工匠、乡村手工业者和传统艺人；鼓励高等学校、职业院校对传统技艺传承人进行系统培训和传统文化教育；通过设立名师工作室、大师传习所等传承和发展乡村传统技艺；支持乡村传统技艺人才创办乡村特色文化企业，推动乡村特色手工业的持续发展。国家对乡村基层文化建设的重视和支持促进了乡村特色文化人才的发展，为乡村文化人才提供了发挥自身特长的舞台，使这支队伍得以不断发展壮大，其文化才能被很好地激发出来，使他们可以在乡村中传播优秀乡土文化，让广大村民在丰富的文化生活中获得精神滋养、凝聚精神力量，增强民族自豪感。

五、乡村振兴能促使乡村社会治理人才振兴

2019年，中共中央、国务院印发的《关于加强和改进乡村治理的指导意见》中指出，要坚持和加强党对乡村治理的集中统一领导，建设充满活力、和谐有序的乡村社会，从而不断增强广大农民的获得感、幸福感、安全感。国家对乡

村治理的重视很大程度上改善了乡村治理环境，使大量乡村治理人才投身于乡村治理建设。当前，在国家的选调生、公务员考试中，很多都是面向农村基层岗位进行招考，引导广大高校毕业生投身于乡村事业，为乡村治理选拔了一大批优秀的社会治理工作者，培养了大量乡村社会工作者和专职社区服务人才。乡村的治理水平逐步提高，乡村治理环境不断得到优化，广大农民丰衣足食、乡村社会稳定有序，因而在一定程度上推动了乡村社会治理人才的振兴。

第二节　乡村人才振兴能够促进乡村振兴

一、乡村产业人才振兴能够促进乡村振兴

乡村种养业人才的大量涌现改进了传统农村种养业的生产方式，提高了农产品的质量，提升了乡村土地的有效利用率和农业生产效率，促进了乡村种养业的发展。乡村旅游人才的兴起提高了乡村旅游的服务质量，提高了旅游景点的口碑；乡村旅游人才投身于乡村旅游产业中，经营了众多的“农家乐”，吸引了众多城里人到乡村度假，促进了与乡村旅游业相关的产业发展，带动了农村劳动力的就业，提高了乡村旅游收入，从而可以实现乡村旅游产业的快速发展。乡村电子商务人才能够运用网络平台编织农村与外界的联络纽带，架起与外界沟通交流的桥梁，传递并获取乡村和外界的各类信息资源，有利于为乡村农产品打造市场品牌[125]。因此，乡村各类产业人才的发展共同推动了乡村各类产业的发展，从而带动了乡村经济的发展。

二、乡村教师人才振兴能够促进乡村振兴

乡村发展最终要靠人才，而人才的培养要靠教育，因而乡村教师的重要性不言而喻。乡村教师人才质量的提高可以创新乡村的教育管理模式，逐步引导学生培养终身学习的理念，从而提升了乡村教学水平；乡村教师人才的发展有利于开阔乡村学生的视野，打破乡村学生思想的局限性，培养学生的想象力与创造力，激发乡村学生产生对学习的诉求与渴望，提高他们的学习兴趣；乡村教师人才的发展还有利于将素质教育理念更好地贯彻于日常教学中，改变了传统的老师单向灌输、学生被动接受的教学模式。教学模式由以教师为中心转变

为以学生为中心，由教会学生知识转变为教会学生学习，由重结果轻过程转变为重结果更重过程，培养了学生的兴趣爱好，促进了乡村学生德智体美劳的全面发展。因此，乡村教师人才的振兴带动了乡村教育的发展，从而促进了乡村振兴。

三、乡村医疗人才振兴能够促进乡村振兴

人民健康是国家繁荣富强的重要象征。医疗人才的振兴对人民健康至关重要。乡村医疗人才队伍的壮大有利于缓解农村地区医学人才匮乏的现象，可以极大缓解农村居民“看病难”的问题，提升疾病诊断能力，提高医疗卫生水平，降低转诊率，减少就医成本，使村民就近得到更好的医疗服务；乡村医疗人才卓有成效的工作有利于加强村民健康知识宣传教育工作，在建立农民健康档案、健康教育、预防接种、传染病防治、儿童保健、孕产妇保健、老年人保健、慢性病管理、重性精神疾病管理等方面为村民答疑解惑、健康科普，从而可以提高村民的生活幸福感。

四、乡村文化人才振兴能够促进乡村振兴

乡村文化建设作为一种精神价值和生活方式，在实施乡村振兴战略过程中具有不可替代的重要作用。乡村文化人才队伍建设有利于促进乡村文化的发展，乡村文化人才通过培训民间文艺团体、文化大户和文艺爱好者来凝聚精神力量，提高村民对本土文化的认同感，增强民族凝聚力和向心力；乡村文化人才可以参与保护乡土产业传承与发展工作，利用戏曲曲艺、民歌、剪纸、皮影、花鼓彩船、舞龙舞狮、旱船锣鼓等民间文化，展示乡村文化独特的魅力，吸引更多的年轻人参与其中，促进了乡村传统文化的传承和发展；乡村文化人才队伍的壮大还有利于提高村民素养，提高村民的文化水平和道德素养；乡村文化人才利用现代与传统文化相结合的方式，将时代特点融入传统乡村文化中，加强了乡村文化的建设，倡导了现代文明理念和生活方式，培育了文明乡风、良好家风、淳朴民风，摒弃了传统陋习，营造民风淳朴的乡村人文环境[126]。

五、乡村社会治理人才振兴能够促进乡村振兴

乡村社会治理人才是基层的“细胞”，乡村治理人才从事的工作主要是乡村环境治理、乡村人文治理、乡村基础设施建设、乡村公共服务建设等几个方面，

是乡村治理的“一线力量”。乡村治理人才文化程度高、思想活跃、眼界开阔、开拓创新意识强，乡村社会治理人才队伍建设有利于推动乡村基层治理现代化及专业化，传播新型法治理念与文化观念，进而提高乡村治理质量，提高村民的自我管理水平，增进乡村人民群众的获得感、幸福感、安全感和参与感；同时，乡村社会治理人才队伍建设还有利于提升党对农村基层的领导力，保持党在群众心中的良好形象，赢得广大农村群众的信任。

第三篇

实证篇

第六章 河北省乡村人力资本测算与分析

人力资本作为社会发展的重要因素之一，在社会和经济增长中发挥着越来越重要的作用，经实践研究发现，区域人力资本的丰裕与否在很大程度上决定了区域的经济发展和社会进步。当前，人力资本的相关研究得到了世界各国广泛的重视和关注，并对人力资本进行了大量投资。通过对人力资本进行量化测算，有利于整体把握人力资本的发展趋势，也便于对人力资本进行核算及编制账户，进而可以测算人力资本结构及发展水平等，为制定有关人力资本政策提供依据。

当前，学术界关于人力资本测算的研究成果比较丰硕，但目前关于乡村人力资本的测算还依然较少。如果乡村人力资本得不到有效利用，将会导致乡村劳动力资源的严重浪费，致使乡村经济的发展受到影响。通过衡量和测算乡村人力资本利用水平，可以对乡村人力资源状况更深入地了解，从而对解决人力资源投资问题、乡村劳动力教育问题以及推动乡村人才振兴都具有重要意义。

第一节 文献回顾和述评

20 世纪 60 年代，舒尔茨提出了人力资本理论，为人力资本的研究提供了理论基础。Schultz[127]（1961）通过实证研究分析了人力资本在美国经济增长中的作用，他认为人们拥有的有用的知识和技能也是一种资本形态，可以用于教育、卫生、医疗、就业等社会发展中，从而促进经济的增长；舒尔茨将人作为一种资本，认为对自由人进行投资，可以增加人们的技能和财富的积累；同时，舒尔茨指出如果只关注物质资本的投资而忽略对人力资本的投资，就会在劳动力质量方面产生许多问题。之后，Romer[128]（1986）、Lucas[129]（1988）等学者对人力资本与经济增长关系的研究，形成了内生经济增长理论。之后，人力资本便逐渐被广泛应用于社会经济发展中。例如，贝克尔[130]（1964）、罗默[131]（1986）、沈利生[132]（1998）、丁越兰[133]（2007）、王金营[134]

（2010）、周惠民[135]（2019）等研究了人力资本对区域经济发展的影响；Rumelt[136]（1984）、Wernerfelt[137]（1984）、Barney[138]（1986）、方润生[139]（2002）、李丽华[140]（2011）等研究了人力资本对企业绩效的影响；Porter[141]（1985）、Lengnick-Hall[142]（1988）、苏树厚[143]（2005）、高素英[144]（2012）等探讨了人力资本在企业竞争中的作用；岳书敬[145]（2006）、魏下海[146]（2009）等研究发现人力资本对生产率会产生影响；孙敬水[147]（2010）、焦斌龙[148]（2011）等研究了人力资本与工资收入的关系；张国强[149]（2011）、张桂文[150]（2014）等探索了人力资本在产业结构中的作用；李答民[151]（2010）研究发现人力资本对就业有一定影响；赵登峰[152]（2015）等研究了人力资本与创新能力的关系。另外，Beaulieu[153]（1995）、Taylor等[154]（2001）、Liu[155]（2008）、国光虎等[156]（2019）、刘楚杰等[157]（2020）、兰芳等[158]（2021）研究了乡村人力资本与农村经济发展的关系；Hou[159]（2004）、Corcoran[160]等（2010）、匡远凤[161]（2018）研究了乡村人力资本对农村就业及创业的影响。

以往的人力资本研究中采用了许多人力资本的测算方法，主要包括成本法、教育法、收入法、直接能力测算法、综合测算法等。其中，成本法与教育法的运用较多。Kendrick[162]（1976）、Eisner[163]（1985）、Christian[164]（2010）、侯凤云[165]（2005）、钱雪亚[166]（2008）、焦斌龙[167]（2010）、乔红芳[168]（2015）等学者运用成本法测算了人力资本存量；Jorgenson[169]（1992）、王德劲[170]（2006）、李海峥[171]（2010）、徐珊[172]（2015）、何珺子[173]（2019）等学者运用收入法测算了人力资本存量；Wo Bmann[174]（2003）、杨建芳[175]（2006）、张毓晗[176]（2013）、曲玥[177]（2020）等学者运用教育法测算了人力资本存量。而直接能力测算法，主要包括人力资本指标计划（HCIP）、生活技能调查（ILSS）、交叉课程能力计划（CCCP）等方法；综合测算法是利用成本法、教育法、收入法、直接能力测算法，其中两种或以上测算方法组合，如Dagum & Slottje[178]（2000）、周德禄[179]（2005）等采用了这种方法。

综上所述，可以发现人力资本的理论已经比较完善，其应用也比较广泛，涉及社会中的许多领域。关于人力资本的研究，多集中于区域内整体人力资本状况，而较少对乡村人力资本进行测算，因而目前在乡村人力资本方面的研究依然较为薄弱。关于人力资本测算的方法，收入法的应用较少，这主要在于收入法所需的数据收集困难较大，并且数据的准确性也得不到保障；直接能力测算法目前没有统一的规范和计量标准，因而并不成熟；综合测算法同样需要复杂的数据，因而运用得较少；而成本法与教育法的数据都易获得且简单易行，从而使其应用较为广泛。

第二节 测算方法介绍及比选

一、测算方法介绍

1. 成本法

成本法是测算人力资本形成所需要投资的成本，包括孩子的养育成本法、财政投入法、教育投资法以及综合投资法。代表性的方法是借鉴永续盘存法的成本法，该方法依据物质资本投资和人力资本投资的相似性，借鉴物质资本估算使用的永续盘存法，可将历年投资量进行调整，并累积为次年资本存量。基本思路为：第 t 期的资本存量 H_t 由上一期资本存量 $H_{(t-1)}$ 剔除折旧之后，与第 t 期资本投资加总得到。公式为：

$$H_t=\left(1-\delta\right)H_{t-1}+I_t$$

其中，H 表示人力资本存量。δ 表示折旧率，由于人力资本会随人的年龄增长，导致精神与体力逐渐下降，因而将这个下降程度称为人力资本折旧。I 表示人力资本投资，舒尔茨的人力资本理论将人力资本投资归纳为 5 类。

2. 收入法

收入法是利用个人收入的方法估算人力资本，包括利用预期收入现值的方法和利用收入指数的方法。代表性的方法是基于现金流贴现法，该方法认为人力资本能够决定个人的终生收入，人力资本存量可以通过所有年龄段人口终身收入现值的总和来衡量。

公式为：

$$HV_t=\sum_{i=0}^{b-\overline{at}}\frac{y_t\left(1-P_{t,\overline{at}+i}\right)\left(1+g\right)^i}{\left(1+r\right)^i}$$

其中，HV_t 表示第 t 年人力资本存量，$\overline{at}$ 表示第 t 年劳动者的平均年龄，y_t 表示第 t 年的居民实际总收入，$P_{t,\ \overline{at}+i}$ 表示第 t 年及 $\overline{at}+i$ 岁的人的死亡率，g 表示考察期居民实际收入的增长率，r 为贴现率。

由于个人工资收入数据难以获取，收入法不如成本法在我国应用广泛。而且，该方法没有考虑不同地区的差异，特别是发达地区和贫困地区，其收入水平和工作技能差异也有很大的区别。

3. 教育法

教育法是根据劳动力人口的受教育程度来测算人力资本，包括入学率、成人识字率、受教育年限法、平均教育年限法以及其他教育法。代表性的方法是利用教育回报率的教育法，基本思想为：教育是人力资本最重要的组成部分，能够反映人力资本的存量。该方法根据劳动力人口的总人口数和平均教育年限，并引入教育回报率 r 测算人力资本。公式为：

$$H_t = e^{r_t * s_t} L_t$$

其中，H_t 为 t 年的人力资本存量，L_t 为 t 年的总人口数，r_t 为 t 年的教育回报率，s_t 为 t 年的平均受教育年限。

然而该方法没有考虑到在学校外学习和获得的技能，比如在学校教育之前已获得的能力，以及在学生实习期间所接受的培训，这些都属于人力资本的范畴。而且一个员工尽管没有接受学校教育，但是他也会对经济产生贡献，应当算作人力资本。

4. 直接能力测算法

直接能力测算法根据个人能力测试的得分，进行累加然后测算出人力资本。人力资本指标计划（HCIP）将人力资本分为就业能力、生产活动能力、创新能力，然后将各种能力加总得到最终人力资本；生活技能调查（ILSS）法主要考虑就业能力，测算团队工作、计算机熟练程度、实践认知、解决问题及数学水平等能力。交叉课程能力计划（CCCP）法主要测算科学、数学和阅读能力。直接能力测算法目前并不成熟，缺乏科学统一和规范的计量标准，因而该方法应该是否可以将直接能力测算法运用到人力资本测算中，在理论和实践方面都需要进一步探索。

5. 综合测算法

综合测算法将两种以上测算方法结合起来，数据覆盖面太广，从而获取具有一定难度，虽然是取长补短的方法，但理论上也不够统一，实际性的操作问题较为复杂。例如，成本法与收入法两种方法的综合，成本法主要根据舒尔茨人力资本的理论，而收入法并没有成熟的理论，同时成本法使用当前的资金投入，收入法利用目前或今后的收入水平，从货币的衡量上并不能形成一致性。有学者认为该方法是上述几种方法的改进，并不算作单独的测算方法，因而没有解决之前方法存在的问题。

二、方法比选与改进

由上述方法可知，各方法都有其合理性和不足之处。成本法、收入法、综合测算法都需要考虑地区差异产生的投资与收入差异，而且这三个方法需要的数据收集难度相对较大，因而对于某些缺失数据的处理难度就更加困难。直接能力法的实验数据交易获得，但该方法尚未成熟；而教育法所需的人口和教育数据，相较而言所需的数据也更容易获得，由于国家有较为完善的人口和教育政策，从而估计人口和教育的数据会相对更加准确，数据偏差会较小。同时，教育法的数据易获取且简便易行，国内大多学者们都选择该方法测算人力资本。因而本书选择教育法作为测算人力资本的测算方法。

根据上述教育法的公式，我们发现，教育法的主要参数为平均教育年限 s_t，教育回报率 r_t 和总人口数 L_t，而 $e^{r_t * s_t}$ 的底数 e 相当于无效参数且用其他数字代替效果相同，从而对人力资本的测算不具有实际意义，因此，我们将此公式以去掉底数（可认为底数替换为 1）的方式加以改进：

$$H_t=r_t*s_t*L_t$$

而平均教育年限 s_t 与总劳动力人口数 L_t 相乘得到的是 t 年总教育年限，用 S_t 表示，形成了教育回报率与总教育年限的乘积，改进后的最终公式为：

$$H_t=r_t*S_t$$

此时，本书使用的教育法更加简洁和明确。同时，使用该方法，需要进行一些假设：①假设各地区人力资本都是同等健康状态的人力资本；②假设各地区教育是同等水平的；③假设在同等教育水平下，形成了同等人力资本。

第三节 数据来源与处理

一、劳动力人口数测算

根据《中国人口与就业统计年鉴》《中国农村统计年鉴》可以得到乡村劳动力人口数和劳动力人口的文化程度，但是发现存在部分缺失数据，因此，本文需要将缺失的数据进行合理的填补。

此外，通过石庆焱[180]（2014）和陈汉鹏等[181]（2019）等研究可知，中国的人口数据存在着一些缺陷，除了十年一次的全面性人口普查外，其余年份数据是根据抽样数据推测得到的，而抽样调查的取样偏差会导致数据的偏差问题。从获得的数据也可以看出，部分数据出现了明显的错误，如存在乡村劳动力人口数大于乡村总人口数的情况，因而认为所得的数据可能存在异常值。

因此，这里用组合预测模型对缺失值和异常值进行填补和修正。第一，2000 年与 2010 年作为人口普查年，数据的可靠程度较高，因此，我们利用 2000 年和 2010 年人口普查的数据，计算其平均增长速度，预测出其他年份的数值，并计算与原始数据的误差 σ_1。第二，根据已有的数据拟合出回归模型，并根据该模型得到预测值，同样计算与原始数据的误差 σ_2。第三，根据两个误差值对两种预测方法进行加权，得到最终的组合预测方法。并以此方法对缺失值与异常值进行填补和修正。

权重公式为：

$$w_i = \frac{1/\sigma_i}{\left(\frac{1}{\sigma_1}+\frac{1}{\sigma_2}\right)}$$

二、乡村教育回报率测算

教育回报率是由 Mincer 收入方程拟合得出。Mincer 方程的一般形式表示为：

$$\ln y = \alpha + rs + \delta_1 \mathrm{EXP} + \delta_2 \mathrm{EXP}^2 + \beta x + \varepsilon$$

y 表示个人收入，s 表示个人受教育年限，EXP 表示个人工作经验，x 表示其他影响个人收入的控制变量。周国富[182]（2014）以宏观数据为基础，选用城市化率、非国有职工所占比重和人均财政支出等指标作为控制变量。人均收入 y 是通过按人口加权城镇居民家庭人均可支配收入和农村居民人均纯收入得到，并通过居民消费价格指数转换为 2000 年计价的数据。而本书以河北省 2000—2020 年数据为基础，即选择的基期一致，因而将直接采取周国富给定的 31 省、市、区的教育回报率作为本文的数据。

由于周国富得到的是历年总体的全国各省市区的平均教育回报率，而并未给出城镇、乡村分别的教育回报率，以及各年的教育回报率。借鉴李国璋[183]（2013）的研究可知，教育回报率与个人收入的紧密关系，因此，本书利用《中国农村统计年鉴》中各地区城乡居民人均收入水平，根据各地区历年乡村居民人均收入与城镇居民人均收入的比值，作为剥离城镇、乡村教育回报率的依据，公式为：

$$r_t = r_{总} * \frac{y_{1t}}{y_{1t} + y_{2t}}$$

其中，r_t 为第 t 年的乡村教育回报率，y_{1t} 为第 t 年的乡村居民人均收入，y_{2t} 为第 t 年的城镇居民人均收入。

第四节 河北省乡村人力资本测算分析

一、河北省乡村人力资本测算

本书根据《中国统计年鉴》将我国人口的受教育水平分为五个层次，即“未上过小学、小学、初中、高中、大专以及上”，并依次赋予“0 年、6 年、9 年、12 年和 16 年”的教育年限；然后用各省、市、区的乡村劳动人口受教育程度的比例，与对应的教育年限加权综合得到教育年限总和。最终根据乡村教育回报率，得到河北省乡村人力资本。结果如表 6-1 所示。

表 6-1 2010—2020 年河北省乡村人力资本测算

年份	乡村就业人数（万人）	平均教育年限（年）	总教育年限（万人·年）	教育回报率（%）	人力资本（万人·年）
2000	2707.10	8.4583	22897.4639	3.0030	687.6108
2001	2717.88	8.5126	23136.3955	3.0030	694.7860
2002	2731.76	8.5244	23286.9559	2.8395	661.2331
2003	2748.04	8.5868	23596.5264	2.7994	660.5612
2004	2771.98	8.6748	24046.5456	2.7225	654.6672
2005	2805.94	8.7643	24591.7494	2.7376	673.2237
2006	2817.80	8.8060	24813.5468	2.6784	664.6060
2007	2846.53	8.9453	25463.0648	2.6640	678.3360
2008	2894.82	8.9860	26012.8525	2.6079	678.3892
2009	2944.36	9.0510	26649.4024	2.5674	684.1968
2010	2976.55	9.0470	26928.8479	2.6568	715.4456
2011	3003.83	8.8550	26598.9147	2.7759	738.3593
2012	3023.87	8.9240	26985.0159	2.7994	755.4185
2013	3039.17	8.9710	27264.2426	2.8477	776.4038
2014	3055.91	9.0215	27568.8387	2.9407	810.7168
2015	3055.31	9.0756	27728.8389	2.9407	815.4220

续表

年份	乡村就业人数（万人）	平均教育年限（年）	总教育年限（万人·年）	教育回报率（%）	人力资本（万人·年）
2016	3063.83	9.1334	27983.1781	2.9407	822.9013
2017	3061.75	9.1948	28152.3095	2.9407	827.8750
2018	3023.20	9.2600	27994.8133	2.9582	828.1426
2019	3018.16	9.3289	28156.0900	2.9849	840.4311
2020	2979.12	9.4702	28212.9622	3.0123	849.8560

二、河北省乡村劳动力人口数分析

由表 6-1 可知，2000—2016 年河北省乡村就业人数呈现不断上升的趋势，2017 年开始有所下降，这可能与城市化的持续推进有关，随着城市化步伐的加快，乡村人口不断向城镇转移，因而导致了乡村人口的不断减少，进而影响了乡村劳动力人口的数量。另外，这也可能是人口老龄化导致的。随着计划生育政策的出台，“90 后”的新增人口开始逐渐减少，而乡村主要的劳动力群体自 2000 年至 2017 年逐步进入了老龄阶段，从而产生了农村劳动力人口下降的现象，但是依旧保持着 3000 万人以上的劳动力人数。由图 6-1 可以看出，乡村劳动力人数总体的增长速度较为稳定，一直处于 2000 年最高的增长速度 1.99% 与 2018 年最低的增长速度 -1.26% 之间浮动。河北省乡村劳动力人数的基数较大，且发展速度一直较为稳定，这为河北省乡村经济的发展打下了坚固的劳动力基础。

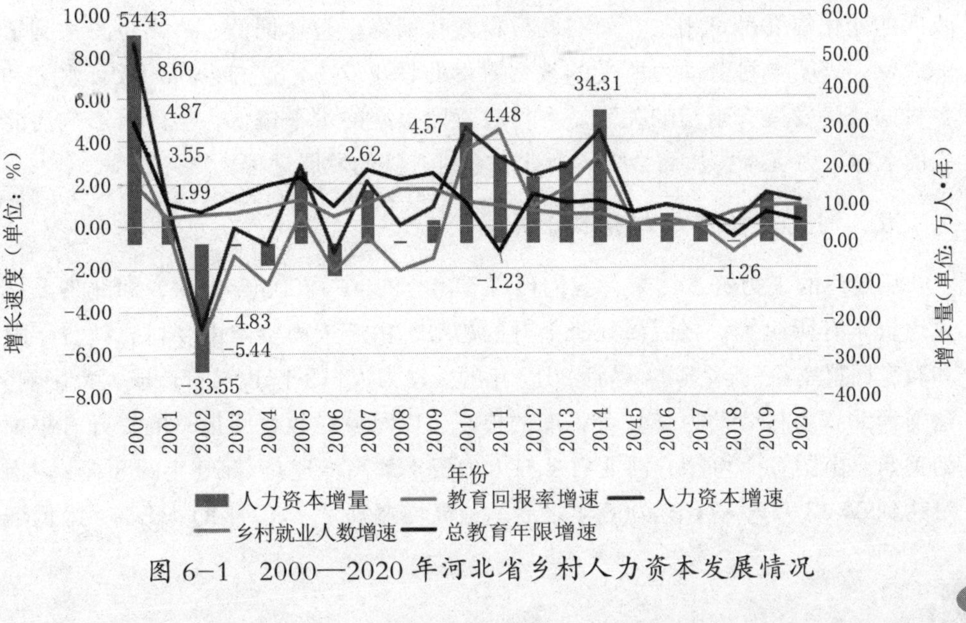

图 6-1　2000—2020 年河北省乡村人力资本发展情况

三、河北省乡村劳动力人口受教育年限分析

由表 6-1 可知，乡村平均受教育年限从 2000 年的 8.4583 上升到 2020 年的 9.4702 年，平均上涨了 1.0119 年，平均增长速度为 0.57%，虽然依旧处于受教育程度不高的阶段，仅刚刚达到初中的 9 年教育年限水平，但是却一直保持上升的趋势，表明河北省乡村劳动力的质量有所提高。而河北省乡村劳动力人数较多，因此，河北省乡村劳动力的总教育年限非常可观。由于在 2000—2010 年与 2012—2017 年乡村劳动力人口和平均受教育年限一直在提高，因而总教育年限在这期间也处于持续上升趋势，仅在 2011 年与 2018 年有所下降。由图 6-1 可知，2000 年总教育年限的增速最快，达到 4.87%，2000 以后，最高的增速是 2007 年的 2.62%，最低的增速则是 2011 年的 -1.23%，总体来说相对较为平稳。由于平均教育年限的稳定增长，以及总教育年限的不断增加，为河北省乡村的劳动力提升了素质与能力，从而能够促进河北省乡村经济的快速发展。

四、河北省乡村劳动力教育回报率分析

由表 6-1 可知，2000—2009 年的乡村教育回报率有所下降，之后又处于上升阶段，教育回报率与居民个人收入息息相关，乡村教育回报率的高低受到城乡居民收入差异的影响。由图 6-1 可知，河北省乡村教育回报率最高增速为 2011 年的 4.48%，最低增速是 2002 年的 -5.44%，相较于乡村劳动力人数和总教育年限，乡村教育回报率的变化幅度较大，表现得不太稳定，这与城乡居民收入的变化幅度呈正相关。而河北乡村教育回报率整体偏低，最高也只达到了 3.003%，表明乡村劳动力所受的教育取得的收益较小，这与乡村的教育水平和乡村的经济发展有密切的关联。乡村教育回报率的水平偏低，会严重影响河北省的乡村人力资本，从而会阻碍河北省乡村经济的发展进程。

五、河北省乡村人力资本分析

从最终的人力资本结果，我们可以看出，2000—2006 年以来，河北省乡村人力资本有所起伏，之后便处于上升的趋势，由于人力资本由乡村总教育年限和教育回报率得到，因此，尽管 2017 年的劳动力人口下降也没有造成太大影响，这与河北省乡村劳动力受教育程度的提高，以及乡村教育回报率的提升有很大的关系。由图 6-1 可知，河北省乡村人力资本最高增速是 2000 年的 8.60%，增量达到 54.43 万人·年，2000 年之后，最高增速则是 2010 年的 4.57%，最低增

速为2002年的-4.83%，减少了33.55万人·年，而增量最高的则是2014年的34.31万人·年。从2000年的687.6108增长至2020年的849.8560万人·年，总体来说增长幅度较大，增量甚至超过了10%，河北省乡村人力资本变化较为稳定且基本上处于增长的状态。

第五节 全国乡村人力资本对比分析

一、省际间乡村人力资本测算

为了更客观地观察河北省乡村人力资本存量情况，本书测算出全国各省、自治区、直辖市的乡村人力资本存量，便于同河北省乡村人力资本进行比较，由于数据较多，我们这里只列示2000年、2005年、2010年、2015年、2020年的乡村人力资本。结果如表6-2所示。

表6-2 2000年、2005年、2010年、2015年、2020年全国年乡村人力资本（单位：万人·年）

地区	2000	2005	2010	2015	2020
北京	36.4610	36.2856	40.8937	38.6379	41.1254
天津	38.2282	39.6953	40.3910	51.2798	54.0124
河北	687.6108	672.2237	715.4456	815.4220	849.8560
山西	185.4114	175.4543	183.6435	233.5365	269.8451
内蒙古	86.3529	83.2426	89.9807	110.0511	127.5214
辽宁	170.5127	188.2495	213.0129	245.9039	290.5241
吉林	105.4054	108.3386	126.4320	151.6908	168.5241
黑龙江	166.6354	171.6027	212.0463	239.9481	278.2145
上海	45.0283	44.4306	45.8225	47.5479	50.2189
江苏	774.3133	692.5109	672.7975	739.2432	769.2145
浙江	602.3523	637.2202	712.5251	860.8487	929.5841

续表

地区	2000	2005	2010	2015	2020
安徽	457.9820	430.0565	479.1247	572.5049	605.8561
福建	321.1549	307.8873	323.4782	408.3079	455.9584
江西	313.1676	302.9394	354.4687	461.3616	569.2458
山东	907.7227	881.6705	935.1740	1169.0765	1317.2546
河南	878.6770	817.1482	930.9232	1182.0204	1348.5298
湖北	361.4784	343.8559	432.6330	654.0377	847.2541
湖南	546.5183	554.1999	614.1262	724.2347	785.2159
广东	606.0917	641.3231	783.7993	1041.3395	1213.1254
广西	330.2825	320.1892	354.3408	496.6704	599.2148
海南	38.7272	43.6239	48.6599	66.7293	79.1248
重庆	166.4727	159.9644	178.9194	223.7235	238.1459
四川	532.1750	578.0392	603.4492	723.8757	799.5218
贵州	135.8315	139.3810	171.1527	233.6418	274.2584
云南	153.4943	166.0558	205.5934	280.0955	342.2158
西藏	0.9205	1.3868	2.1031	3.0044	4.2025
陕西	150.5535	146.3097	165.8562	214.9489	241.5841
甘肃	69.8783	72.1618	90.1167	117.6303	143.8524
青海	6.4290	7.0911	8.5437	11.1631	13.5421
宁夏	17.6903	17.1433	18.2770	22.4427	25.1425
新疆	37.1555	48.4845	63.5475	80.8417	103.2514

二、省际间乡村人力资本对比分析

由表 6-2 可知，2000 年、2005 年、2010 年、2015 年和 2020 年河北省的乡村人力资本存量在全国排名都比较靠前，基本处于第四、第五的位置，而乡村人力资本较高的省份一直是山东、河南，从 2015 年开始，河南超越了山东，稳居第一的位置。广东、浙江由之前的第五、第六上升到第三、第四的位置，而江苏则是一直在缓慢下降。总体来说，山东、河南、广东、浙江、河北的乡村人力资本存量一直在全国处于领先位置，近些年，河南、山东、广东的乡村人力资本存量已成为我国第一梯队，浙江、河北以及湖北、四川、湖南、江苏位于第二梯队，乡村人力资本存量最低的是天津、上海、北京三个直辖市，以及新疆、海南、宁夏、青海、西藏等地，这主要是由于这些地区人口基数较少的原因造成的。从2000—2020年的发展速度来看，在乡村人力资本大省中，湖北、广东增长速度最快，河北则是乡村人力资本增长速度较慢的省份；而从全国角度来看，西藏、新疆等地的增长速度最快，但是这些地区乡村人力资本水平也属于全国较低的省份。因此，从发展增量来看，同样是广东、湖北等地人力资本增量最大，其次是河南、山东、浙江等地，而河北的乡村人力资本的增量较少。

三、河北省与全国乡村人力资本对比分析

通过河北省与全国乡村人力资本的对比，我们发现河北省的乡村人力资本较高，但是发展的速度一直较为缓慢，增量也相对较少，因此，近些年在全国的排名开始倒退，产生一种“吃老本”的现象。由图6-2可知，河北省乡村人力资本多集中于初中学历阶段，初中以下学历劳动力人数超过了60%，高中人力资本变化不大，小学人力资本自2005年之后开始逐渐减少，大专以上人力资本开始增多，但增长速度和增长量都相对较小。从表6-1可以看出，河北省乡村人力资本在全国排名靠前，是由于其乡村人口基数较大，然而因为高学历人力资本较少及人口外流严重，已经被河南、山东、广东等地拉大差距，同时，湖北、四川、湖南等地也逐渐缩小了与河北的差距，尤其是浙江、湖北、湖南等地乡村劳动力人口数远少于河北省，然而发展到2020年，浙江省乡村人力资本为929.5841万人·年，已经超过河北省的849.8560万人·年，同时，湖北省的乡村人力资本847.2541万人·年也与河北省非常接近，已经与河北省的乡村人力资本水平不相上下，这表明河北省乡村低学历人口数过多，对其人力资本的数量及质量都产生了严重的影响。

因此，针对河北省乡村人口数开始下降的现实，河北需要将乡村劳动力由数量增加转变为质量提升，加大教育力度，提升乡村劳动力的受教育程度，从而提升乡村劳动力的质量，同时，要引入外部人力资本流入乡村，包括农民工的返乡创业、大学生返乡就业和创业、教育、医疗、科技人员下乡服务、扩大乡镇基层公务员招录等，从外部人才流入乡村来迅速提高乡村人力资本的总量和质量。这样才能使河北乡村人力资本水平得到实质性的提升，进而更加高效地实现河北省乡村振兴战略。

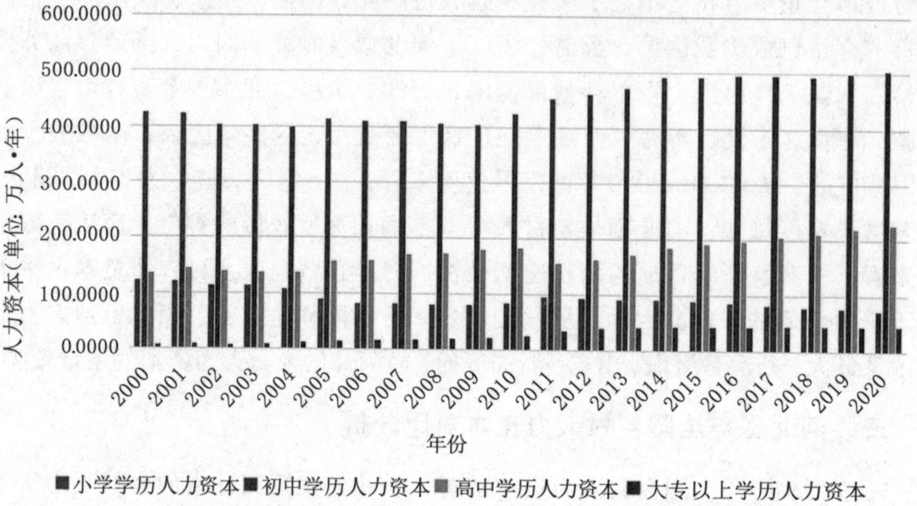

图 6-2　2000—2020 年河北乡村各教育阶段阶段人力资本

第七章 河北省乡村人力资本对经济增长贡献的实证分析

人力资本在经济增长过程中的作用备受关注。内生增长理论将人力资本内生化以解释经济增长。河北省地处环渤海经济圈，毗邻京、津两地，但是河北省的经济发展却与其他沿海省份和京、津两地存在较大的差距，要缩小河北省与东部省份的经济差距就必须发挥知识、人才等人力资本要素在经济增长过程中的决定性作用，实现集约式经济增长。河北省乡村人力资本较为丰富，但由于城乡发展差距较大等原因，使得河北省乡村人力资本外流严重，从而阻碍了河北省乡村振兴战略的实现。那么，如何发挥河北省乡村人力资本在乡村振兴中的重要作用，这对河北省乡村经济社会的发展至关重要。

第一节 文献回顾和述评

20 世纪末期，关于人力资本对经济增长影响的研究开始不断涌现。Lucas（1988）指出人力资本是经济增长的重要源泉，同时将人力资本作为重要的投入要素计入生产模型[184]。Elen & Theofanis（2011）利用 1980—2004 年经合组织国家的数据进行了探究，表明在信息和通信技术水平较高的情况下，人力资本的产出弹性更大，人力资本与经济增长之间存在非线性关系[185]。Whalley & Zhao（2013）利用 Schultz 的人力资本衡量标准重新评估了人力资本对中国经济增长的贡献。结果表明，人力资本在中国经济增长中发挥着重要作用，1978—2008 年人力资本的贡献占到了经济增长的 38.1%[186]。周天勇（1994）利用 1982—1988 年的数据对我国人力资本与经济增长进行了深入讨论。结果显示：人力资本对经济增长的贡献更大[187]。马建会、李萍（2008）运用广东省 1980—2006 年间的相关数据对不同层次人力资本对广东省经济增长的贡献率差异进行了研究。研究结果显示：专业型人力资本对经济增长的贡献率约为25%；企业家人力资本对经济增长的产出弹性较大[188]。李培泓（2011）参照1978—2007年间河北省11个地级市的面板数据，分析了人力资本在河北省经济增长中的贡献情况。研究结果表明，人力资本对河北省经济贡献率较低，而且主要为一般型人力资本，这说明河北省的经济增长依旧为依靠物质资本投入为主的粗放型经济增长方式[189]。

与此同时，随着乡村振兴已经被提升到国家战略层面，乡村人力资本对经济增长的影响逐渐成为学者们研究的焦点问题。李永宁（2008）运用修正的Cobb-Douglas生产函数有效劳动模型对江苏省欠发达地区淮安市的乡村经济增长中人力资本贡献进行实证分析。实证分析结果表明，1990—2003年，人力资本对淮安市乡村经济增长具有显著的正向作用，但是受限于乡村人力资本存量增速缓慢，致使其对淮安市乡村产出的贡献率较低[190]。蔡军（2012）以河北省乡村经济增长为研究对象，利用以柯布—道格拉斯生产函数对河北省乡村经济增长中人力资本的贡献率进行了实证分析。研究结果显示：物质资本作为河北省乡村经济增长的主动力，其对乡村产出的贡献率高达57.76%，而乡村人力资本对乡村经济增长的贡献率仅为35.90%，相较于物质资本还有一定差距[191]。汤琼，李成标（2014）基于湖北省2000—2011年的相关数据，借助修正的C-D函数实证检验了乡村物质资本及乡村人力资本对乡村经济发展的贡献率。结果表明：湖北省经济增长的主要推动力为乡村物质资本，人力资本虽然对湖北省乡村经济增长具有显著的正向作用，但贡献率较低[192]。朱家安（2016）利用C-D生产函数测算了1990—2012年山东省乡村人力资本对经济增长的贡献率。研究结果表明：山东省农村物质资本存量对经济增长的贡献要更加显著，农村人力资本投入对经济增长的贡献显著，但贡献率偏低[193]。崔国鹏（2019）研究了1995—2015年贵州省农村人力资本对经济增长的贡献。研究结果显示：贵州省农村人力资本对农村经济增长的弹性分别为1.42，而农村物质资本对经济增长的弹性只有0.64，可见，人力资本对贵州省经济增长的产出弹性要大于物质资本[194]。

国内外学者对乡村人力资本于经济增长的贡献率进行了比较深入的研究，但鲜有聚焦于河北省乡村人力资本对乡村经济贡献率的相关研究。随着近年来河北省乡村的不断发展，河北省乡村人力资本情况也会随之变化，乡村人力资本对经济增长的贡献率也会呈动态变化。因此，本章研究河北省乡村人力资本对经济增长的贡献率情况，对河北省乡村振兴战略的实现具有重要的现实意义。

第二节 测算方法介绍与比选

一、测算方法介绍

1. 收益率计算法

该方法首先是通过统计人力资本投资的成本和收益情况，然后再测算出人力资本投资教育的收益率。具体步骤是：首先，计算出在其他条件都相同的情况下，接受更高一级层次教育后年收入的增加值，通常的做法是选取一段时期内的社会平均值；其次，再计算完成某级教育所必需的人力资本投资总额；最后，将年增加的收益与成本做一一比较，从而得到人力资本投资（教育）的收益率。

$$r=(R_i-R_j)/C$$

i 为比 j 更高级层级的教育，r 为人力资本投资的收益率，分子为（R_i-R_j），为接受某种教育后年增加的收入，R_i 为接受了 i 层次教育后的社会平均年收入。R_j 为接受了 j 层教育后的社会平均收入，C 为接受层教育所需的人力资本投资，包括期间交纳的各种费用及由于接受教育所放弃的可能收入，即机会成本。

林荣日（2000）等学者通过计算得出需要满足教育的成本和收益在现值相等时所能接受的最大利息率（教育投资的内部收益率），具体表现为若实际利息率水平高于该值，则从利益最大化的角度来说投资教育是不合算的；若实际利息率低于该值，差值就是投资教育所带来的净收益。计算公式如下：

$$\sum(R_{in}-R_{jn}-C_n)/(1+r)^n=0$$

R_{in}、R_{jn}、C_n 分别为接受教育第 n 年的收益和成本，r 为内部收益率。由于教育投入的主体分为国家和个人，因此，在计算收益率时，通常是将个人人力资本投资和社会人力资本投资单独核算。通过计算出各不同学历层次的教育收益率，再乘以各级教育的投资额，就可以得到各级教育所带来的收益增长额，最后，再将教育总收益增长额与经济总增长额进行相比，从而可以得到教育对经济增长的贡献份额。

2. 柯布—道格拉斯生产函数法

柯布—道格拉斯生产函数最初是美国数学家柯布（C.W.Cobb）和经济学家保罗·道格拉斯（Paul H.Douglas）在探讨投入和产出的关系时共同构建的生产函数，并以他们的名字进行命名。该函数通过引入了技术资源这一因素，对生产函数的一般形式进行了改进，并用来预测国家和地区工业系统的一种经济数学模型，简称生产函数。柯布—道格拉斯生产函数是经济学中使用最广泛的一种生产函数形式，它在数理经济学与经济计量学的研究与应用中都具有重要的地位，其表达式如下：

$$Y=AK^{\alpha}L^{\beta}$$

Y 为产出总量，K 为物质资本总量，L 劳动力总量，A 为基期技术水平，α 为资本产出弹性，β 为劳动力产出弹性。当 $\alpha+\beta<1$ 时，生产属于产出的规模经济递减；$\alpha+\beta=1$ 时，为规模经济不变；$\alpha+\beta>1$ 时，为规模经济递增。采用生产函数的方法计算人力资本的贡献率又可以具体分为以下几种测算方法。

①受教育年数计算法。人力资本是指投入到生产中的人的知识、技能、体力、经验等，很难被量化，但是这些能力可以用受教育水平来替代衡量。另外，人力资本投资中教育投资是最主要的部分。因此，劳动力质量对经济增长的贡献也主要体现为劳动力科学文化素质对劳动力生产率的影响。所以，很多学者以劳动力人口的受教育总年数来表示人力资本存量。即 $L=l\times n$ 为劳动力的受教育总年数（劳动力人口的总人力资本），l 为劳动力数量，n 为劳动力的平均受教育年数。利用各年相关数据对生产函数线性变化后，再进行回归分析，从而得到各投入要素的产出弹性系数，代入下式就可计算人力资本的贡献率。

$$\Delta Y/Y=\alpha\times\Delta K/K+\beta\times\Delta l/l+\beta\times\Delta n+\xi$$

②人力资本投资额计算法。人力资本是由各种类型的人力资本投入形成，人力资本投资规模可以间接地反映出人力资本存量的规模，但其投资只与收益法中的教育直接成本相当。该方法是将人力资本投资变量添加到生产函数中，其表达式如下式：

$$Y=AK^{\alpha}L^{\beta}H^{\gamma}$$

H 为人力资本投资额，γ 为人力资本的产出弹性。通过回归后利用下式可以计算出人力资本的贡献率：

$$\Delta Y/Y=\alpha\times\Delta K/K+\beta\times\Delta l/l+\gamma\times\Delta H/H+\xi$$

③劳动力简化系数法。马克思主义经济学认为，高素质劳动者在单位时间内所创造的价值是低素质劳动者的倍数。由此，可将高素质劳动力按照不同的折算系数方法折算成一定数量的低素质劳动力，具体可分为以下几种。

一是劳动生产率确定系数法。劳动生产率代表劳动者单位时间的产出。假定初中学历劳动者的劳动生产率是100%。根据产出之比，其他各级教育劳动者相应得到一个生产率系数，将系数乘以各级教育人数最后加总可以得到劳动力折算总量。其含义可用于代表劳动生产，全部劳动生产力可表示一定数量具有初中学历劳动者的生产力。

二是收入确定系数法。在市场经济完全自由化的前提下，劳动力的边际生产率等同于工资率，因此，工资水平可以体现出劳动者的生产率。丹尼森（1962）以受过 8 年教育的劳动力工资水平为标准，其他各级教育劳动力工资水平与之比较，计算出各级教育系数。

三是总课时确定系数。以小学教育所接受的总课时为标准，与其他各级教育总时数进行比较，从而获得一个各级劳动力简化系数；同时假定劳动生产率有五分之三的比例差异，可由教育时数的差异来反映，并以此调节得到新的简化系数。

二、方法比选

对于收益率计算方法而言，存在以下几方面的不足之处。一是该方法高估了受教育水平对于个人收入差距的影响，在计算收益率时并未考虑其他因素，导致最终计算出的收益率不高。此外，这个方法忽略掉了个人在获取到更高水平的教育时会同时丧失的机会成本，致使最终计算出的收益率偏高。二是该方法没有考虑人力资本投资发挥作用的时滞效应。人力资本需要靠多年累积才能发挥出它的最大效用，而此方法在计算人力资本对经济增长的贡献率时采用的是现期人力资本投资额与收益率，现期的人力资本投资规模比过去要大，这样便放大了贡献率。可见，用收益率计算方法来测算人力资本对经济增长贡献率时存在一定的不足之处。因此，本书利用 C-D 生产函数法测算河北省乡村人力资本对经济增长贡献率，能够较为真实地反映出河北省乡村人力资本对经济增长贡献率情况。其模型设定为：

$$Y=AK^{\alpha}H^{\beta}$$

其中，Y 为经济增长，表示总产出，A 表示技术进步，K 为乡村固定资本存量，H 为乡村人力资本，α 和 β 分别为 K 和 H 对总产量 Y 的产出弹性。对方程式取对数并增加随机误差项，得到方程如下：

$$Y=\ln A+\alpha\ln K+\beta\ln H+\delta$$

为了有效区别乡村物质资本投入、人力资本存量和技术进步在经济增长过程中的不同作用，通过求解模型的差分方程，可得到差分方程如下：

$$\Delta Y/Y=\Delta A/A+\alpha\times\Delta K/K+\beta\times\Delta H/H$$

其中，$\Delta Y/Y$ 表示产出的平均增长速度，$\Delta A/A$ 表示技术进步对产出的影响率，$\Delta K/K$ 表示乡村物质资本投入的平均增长速度，$\alpha \times \Delta K/K$ 表示物质资本对产出的影响率，$\Delta H/H$ 表示人力资本存量的平均增长速度，$\beta \times \Delta H/H$ 表示人力资本存量对产出的影响率。

各要素的影响率占总体影响率的比例，即为各要素对经济增长的贡献率。计算方程如下：

$$\frac{\text{要素增长率}+\text{要素产出弹性}}{\text{经济增长率}} \times 100\%$$

第三节 实证分析

利用河北省地区生产总值、乡村固定资本存量等原始数据对相关变量进行初步运算，再通过回归分析结果测算出河北省乡村人力资本存量和固定资本存量分别对经济增长的贡献率水平。其中，相关原始数据均来源于国家统计局公布的河北省地区生产总值和乡村固定资本投入等历史数据。

一、相关数据度量

利用河北省地区生产总值、乡村农户固定资产投资额等相关原始数据对产出和乡村固定资本存量进行初步计算，为河北省乡村人力资本对经济增长贡献率测算提供数据支持。

（1）产出（Y）。经济增长是指在一段较长时间段内，一个国家或地区国民财富（人均产出或总产出等）的持续增加过程。从已有的研究成果来看，通常选择 GDP 或者人均 GDP 作为衡量区域经济发展的指标。因此，本文借鉴前人的经验，以 2000 年为基期，根据生产总值指数将名义生产总值转化为实际生产总值，并将其作为产出。

（2）乡村固定资本存量（K）。本研究采取永续盘存法对乡村固定资本存量进行计算。即：

$$K_t=I_t+(1-\sigma_t)K_{t-1}$$

其中，K_{t-1}，K_t 分别表示前期和当期期末乡村固定资本存量，I_t 为当期乡村农户固定资产投资额，σ_t 为折旧率，本书设定折旧率为 9.6%，以 1999 年河北省乡村地区固定资本投资总额除以 10% 作为河北省乡村地区初始固定资本存量[195]；部分年度的乡村固定资本投资额数值缺失，本书采用近五年的平均数据进行填补。此外，以2000年为基期，根据固定资产投资价格指数计算出各期的实际固定资本存量，最后的计算结果如表7-1所示。

表7-1 2000—2020年河北省乡村固定资本存量（亿元）

年份	乡村固定资本存量	年份	乡村固定资本存量
2000	1769.764	2011	2394.40993
2001	1767.994236	2012	2401.59316
2002	1759.154265	2013	2399.191566
2003	1799.614813	2014	2403.98995
2004	1925.58785	2015	2355.910151
2005	1960.248431	2016	2341.77469
2006	1993.572654	2017	2498.673594
2007	2069.328415	2018	2293.782359
2008	2267.983943	2019	2007.059564
2009	2188.604505	2020	1691.951213
2010	2269.582872		

（3）乡村人力资本（H）。根据表6-2的数据显示：河北省乡村人力资本由2000年的687.6108万人·年增长到2013年的804.2762万人·年，随后，河北省乡村人力资本不断增加，到2020年达到849.8560万人·年。

二、贡献率测算

运用SPSS25.0软件对乡村固定资本存量和乡村人力资本的基础数据取自然对数，利用生产函数的最后估计模型进行回归分析，分析结果如表7-2所示。

表7-2 回归结果

	未标准化系数	标准错误	标准化系数	t	显著性
（常量）	−19.136	1.202	—	−15.918	0.000
ln$K$	2.566	0.254	0.725	10.093	0.000
ln$H$	1.312	0.316	0.299	4.155	0.001

根据回归结果可知，R^2=0.972，说明本模型拟合优度非常高，固定资本存量、人力资本对产出的解释能力较强；F统计量的显著性为0.000，说明固定资本存量、人力资本和产出的对数之间存在显著的线性关系，且各回归系数对应的显著性小于0.05，表明均显著。

其中，经过标准化后的乡村固定资本存量系数和人力资本的系数分别为0.725和0.299，即对数固定资本存量每增长1%，河北省总产出的对数会增长72.5%，而对数人力资本每增长1%，河北省总产出的对数可以增加29.9%，这说明河北省乡村固定资本存量、人力资本对乡村经济的增长具有重要的贡献，且乡村人力资本已经成为河北省经济发展的一个重要生产要素。

平均增长速度的计算公式为：

$$平均增长速度（\%）=平均发展速度（\%）-100\%$$

$$=\sqrt[n]{\frac{a_n}{a_0}}-100\%$$

根据该公式得到2000—2020年河北省经济平均增长速度为8.365%，乡村固定资本存量平均增长速度为2.253%，乡村人力资本平均增长速度为1.062%，从而得到各要素对经济发展的影响率为：

乡村固定资本存量对产出的影响率为：

$$\alpha \times \Delta K/K=2.566\times 2.253\%=5.781\%$$

乡村人力资本对产出的影响率为：

$$\beta \times \Delta H/H=1.312\times 1.062\%=1.393\%$$

根据各要素对经济增长的贡献率计算公式，可以得出各要素贡献率大小，如表7-3所示。

表7-3　河北省乡村人力资本及固定资本存量对经济增长的贡献率（%）

	年平均增长率	对经济增长的影响率	对经济增长贡献率
Y	8.365	8.365	100
K	2.253	5.781	61.109
H	1.062	1.393	16.653

从表7-3可以看出，河北省乡村固定资本存量对经济增长的贡献率为61.109%，乡村人力资本对河北省经济增长的贡献率为16.653%，固定资本存量的贡献率约为人力资本贡献率的3.670倍。相对于乡村固定资本存量而言，河

北省乡村人力资本对经济增长贡献率较低。

三、中国乡村人力资本对经济增长贡献率对比分析

为了更好地全面了解河北省乡村人力资本对经济增长贡献率的情况，本章通过对全国各省、自治区、直辖市的相关数据进行建模，从而进一步测算河北省乡村人力资本对经济增长的贡献率水平。结果如表 7-4 所示。

表 7-4 2000—2020 年中国各省市乡村人力资本对经济增长的贡献率情况（%）

地区	乡村人力资本对经济增长贡献率	地区	乡村人力资本对经济增长贡献率
北京	不显著	湖北	15.147
天津	22.79	湖南	18.614
河北	16.653	广东	不显著
山西	不显著	广西	16.47
内蒙古	13.201	海南	37.146
辽宁	36.955	重庆	23.524
吉林	40.516	四川	39.192
黑龙江	不显著	贵州	35.068
上海	不显著	云南	48.538
江苏	−0.899	西藏	—
浙江	31.154	陕西	12.385
安徽	17.673	甘肃	36.251
福建	14.977	青海	37.275
江西	21.169	宁夏	15.926
山东	20.196	新疆	91.338
河南	20.752		

注：西藏未公布乡村农户固定资产投资额。

1. 省际间乡村人力资本对经济增长贡献率分析

由表 7-4 可以看出，除乡村人力资本对经济增长的影响不显著的 5 个地区以及暂未公布乡村农户固定资产投资额的新疆地区之外，2000—2020 年，河北省乡村人力资本对经济增长的贡献率排名靠后，仅为 16.653%，处于第 19 名的位置；而乡村人力资本对经济增长贡献率最高的省份为新疆，贡献率高达 91.338%，排名位于第 1 位；云南、吉林的乡村人力资本对经济增长的贡献率较高，排名较靠前，其贡献率均高于 40%，处于第 2、第 3 的位置；四川、青海、海南、辽宁、甘肃、贵州和浙江七个省份的乡村人力资本对经济增长的贡献率均在 30% 以上，处于第 4 到第 10 之间；重庆、天津、江西、河南及山东这五个省市的乡村人力资本对经济增长贡献率均为 20%~30% 之间，位于第 11 到第 15 的位置；湖南、河北、内蒙古等其余地区的乡村人力资本对经济贡献率均小于 20%，排名位于第 15 以后的位置。

2. 河北省乡村人力资本对经济增长贡献率分析

通过对河北乡村人力资本对经济增长贡献率进行对比分析可发现，河北省乡村人力资本对经济增长贡献率仅为 16.653%，处于较低的水平。说明乡村人力资本的发展还有较大的提升空间。2000—2020 年，河北省实际 GDP 平均增长速度为 8.365%，其经济发展较为快速，乡村固定资本存量平均增长速度为 2.253%，而期间乡村人力资本平均增长速度仅为 1.062%，相对而言增长速度较慢。一方面，可能是由于期间城市的各项基础设施较为完善，使得城市与乡村发展差距逐渐拉大，为了追求更好的发展，河北省大量乡村人才向流向城市，使得乡村人力资源出现大量流失；另一方面，可能是因为 2000—2020 年河北部分乡村地区的教育资源相对匮乏，虽有大量的人力资源，却未有较好的教育资源与之匹配，出现部分乡村青少年辍学务工现象。这便造成了河北省乡村人力资本的增长水平较低，造成河北省乡村人力资本对经济贡献率不高的现象。

综上所述，河北省乡村人力资本是经济增长的重要引擎，但河北省乡村人力资本对经济增长贡献率远不及乡村固定资本存量，因此，亟须通过内外联动促进河北省乡村人力资本的发展，进而助力河北省乡村振兴。

第八章 河北省乡村人才振兴影响因素统计数据分析

课题组自2020年5月开始，先后赴邯郸、石家庄、邢台、承德、沧州、唐山、保定、廊坊、张家口等地，就河北省乡村人才振兴影响因素问题进行深入调研，并在广泛收集文献资料的基础上，整理了河北省乡村人才振兴影响因素的基本数据资料，从而在整体上基本掌握了河北省乡村人才振兴影响因素。

第一节 问卷设计

本章以河北省乡村人才为研究对象，主要采用问卷调查、重点地区实地访谈以及“问卷星”网络链接三种方式进行调研。河北省乡村人才振兴影响因素的问卷调研主要分为预调研和正式调研两个阶段。2020年5月至2021年7月为问卷的预调研阶段。课题组前往河北省邯郸市磁县和肥乡区进行了预调研，并与乡镇基层干部、乡村教师、乡村医生、乡村种养殖大户等就当地乡村人才现状进行了充分的交流，同时受访者也为初始问卷提出了宝贵的建议，课题组进而根据反馈建议进行了进一步的修改和完善，最终形成了正式调研问卷。正式调研问卷共分为六部分，共计52个题项。第一部分为乡村人才的基本情况。包括“性别”“年龄”“婚姻状况”“子女数量”“学历”“当前从业地”“所从事的职业”“收入”“政治面貌”“定居区域偏好”等11个题项。第二部分是乡村基础设施因素模块，共计19个题项，主要涵盖乡村社会的“公共服务”“交通”“水电”“水暖设施”“通信网络设施”“人居环境”“教育”“医疗”“快递服务”等方面。第三部分为城市吸引力因素模块，共计3个题项，主要从乡村人才流失的角度设计题项。第四部分是乡村营商环境因素，共计3个题项，主要在“营商环境”及“基层便民服务”方面进行调研。第五部分政府政策因素，主要从“柔性引才”“人才培养”和“鼓励人才返乡就业创业”等方面设计了6个题项。第六部分是其他因素方面，主要从“新型职业农民”“个人发展空间”“乡镇基层干部工作强度”“乡情乡风”“乡村人才队伍”“创业环境”等方面设计了10个题项。

为了从实证层面深入挖掘影响河北省乡村人才满意度的关键因素，课题组就河北省乡村人才满意度的影响因素进行了第三阶段的调研。第三阶段的调研时间从2021年12月至2022年2月，其间主要采用“问卷星”方式采集数据。第三阶段的问卷主要以量表形式进行设计，整体分为三部分：卷首语、基本信息统计以及测量量表的具体问题。量表具体问题从“乡村基础设施因素”“乡村基础设施因素”“政府政策因素”“其他因素”四个方面进行设计。量表均采用李克特五级评分法，要求被调查者对每一项问题进行自身所符合程度的判断。其中“影响很小”赋值为1、“影响不大”赋值为2、“一般”赋值为3、“影响大”赋值为4、“影响非常大”赋值为5，从1分到5分别代表事情符合程度的逐渐递进，且完全由被调查者根据自己的工作感知、工作体验以及工作经历进行问卷填写。

第二节 问卷的发放与回收

一、问卷发放方法

在此次调查中，课题组主要选择了以下三种方式发放问卷。一是采用抽样调查的形式发放问卷。采用抽样调查法估计和推测整体研究对象。该方法可以在一定程度上减少调查的工作量，可快速地提高样本数据的采集速度，保证调查的时效性。此次抽样调查，根据2020年各县域农村居民人均可支配收入，将河北省各个县域分成“高收入组”“中高收入组”“中等收入组”“中低收入组”“低收入组”五个区间，并从五个区间中再抽样选择6~7个县域进行调研和数据采集。在人群选择上，重点选择了对乡镇基层干部、乡村教师、乡村医生、乡村种养殖业、企业地处乡村的企业员工、乡村个体户等乡村人才进行数据采集。二是对重点县域进行实地走访。课题组成员重点走访了河北省邯郸市磁县和肥乡区，并与被访问者进行面对面的交谈，系统地收集叙述材料。访谈调查法主要具有直接性、灵活性、准确率高等特点。在对乡村人才实地访谈的过程中，主要采用召开座谈会、重点访谈以及深度访谈等形式进行调查。三是采用“问卷星”网上调查法发放问卷。“问卷星”能够帮用户快速收回问卷，是集调查、测评、投票为一体的功能强大的平台。与传统的调查方式相比，“问卷星”能够在短时间内以最低的成本获得宝贵的资料，极大地节省了调研耗费的人力和物力。因此，本次调研采取的发放方法比较全面，所得数据真实可靠，具有一定的完整性和全面性。

二、问卷发放与回收

本次问卷调查共分三个阶段进行：预调研阶段、正式调研阶段和实证数据调研阶段。三个阶段均采用匿名的方式进行。预调研阶段和正式调研阶段问卷调研主要采用两种方法进行：一是课题组成员组队深入河北省邯郸市磁县和肥乡区进行调研，现场发放、填写并回收问卷；二是将课题组成员、研究生、本科生分为若干调研小组，利用寒暑假在家乡的乡镇基层（基本覆盖了抽样选取的河北省各县域）发放问卷，这在一定程度上更加保证了调研数据的真实性和广泛性。正式调研阶段共发放 1000 份，剔除无效问卷 36 份，共收回有效问卷 964 份，有效率达到了 96.4%。实证数据调研阶段主要采用了“问卷星”数据采集方式，共发放问卷 436 份，剔除无效问卷 26 份，共收回有效问卷 410 份，问卷有效率达到了 94.04%。

第三节 问卷发放区域选择及人群选择

一、区域选择

在区域选择上，依据 2020 年河北省县域经济的农村居民人均可支配收入排名，将调研区域范围划分为 5 个区间，每个区间的县域根据农村居民人均可支配收入从高到低排列，进而从各个区间中随机抽取具有代表性的县域。课题组根据农村居民人均可支配收入的高低划分了“高收入区间”“中高收入区间”“中等收入区间”“中低收入区间”和“低收入区间”。高收入的收入区间为 19152~27197 元，样本县域是石家庄市晋州市（22230 元）、保定市涿州市（21557 元）、唐山市乐亭县（20795 元）、张家口市怀来县（20607 元）、唐山市迁西县（20256 元）、廊坊市霸州市（20031 元）、沧州市黄骅市（19152元）。

中高收入的收入区间为17656~19112元，样本县域是廊坊市固安县（18987元）、邢台市沙河市（18894元）、邯郸市曲周县（18510元）、衡水市景县（18300元）、石家庄市赵县（17912元）、唐山市滦南县（17854元）、沧州市沧县（17656元）。中等收入区间的收入区间为15464~17540元，样本县域是邯郸市磁县（17540元）、邢台市临西县（17230元）、保定市望都县（16543元）、石家庄市高邑县（16371元）、沧州市吴桥县（15817元）、张家口市涿鹿县（15792元）、邯郸市涉县（15676元）。中低收入的收入区间为11519~15452元，样本县域是承德市兴隆县（15095元）、衡水市枣强县（14542元）、沧州市献县（13743元）、张家口市张北县（13460元）、秦皇岛市青龙满族自治县（12792元）、邢台市平乡县（12512元）、张家口市阳原县（12056元）、低收入的收入区间为9624~11513元，样本县域是保定市易县（11380元）、衡水市武邑县（11326元）、承德市隆化县（11191元）、沧州市海兴县（10529元）、石家庄市行唐县（10508元）、邢台市巨鹿县（10349元）、石家庄市赞皇县（9771元）。对不同区间的县域对乡村人才进行实地调研和访谈，以便更加全面地了解河北省各县域乡村人才的具体状况。

二、人群选择

鉴于河北省乡村人才在不同行业的分布情况，在对问卷发放人群进行选择时，课题组重点选择了乡镇基层公务员、乡村基层干部、乡村种养殖户、乡村个体户、乡村电商从业者、乡村教师、乡村医生、乡村制造业从业者等作为调研样本。

（1）乡镇基层公务员。乡镇基层公务人员直接为乡村经济发展服务，对乡镇基层公务人员发放问卷可以更加客观了解他们的工作内容、工作强度等情况。

（2）乡村基层干部。乡村基层干部主要包括村党支部成员、村主任、村会计等，他们比较了解所属村落乡村人才的实际情况。

（3）乡村种养殖户。通过向乡村种养殖大户发放问卷，了解他们在经营中对政府政策、营商环境、基础设施等方面的诉求。

（4）乡村个体户。主要对从事超市、餐饮、美发、修理、运输、装修等个体经营的个体户人群发放问卷，了解他们在创业中的政府服务、优惠政策、创业融资等情况。

（5）乡村电商从业者。对乡村电商从业者发放问卷，可以了解他们在电商创业过程中的创业环境等情况。

（6）乡村教师。通过对乡村学校教师发放问卷，了解乡村学校的教学环境、教师授课、职称评定、教师收入、学校住宿和餐饮等情况。

（7）乡村医生。通过给乡村医疗人员发放问卷，可以了解到当前乡村医疗系统中的乡村医务人员配备、基础医疗设施使用、医护水平等情况。

（8）乡村制造业从业者。通过给处在乡村的各制造企业中高层管理人员、专业技术人员、技术熟练工等发放问卷，可以了解到他们对政府政策、乡村基础设施、子女教育、乡村生活环境等情况的诉求。

第四节 问卷基本情况统计

一、乡村人才基本情况分析

1. 性别分布情况

由表 8-1 可知，在调研样本中，“男性”占比 62.91%，“女性”占比 37.09%，主要是由于在乡村中从事制造业、种养殖业、自主创业的大多以男性为主，所以在调研样本中“男性”占的比例较大。

表 8-1 性别分布情况

选项	小计（人）	比例（%）
男	606	62.91
女	358	37.09
合计	964	

2. 年龄分布情况

由图 8-1 可知，受访者中“19~45 岁”占比达 50% 以上，其中“19~30 岁”占比 32.68%，“31~45 岁”占比为 48.23%，而“18 岁以下”和“61 岁以上”占比只有 0.62% 和 0.42%。

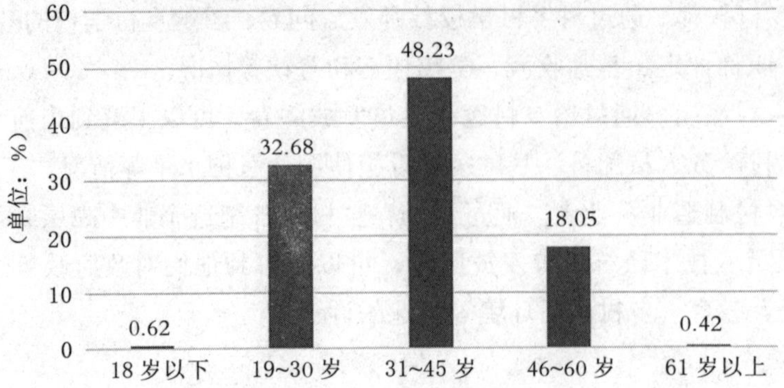

图 8-1　年龄分布情况

3. 婚姻及子女状况

（1）婚姻状况。由表 8-2 可知，受访者中未婚占比 60.86%，已婚占比 39.14%。

表 8-2　婚姻状况

选项	小计（人）	比例（%）
未婚	587	60.86
已婚	377	39.14
合计	964	

（2）子女情况 。由表 8-3 可知，受访者中有“1 个子女” 的占比为 29.86%，有“2 个子女” 的占比最大，为 54.02%，有“3 个及以上子女” 的占比最小，为 5%。

表 8-3　子女情况

选项	小计（人）	比例（%）
0 个	107	11.12
1 个	288	29.86
2 个	521	54.02
3 个及以上	48	5
合计	964	

4. 学历分布情况

由图 8-2 可知，受访者中具有“高中及职高学历”的占比最高，为 39.32%；其次是“大专学历”，占比为 26.45%；“本科”占比为 18.88%；“初中及以下”占比为 10.68%；“研究生”占比最小，为 4.67%，主要集中在乡镇基层干部和乡村教育医疗系统中。

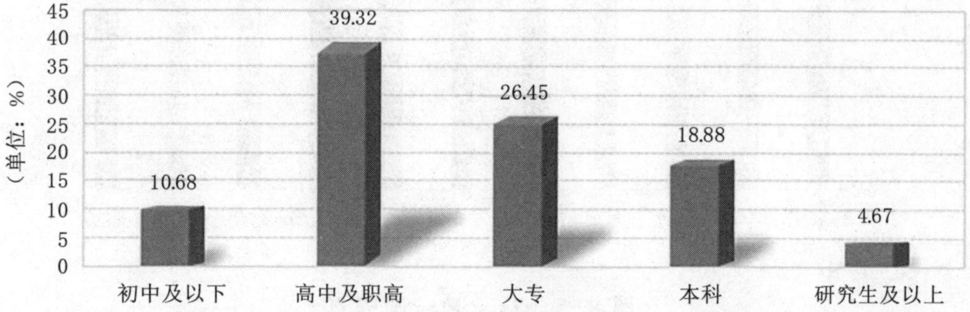

图 8-2 学历分布情况

5. 居住地分布情况

由表 8-4 的数据可知，受访者中居住地在乡村占比 67.95%，县城占比 32.05%。

表 8-4 居住地分布情况

选项	小计（人）	比例（%）
乡村	655	67.95
县城	309	32.05
合计	964	

6. 从业地分布情况

由图 8-3 可知，受访者的从业地超过 10% 以上的地市是保定市、邯郸市、唐山市、石家庄市；而受访者的从业地低于为 10% 以下的有邢台市、沧州市、张家口市、廊坊市、秦皇岛市、衡水市、承德市。

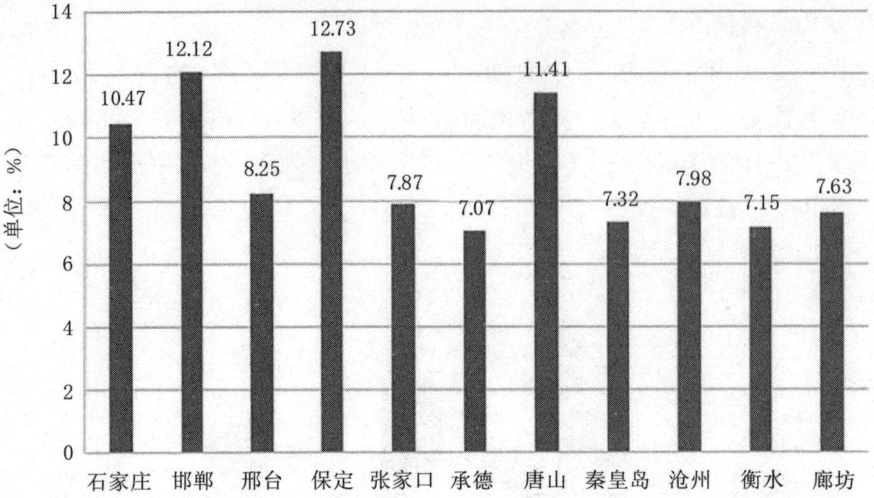

图 8-3　从业地分布情况

7. 从事职业情况

由图 8-4 可知，受访者中从事职业分布较均匀，其中“种植业从业者”占 10.17%，“养殖业从业者”占 9.96%，“制造业从业者”占 8.71%，“电商行业从业者”占 9.02%，“乡镇基层教师”占 10.06%，“乡镇基层医生”占 8.71%，“个体经营户”占 9.13%，“乡镇基层干部”占 9.13%，“村基层干部”占 7.47%。

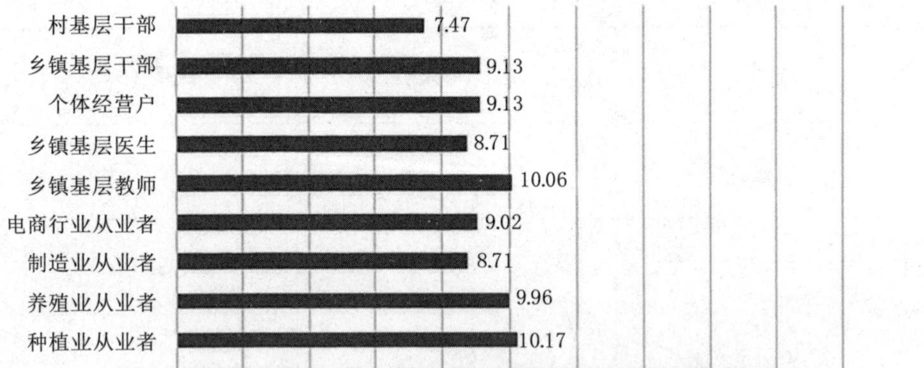

图 8-4　从事职业情况

8. 月收入水平情况

由表 8-5 可知，受访者认为本人的月收入水平“与本地区人均月收入持平”所占比重最大，达到了62.34%；认为月收入水平达到“本地区人均月收入以上”的占比为20.44%；认为月收入水平为“本地区人均月收入以下”的占比为17.22%。

表8-5　月收入水平情况

选项	小计（人）	比例（%）
本地区人均月收入以下	166	17.22
与本地区人均月收入持平	331	62.34
本地区人均月收入以上	467	20.44
合计	964	

9. 政治面貌情况

由图8-5可知，政治面貌为“团员”所占比例最高，为44.50%；其次是政治面貌为“群众”，占比为34.44%；政治面貌为“中共党员”占比为19.50%；政治面貌为“民主党派”占比最小，为1.56%。

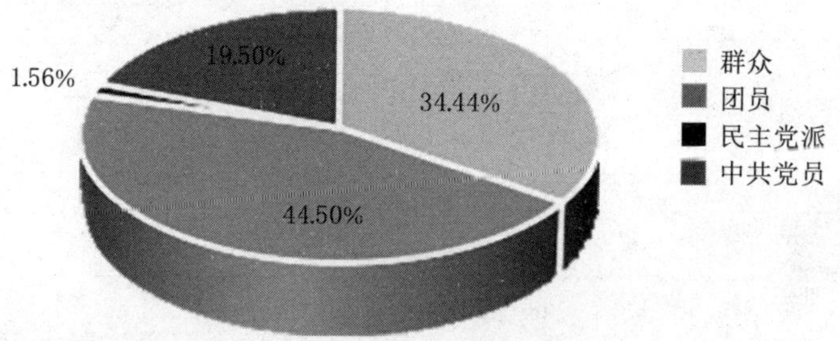

图8-5　政治面貌情况

10. 意愿定居在城市和乡村分布情况

由表8-6可知，由于城市在交通、教育、医疗、生活环境等优势较大，所以有82.99%的受访者希望居住在城市，仅有17.01%的受访者愿意居住在乡村。

表8-6　意愿定居在城市和乡村分布情况

选项	小计（人）	比例（%）
乡村	164	17.01
城市	800	82.99
合计	964	

二、乡村基础设施因素分析

1. 乡村公共服务建设情况

由表 8-7 可知，受访者认为“乡村交通设施”和“乡村人居环境”是影响乡村人才留在乡村的主要因素，其占比分别为 86.83 和 86.20%；其次是“乡村医疗条件”和“乡村教育水平”因素，其占比分别为 74.69% 和 74.38%；然后是“乡村水暖电气设施”和“乡村商业服务”因素，其占比分别为 61.83% 和 65.04%；最后是“乡村通信网络设施”和“乡村快递服务”因素，其占比分别为 44.71% 和 48.34%。以上数据说明，乡村人才特别重视“乡村交通设施”和“乡村人居环境”的因素。因此，应该加强乡村交通设施建设，建设环境优美、生活舒适、宜居宜民的美好乡村，营造良好的乡村生活环境。

表 8-7　乡村公共服务建设情况

选项	小计（人）	比例（%）
交通设施	837	86.83
水暖电器设施	596	61.83
通信网络设施	431	44.71
人居环境	831	86.20
教育水平	717	74.38
医疗条件	720	74.69
商业服务	627	65.04
快递服务	466	48.34
其他	26	2.70
合计	964	

2. 乡村交通设施现状及满意度情况

（1）乡村交通设施情况。由图 8-6 可知，受访者认为当前乡村交通设施存在的问题主要在于“道路维修保养不到位”和“村道设计不合理，路面窄、路况差”，其占比分别达 81.22% 和 71.89%；其次是“缺乏交通标识牌”和“路灯及村民非法占用村道”，占比分别为 45.44% 和 40.25%；然后是“路面硬化率低”，其占比为 26.87%。这说明目前河北省乡村交通设施现状并不理想，仍存在道路维修保养不到位、路面窄、路况差等诸多问题。因此，政府应该加强农村道路交通建设，重视农村道路养护和规划工作。

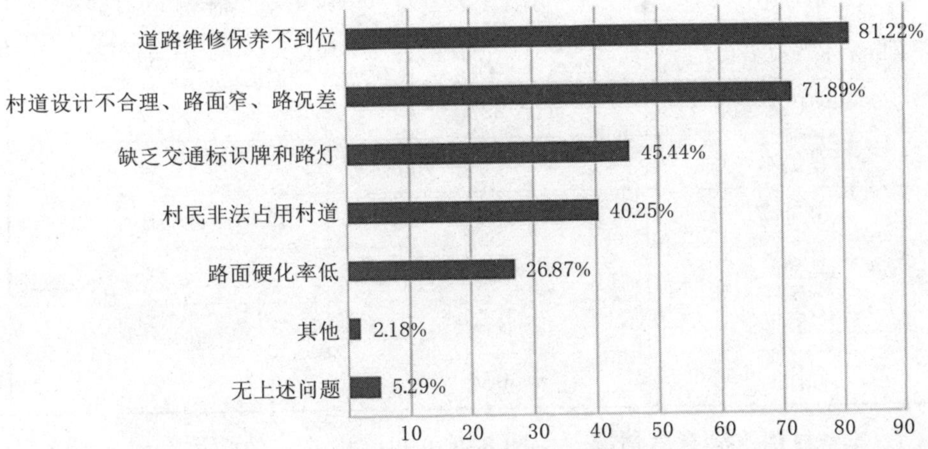

图 8-6 乡村交通设施情况

（2）乡村交通设施满意度情况。由图 8-7 可知，乡村交通设施的满意度整体表现为“一般”，其占比为 69.71%；还有 7.68% 的受访者表示对乡村交通设施“不满意”；而对乡村交通设施表示“满意”的占 19.19%，“非常满意”的仅占 1.24%。这说明，当前乡村的交通设施状况依然存在较大的提升空间。

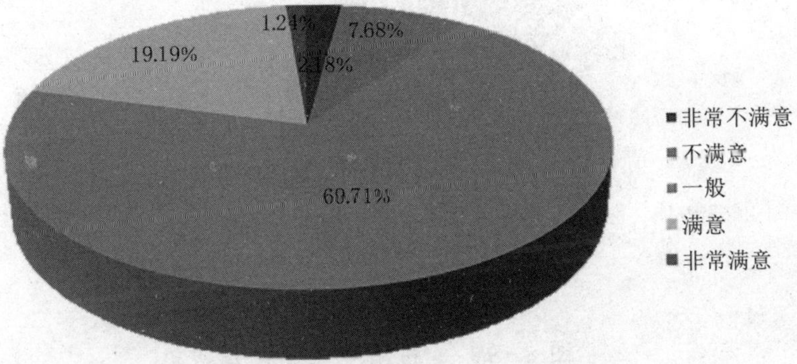

图 8-7 乡村交通设施满意度情况

3. 乡村用水现状及满意度情况

（1）乡村用水情况。由表 8-8 可知，受访者认为当前乡村用水主要存在“水质差”和“自来水普及率低”的问题，其占比分别为 26.87% 和 21.58%；其次是“水费过高”和“经常停水”，其占比分别为 16.91% 和 12.34%。因而，政府仍需继续提升农村用水质量和加大自来水普及力度，创造良好的乡村用水环境。

表 8-8 乡村用水情况

选项	小计（人）	比例（%）
自来水普及率低	208	21.58
水质差	259	26.87
经常停水	119	12.34
水费过高	163	16.91
其他	22	2.28
无上述问题	475	49.27
合计	964	

（2）乡村用水满意度情况。由图 8-8 可知，45.12% 的受访者表示对乡村用水情况感到“一般”；36.93% 的受访者表示对乡村用水情况感到“满意”；还有 12.66% 的受访者表示“非常满意”；而对乡村用水“不满意”的受访者仅占 4.05%。因此，政府应该做好农村用水工作，提升乡村民居的用水满意度。

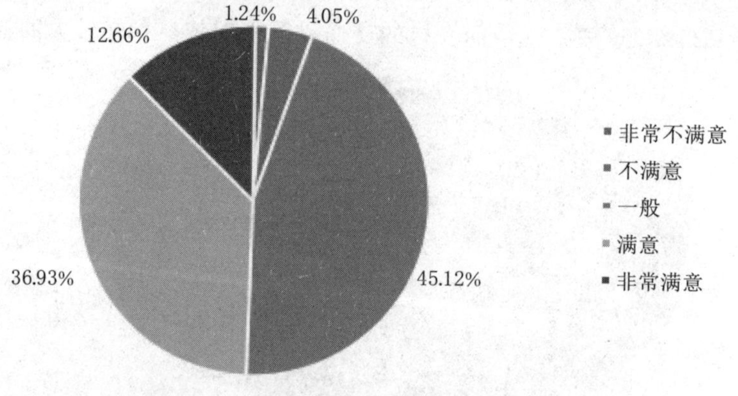

图 8-8 乡村用水满意度情况

4. 乡村用电现状及满意度情况

（1）乡村用电情况。由图 8-9 可知，乡村用电存在的主要问题是“安全隐患大”，占比为 38.17%；其次是“电压低”，其占比为 19.29%；然后是“经常停电”，其占比为 7.16%。因而，政府应该以农村电力设施规范安全化、农村用电管理措施标准化为重点，加大对农村用电设施的安全治理力度，提高农村安全用电管理水平。

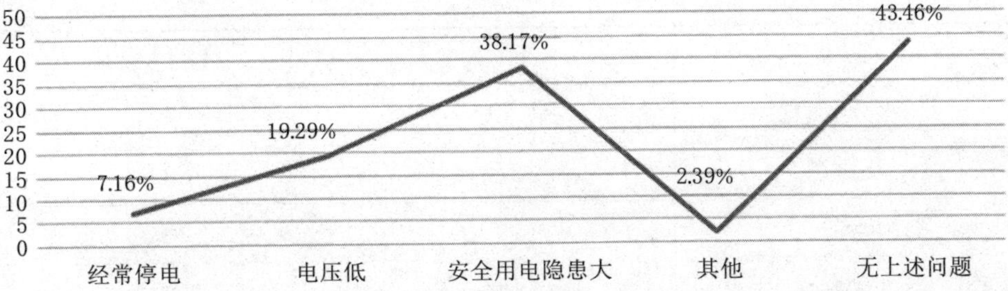

图 8-9 乡村用电情况

（2）乡村用电满意度情况。由表 8-9 可知，乡村用电满意度整体表现为“一般”，其占比为 62.76%；还有 31.95% 的受访者表示对乡村用电情况“满意”。因此，政府亟须加强农村用电管理，为乡村居民创造良好的用电环境。

表 8-9 乡村用电满意度情况

选项	小计（人）	比例（%）
非常不满意	10	1.04
不满意	15	1.56
一般	605	62.76
满意	308	31.95
非常满意	26	2.7
合计	964	

5. 乡村取暖情况满意度情况

由表 8-10 可知，乡村取暖情况满意度整体表现为“不满意”，其占比为 53.63%；还有 20.23% 的受访者表示乡村取暖情况“一般”；5.81% 的受访者表示“非常不满意”；仅有 19.09% 的受访者对乡村取暖情况感到“满意”。这说明超过半数的受访者都表示对农村取暖情况感到不满意。因此，政府亟须进一步完善乡村取暖设施的建设，逐步推进农村“煤改气”“煤改电”工程，真正实现农村清洁取暖，为乡村居民创造更好的取暖环境。

表 8-10　乡村取暖情况满意度情况

选项	小计（人）	比例（%）
非常不满意	56	5.81
不满意	517	53.63
一般	195	20.23
满意	184	19.09
非常满意	12	1.24
合计	964	

6. 乡村燃气情况

由图 8-10 可知，受访者认为乡村燃气存在的问题主要是“燃气费用贵”，其占比为 59.85%；其次是“燃气接入费用高”，其占比为 36.83%；然后是“燃气安全隐患大”“燃气设备购置费用高”和“燃气补贴不到位”，其占比分别为 33.09%、29.05% 和 28.42%。这说明当前农村依然存在燃气费用贵和燃气接入费用高等问题。因此，政府应该有针对性地开展乡村燃气建设工程，并给予一定的安装燃气补贴。

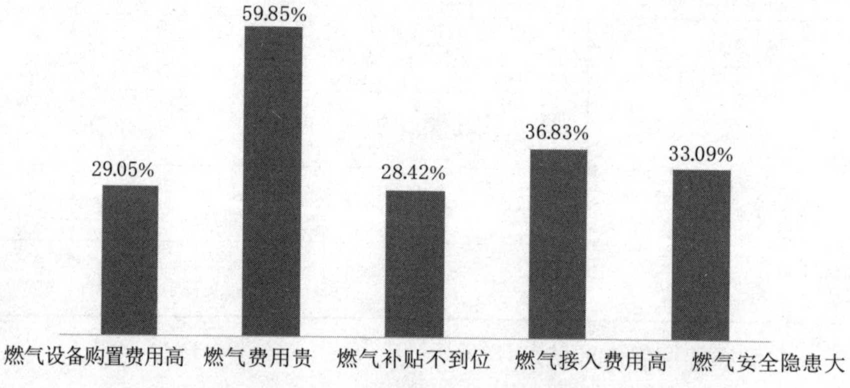

图 8-10　乡村燃气情况

7. 乡村通信网络设施及满意度情况

（1）乡村通信网络设施情况。由图 8-11 可知，乡村通信网络设施存在的问题主要是“网络信号质量不稳定”，其占比为 58.92%；其次是“运营商服务质量不高”，其占比为 26.45%；然后是“网络覆盖率低”，其占比为 22.72%。因此，政府亟须加快普及农村及偏远地区 4G、5G 基站建设，推动宽带网络逐步向农村地区延伸，加快补齐农村网络基础设施短板。

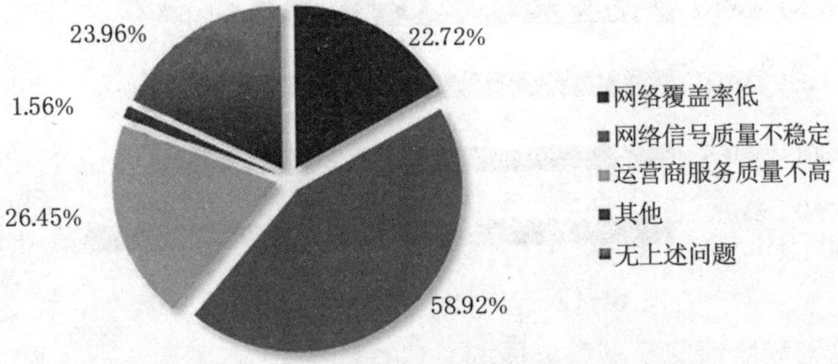

图 8-11 乡村通信网络设施现状情况

（2）乡村通信网络设施满意度情况。由表 8-11 可知，乡村通信网络设施满意度整体表现为“一般”，其占比为 57.88%；还有 14.11% 的受访者表示对乡村通信网络设施感到“不满意”。此外，有 14% 的受访者对此感到“满意”，12.34% 的受访者对此感到“非常满意”。因此，政府亟须加强乡村通信网络设计工作，提高乡村通信网络设施满意度。

表 8-11 乡村通信网络设施满意度情况

选项	小计（人）	比例（%）
非常不满意	16	1.66
不满意	136	14.11
一般	558	57.88
满意	135	14
非常满意	119	12.34
合计	964	

8. 乡村人居环境情况

由图 8-12 可知，受访者最关注的人居环境是“村庄净化、绿化、美化、亮化到位”，其占比为 73.55%；其次是“村庄环境优美”和“民风淳朴”，其占比分别为 59.54% 和 57.88%。因此，政府应该加快建设农村亮化工程，加快景观照明的设计和落实工作，确保实现“村村亮”。

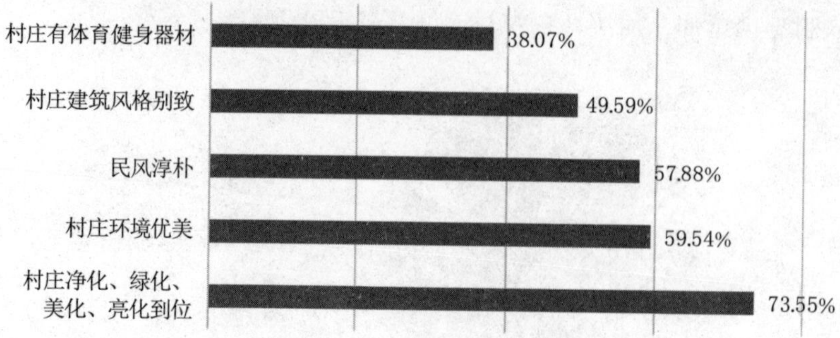

图 8-12　乡村人居环境情况

9. 乡村基础教育情况及满意度情况

（1）乡村基础教育情况。由表 8-12 可知，在对 97 名乡村教师的调研中，72.16% 的受访者认为乡村基础教育存在的问题主要集中于“师资力量严重缺乏”；其次是“学校住宿条件差”和“教学硬件设备缺乏”，其占比分别为 60.82% 和 55.67%；然后是“学校就餐条件差”，其占比为 47.42%；最后是“教学水平落后”和“教师工作学校距家较远”，其占比分别为 37.11% 和 36.08%。因此，政府要重视乡村教育问题，大力引进乡村教师，改善乡村学校教学环境，从而提高乡村基础教育水平。

表 8-12　乡村基础教育情况

选项	小计（人）	比例（%）
教学水平落后	36	37.11
师资力量严重缺乏	70	72.16
教师评职称难度大	2	2.06
教师工作学校距家较远	35	36.08
教学硬件设备缺乏	54	55.67
学校住宿条件差	59	60.82
学校就餐条件差	46	47.42
其他	1	1.03
无上述问题	4	4.12
合计	97	

（2）乡村基础教育满意度情况。由图 8-13 可知，乡村基础教育满意度整体表现为“一般”，其占比为 60.82%，还有 28.87% 的人对乡村教育并“不满意”，仅有 6.19% 的教师受访者对乡村基础教育“满意”。

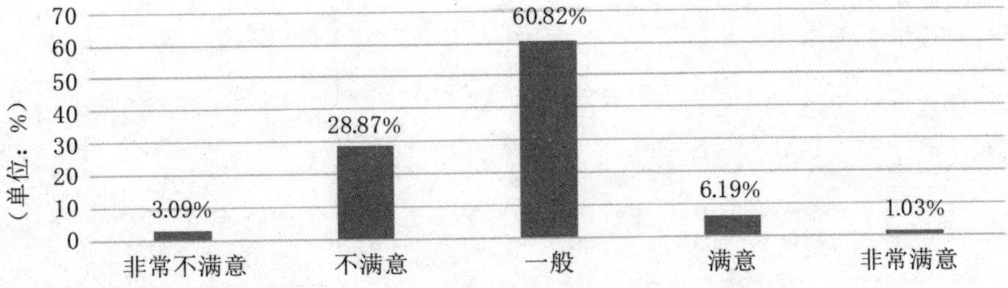

图 8-13 乡村基础教育满意度情况

10. 乡村教师留在任教的影响因素及工作满意度分析

（1）乡村教师留在乡村任教的影响因素情况。由表 8-13 可知，在 97 个教师样本中，多达 75.26% 的受访者认为影响乡村教师留任的主要因素为“薪资水平”；其次是“职称评定难度”，其占比为 57.73%；“学校住宿环境”“教学任务和压力”“学校办公条件”“学校距离家的距离”和“学校就餐条件”因素，占比依次为 28.87%、24.74%、24.74%、23.71% 和 21.64%。以上数据说明，“薪资水平”和“职称评定难度”依然是影响乡村教师留在乡村任教的重要因素。因此，政府应适当提高乡村教师待遇水平，减轻乡村教师职称评聘压力，激发教师的留在乡村任教的工作积极性。

表 8-13 乡村教师留在乡村任教的影响因素情况

选项	小计（人）	比例（%）
薪资水平	73	75.26
职称评定难度	56	57.73
教学任务和压力	24	24.74
上下级关系	12	12.37
同事之间关系	11	11.34
师生关系	12	12.37

续表

选项	小计（人）	比例（%）
学校住宿环境	28	28.87
学校就餐条件	21	21.64
学校卫生条件	18	18.56
学校办公条件	24	24.74
学校生源质量	14	14.43
学校距离家的距离	23	23.71
其他	2	2.06
乡村教师人数合计	97	

（2）乡村教师工作满意度情况。由图 8-14 可知，在教师样本中，有 75.26% 的乡村教师工作满意度“一般”，还有 6.19% 的乡村教师表示“不满意”，仅有 13.40% 的乡村教师表示“满意”。因此，政府应着力解决好乡村教师的工作和生活诉求，提高乡村教师的工作满意度。

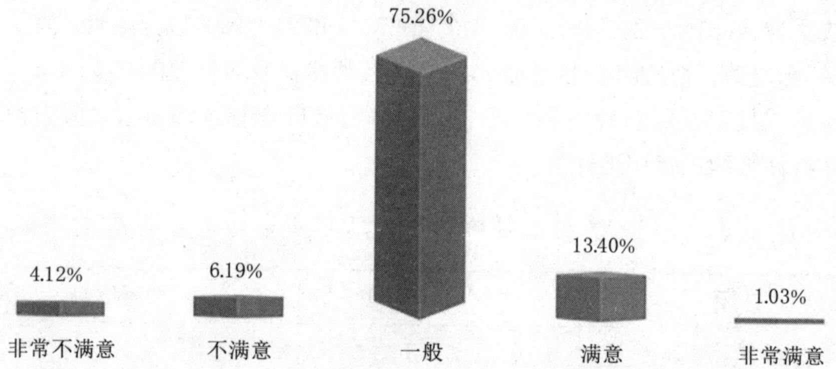

图 8-14　乡村教师工作满意度情况

11. 乡村医疗现状及满意度情况

（1）乡村医疗情况。由图 8-15 可知，受访者认为当前乡村医疗存在的问题主要集中于“基础医疗设施缺乏”和“医护水平不高”，其占比分别为 83.82% 和 83.61%；其次是“医务人员配备不齐”，其占比为 65.77%。因此，政府应该加大对乡村医院的资源投入，积极开展医护人员培训活动，提升乡村医护人员的医疗技术水平，创造良好的乡村医疗环境。

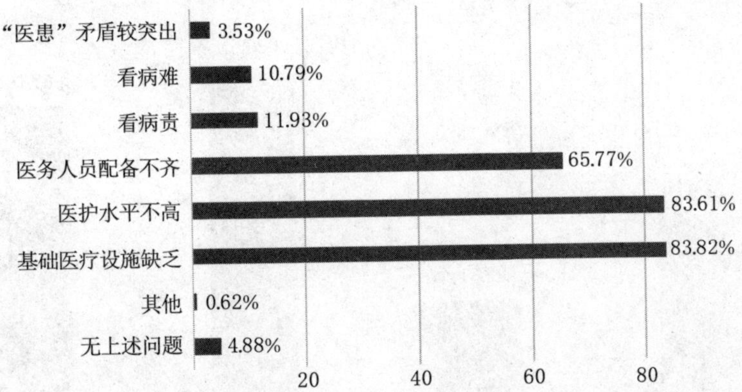

图 8-15 乡村医疗情况

（2）乡村医疗满意度情况。由表 8-14 可知，乡村医疗满意度整体表现为"一般"，其占比为 72.72%；还有 18.46% 的受访者对乡村医疗"不满意"，仅有 5.71% 的受访者对此感到"满意"。因此，政府仍需加大农村医疗投入力度，提高乡村医疗的满意度。

表 8-14 乡村医疗满意度情况

选项	小计（人）	比例（%）
非常不满意	22	2.28
不满意	178	18.46
一般	701	72.72
满意	55	5.71
非常满意	8	0.83
合计	964	

12. 乡村快递服务情况

由图 8-16 可知，乡村快递服务的问题主要集中于"快递代收点少"和"代收点位置远"，其占比分别为 62.76% 和 57.16%；其次是"快递派送速度慢"，占比为 36.93%。因此，政府亟须加快乡村地区的物流基础设施建设，构建完善的乡村物流体系，提升乡村快递服务质量。

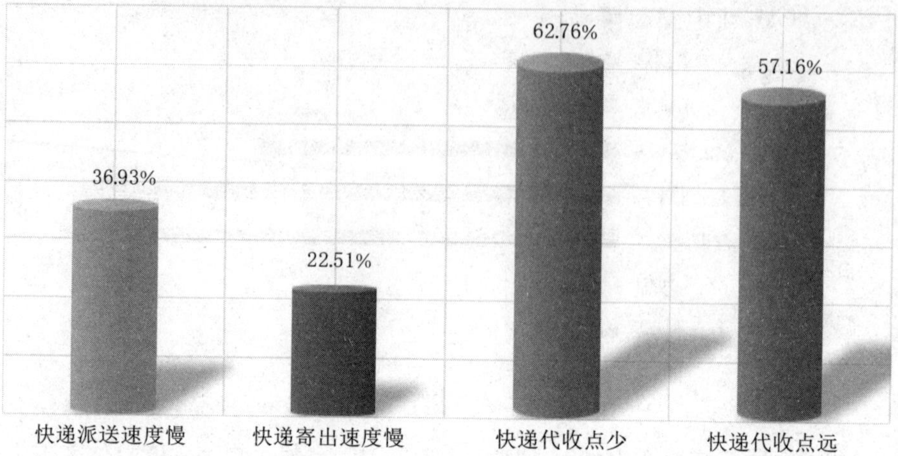

图 8-16　乡村快递服务情况

三、城市吸引力因素

1. 乡村人才流失情况

由图 8-17 可知，高达 32.16% 以上的受访者认为乡村人才流失情况“非常严重”，认为乡村人才流失“严重”的占比为 51.45%。因此，政府亟须采取一系列的政策和措施，提升乡村吸引力，缓解乡村人才流失的困境。

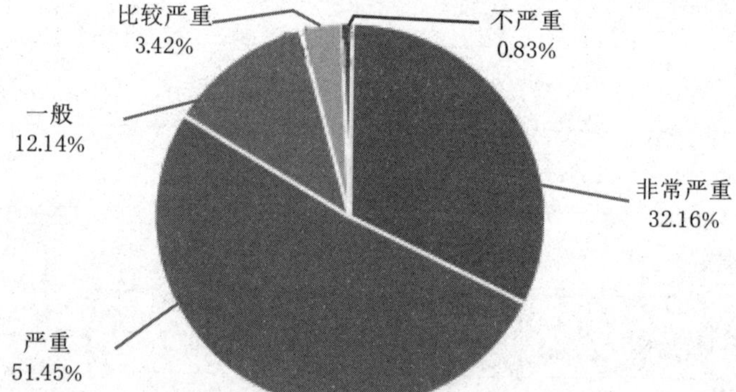

图 8-17　乡村人才流失情况

2. 家长支持子女到城里工作（学习）情况

由表 8-15 可知，受访者“一定会”支持子女到城里工作（学习）占比高达 89.31%，这说明目前的乡村社会在很多方面还不具吸引力，依然面临着乡村人才大量流失到城市的现实窘境。

表 8-15 家长支持子女到城里工作（学习）情况

选项	小计（人）	比例（%）
一定会	861	89.31
不会	15	1.56
不确定	88	9.13
合计	964	

3. 吸引农村居民进城务工的主要因素情况

由图 8-18 可知，受访者认为“城市收入高”“教育水平高”医疗水平高”是吸引农村居民进城务工的最主要的三个因素，占比分别为 88.07%、86.10% 和 83.29%，这也侧面说明了目前的乡村社会在收入、教育、医疗方面仍与城市有着较大的差距，政府亟须做好城乡统筹发展才能遏制乡村人才流失的局面。

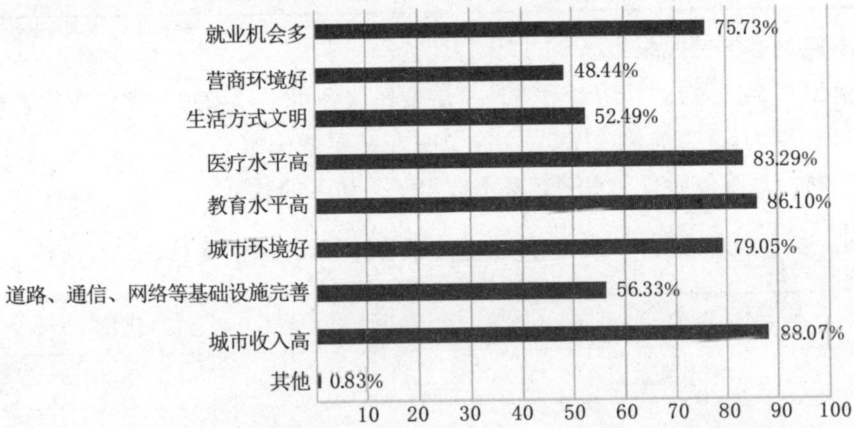

图 8-18 吸引农村居民进城务工的主要因素情况

四、乡村营商环境因素

1. 乡村营商环境存在的问题情况

由表 8-16 可知，受访者认为“创业融资困难”仍是乡村营商环境存在的最主要的问题，占比达 62.86%；其次是“财税、银行优惠政策不足”，占比为 38.07%；“亲商重商的社会氛围不浓”，占比为 37.03%。因此，政府应着力改善乡村人才的创业融资困境，加强政策供给和营造良好的亲商重商环境，为乡村人才提供利于自身发展的发展环境。

表 8-16　乡村营商环境存在的问题情况

选项	小计（人）	比例（%）
政府政务不透明	159	16.49
财税、银行优惠政策不足	367	38.07
创业融资困难	606	62.86
亲商重商的社会氛围不浓	357	37.03
人为设置障碍、刁难办事人员	134	13.90
巧立名目、频繁检查	213	22.10
其他	23	2.39
无上述问题	101	10.48
合计	964	

2. 当地基层便民服务水平的满意度情况

由表 8-17 可知，受访者对当地基层便民服务水平“满意”和“非常满意”的比例分别为 53.73% 和 11.35%，这说明在基层便民服务方面，目前乡村的工作在不断提高服务质量和水平，基本取得了受访者的认可。

表 8-17　当地基层便民服务水平的满意度情况

选项	小计（人）	比例（%）
非常不满意	16	1.66
不满意	47	4.88
一般	274	28.38
满意	518	53.73
非常满意	109	11.35
合计	964	

3. 乡村营商环境的满意度情况

由图 8-19 可知，在对乡村营商环境的满意度进行调查的过程中，73.65% 的受访者认为乡村营商环境“一般”；对乡村的营商环境“不满意”占比为

15.46%；而对乡村的营商环境“满意”和“非常满意”仅占比 7.99% 和 1.24%。因此，政府要采取一系列的改革措施，优化当地的营商环境，提高乡村人才对乡村营商环境的满意度。

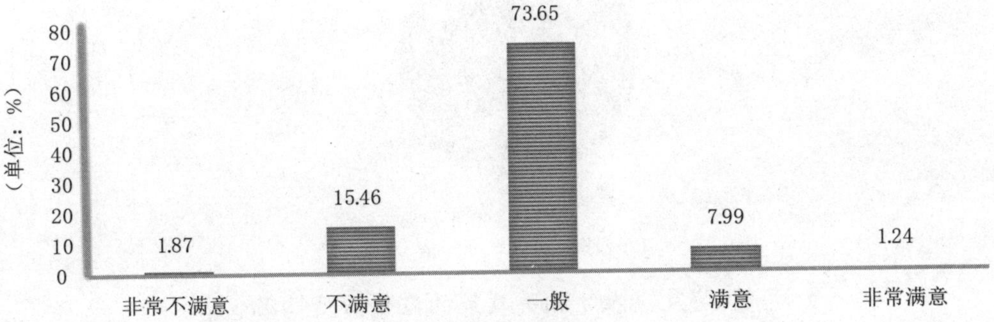

图 8-19　乡村营商环境的满意度情况

五、政府政策因素

1. 乡村人才政策情况分析

（1）当地有无乡村人才政策。由表 8-18 可知，有 49.27% 受访者认为“有”人才政策，而依然有 32.99% 的受访者“不了解”。这说明各地在乡村人才政策的宣传力度上依然不足。因此，政府要继续积极制定关于乡村人才的相关政策，同时，利用各种渠道加强乡村人才政策的宣传力度，让更多的乡村人才了解当地的人才政策，增强其服务乡村的信心。

表 8-18　有无乡村人才政策

选项	小计（人）	比例（%）
有	475	49.27
无	171	17.74
不了解	318	32.99
合计	964	

（2）当地政府关于人才相关政策宣传力度情况。由图 8-20 可知，受访者认为政府对相关政策宣传力度“不大”的占比较高，达到 53.11%；认为政府宣传力度“一般”的占比为 34.85%；然而认为政府“几乎没有”宣传力度和宣传力度“大”的占比较小，分别为 6.33% 和 5.71%。因此，政府应该加大宣传有

关乡村人才的政策，鼓励并支持更多的人才去服务乡村、留在乡村、振兴乡村。

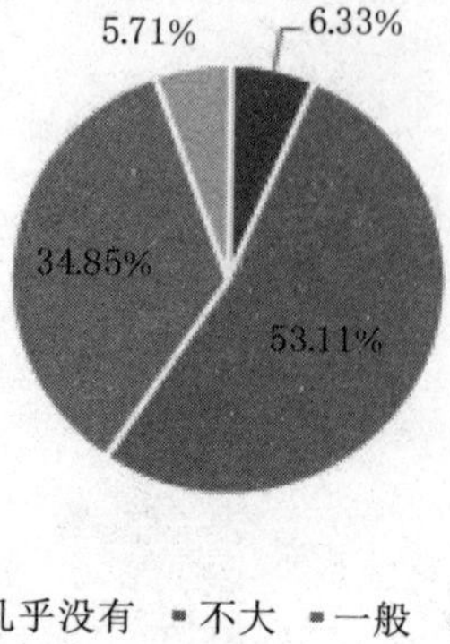

图 8-20　人才相关政策的宣传力度情况

（3）当地有无对乡村人才创业的优惠政策情况。由表 8-19 可知：受访者对乡村人才创业优惠政策政策“不了解”的占比较大，为 48.03%。因此，政府应该加大对“乡村人才创业的优惠政策”的宣传力度，使更多的乡村人才了解乡村创业的优惠政策，鼓励他们在乡村创业。

表 8-19　乡村人才创业的优惠政策情况

选项	小计（人）	比例（%）
有	331	34.34
无	170	17.63
不了解	463	48.03
合计	964	

2. 乡村引才的相关措施情况

（1）柔性引才情况。由图 8-21 可知：受访者认为“设立工作站点支持”和“共建合作项目支持”在柔性引才方面的作用最大，占比分别达到 75.83% 和 77.49%；其次是“创建重大平台支持”“给予高收入”和“给予安家补贴”，对柔性引才的影响作用较大，占比分别为 67.95%、63.69% 和 60.58%。因此，政府制定一系列的柔性引才措施，吸引更多的“城里人”为乡村服务。

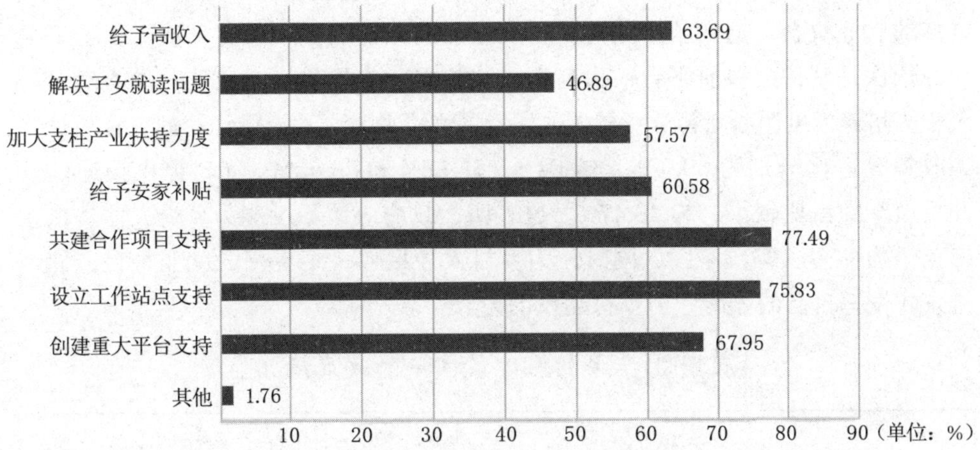

图 8-21 柔性引才情况

（2）鼓励人才返乡创业的政策关注度情况。由表 8-20 可知，85.89% 的受访者认为“财政补贴”是政府鼓励人才返乡创业最关注的政策；其次，受访者关注的政策分别是“职业技能培训”“畅通的晋升渠道”和“税收优惠”，占比分别为 71.68%、67.32% 和 58.40%。因此，政府应该加大财政政策补贴力度，加强对乡村人才的培训工作，出台更多的财政补贴的优惠政策。

表 8-20 鼓励人才返乡创业的措施关注度情况

选项	小计（人）	比例（%）
财政补贴	828	85.89
职业技能培训	691	71.68
税收优惠	563	58.40
畅通的晋升渠道	649	67.32
其他	29	3.01
合计	964	

（3）乡村人才最需要的政策情况。由表 8-21 可知，有 75.62% 和 74.48%

的受访者认为“完善的人才薪酬激励政策”“实施积极就业政策，为人才提供更多的就业机会”这两项措施是乡村人才目前最需要的政策；其次，受访者关注的依次是“搭建科研平台，为高端人才施展才华提供用武之地”加大对乡村人才的培养力度”“完善对乡村人才子女的教育政策”“提供优越的安置条件”等政策，占比分别为69.09%、67.01%、68.98%和63.40%；而“提供畅通的晋升渠道”的占比较小，为46.47%。这表明，政府应该尽可能为乡村人才提供富有竞争力的“薪酬政策”，同时，为乡村人才提供一个更好的就业平台，使乡村人才发挥自己的才能，为乡村建设助力。

表8-21　乡村人才最需要的政策情况

选项	小计（人）	比例（%）
完善的人才薪酬激励政策	729	75.62
畅通的晋升渠道	448	46.47
实施积极就业政策，为人才提供更多的就业机会	718	74.48
搭建科研平台，为高端人才施展才华提供用武之地	666	69.09
加大对乡村人才的培训、培养力度	646	67.01
完善对乡村人才子女的教育政策	665	68.98
提供优越的安置条件	615	63.40
其他	12	1.24
合计	964	

六、其他因素情况

1. 乡村能为人才提供的就业岗位情况

由图4-22可知，有58.10%的受访者认为乡村为人才提供的岗位“一般”，而有38.17%的受访者认为“很少”。这说明在目前，乡村社会还不能为乡村人才提供充足的发展空间。因此，政府应该尽可能创造各方面有利条件，为乡村人才提供发挥才能的平台。

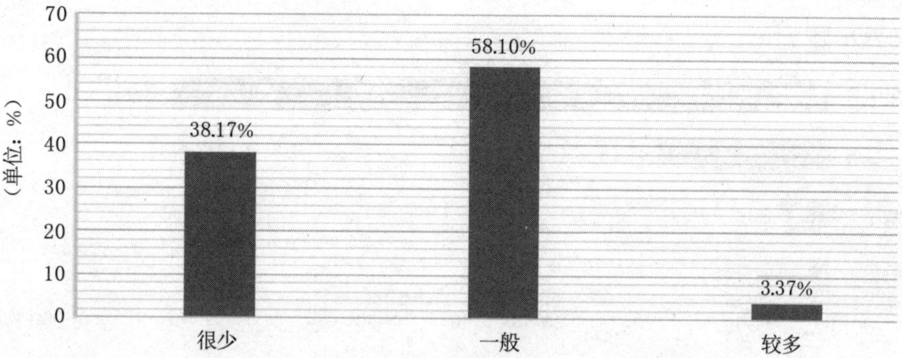

图 8-22 乡村能为人才提供的就业岗位情况

2. 乡村人才个人发展空间情况

由表 8-22 可知，64.21% 的受访者认为乡村人才在乡村的发展空间“不大”；其次是认为个人的发展空间“还可以”的占比为 27.28%；而认为个人的发展空间“几乎没有”或者认为个人的发展空间“比较大”的占比最小，分别为 6.74% 和 1.76%。因此，政府应该采取相关的措施，为乡村人才提供更多的发展空间，使乡村人才更好地留在乡村。

表 8-22 乡村人才个人发展空间情况

选项	小计（人）	比例（%）
几乎没有	65	6.74
不大	619	64.21
还可以	263	27.28
比较大	17	1.76
合计	964	

3. 新型职业农民对乡村振兴的影响情况

由图 8-23 可知，高达 71.06% 的受访者认为新型职业农民对乡村振兴的“影响大”；而认为新型职业农民对乡村振兴的“影响很小”“影响不大”或者“影响非常大”的占比很小，分别为 2.18%、5.30% 和 2.70%。因此，政府应该大力鼓励和培养新型职业农民，为乡村培养更多的本土人才。

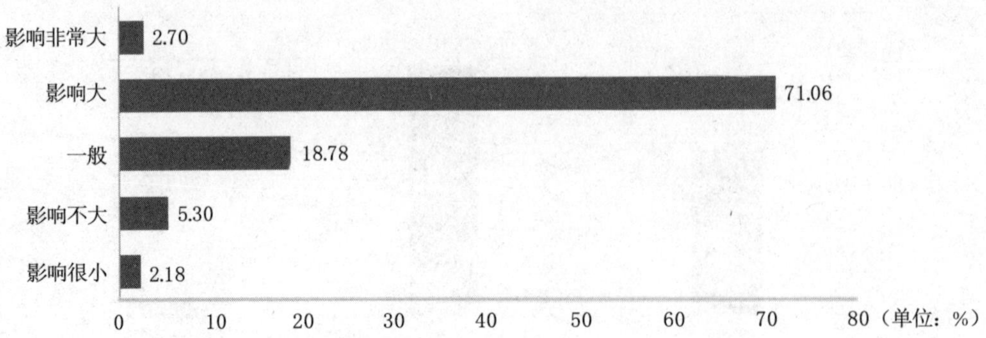

图 8-23　新型职业农民对乡村振兴的影响情况

4. 基层干部的工作情况

（1）基层干部工作强度情况。由图 8-24 可知，73.44% 的受访者认为基层干部“工作强度大”，占比最高；其次是认为基层干部的工作强度“一般”或者“小”和“非常小”，分别占比为 20.95%、5.60%。因此，政府应该重视基层干部的工作强度，适当为乡镇基层干部“减负”。

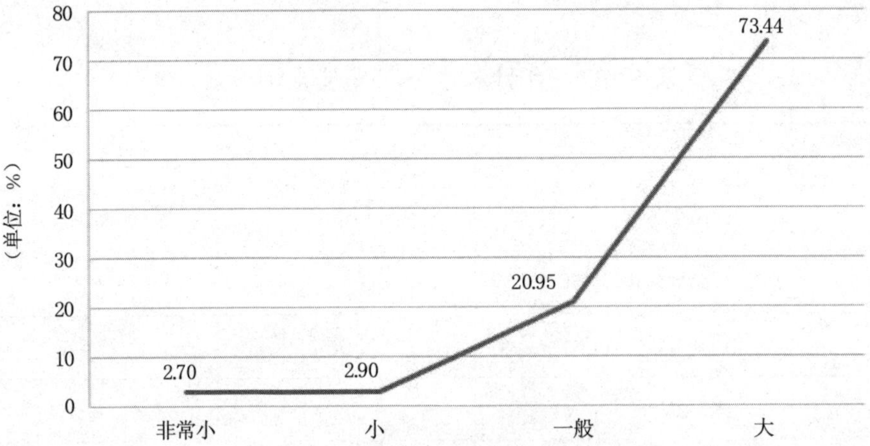

图 8-24　基层干部工作强度情况

（2）基层干部工作强度的影响因素情况。由表 8-23 可知，66.18% 的受访者认为“工作任务繁重”是造成基层干部工作压力大的最主要因素；其次，认为“信访维稳”“防火、防洪、禁烧”“工作人员少”“村民沟通有难度”“乡村行政执法问题”“环保工作压力大”“属地管理制度增加了很多工作量”“工作人员老龄化”等因素造成基层干部工作压力大的占比分别为 64.63%、61.20%、

62.55%、41.08%、31.12%、45.64%、56.02%、58.51%。因此，政府应该着重解决“工作任务繁重”的问题，选强配优基层干部队伍，增加基层干部数量，减少一些烦琐和非必要工作。

表 8-23 基层干部工作强度的影响因素情况

选项	小计（人）	比例（%）
与村民沟通有难度	396	41.08
防火、防洪、禁烧	590	61.20
信访维稳	623	64.63
乡村行政执法问题	300	31.12
工作人员少	603	62.55
工作任务繁重	638	66.18
工作能力不足	135	14
干群关系不融洽	198	20.54
环保工作压力大	440	45.64
属地管理制度增加了很多工作量	540	56.02
工作人员老龄化	564	58.51
其他	25	2.59
合计	964	

（3）基层干部的工作强度对乡村人才留在乡村工作的影响情况。由图 8-25 可知，48.14%的受访者认为“基层干部的工作强度”对于继续留在乡村“影响大”。因此，政府及相关人员应该着重解决基层干部工作强度的问题，更好地稳住人心，留住乡镇基层干部。

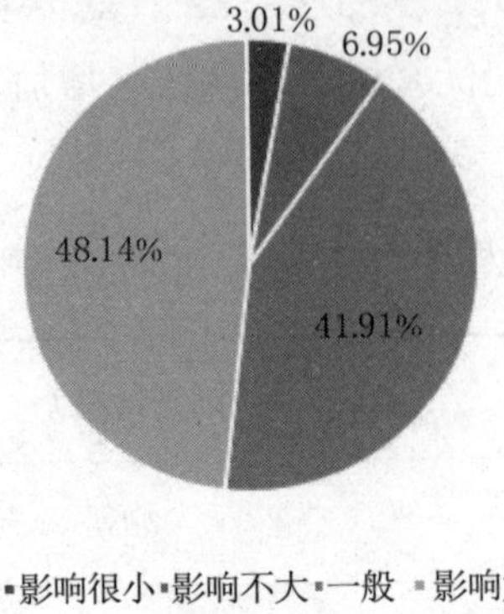

图 8-25　基层干部的工作强度对乡村人才留在乡村工作的影响情况

5. 乡村人才留在乡村工作的情况分析

（1）乡村人才留在乡村工作的影响因素情况。由表 8-24 可知，分别有 54.98%、46.78%、46.16% 的受访者认为“政府对乡村人才的优惠政策”“职业前景好”“晋升机会多”是乡村人才选择继续留在乡村工作的主要因素。因此，政府应该继续加大对乡村人才的优惠政策、提供职业发展平台和更加畅通的晋升机会，促使更多的乡村人才选择留在乡村，为乡村经济社会服务。

表 8-24　乡村人才留在乡村工作的影响因素情况

选项	小计（人）	比例（%）
政府对乡村人才的优惠政策	530	54.98
风土人情	352	36.51
职业前景好	451	46.78
晋升机会多	445	46.16
社会责任感	373	38.69
照顾老人或者子女方便	313	32.47
毕业时被招录到乡村，无更好的选择	302	31.33
其他	25	2.6
合计	964	

（2）风土人情对留在当地工作、生活的影响情况。由表 8-25 可知，有 32.57% 的受访者认为风土人情对乡村人才生活和工作的“影响大”。因此，政

府应该重视风土人情的建设，创造良好的乡村环境。

表 8-25 风土人情对留在当地工作、生活的影响情况

选项	小计（人）	比例（%）
影响很小	134	13.9
影响不大	66	6.85
一般	432	44.81
影响大	314	32.57
影响非常大	18	1.87
合计	964	

6. 乡村人才队伍建设情况

由图 8-26 可知，75% 的受访者认为“人才队伍年龄偏大”是乡村人才队伍建设主要存在的问题；其次是人才队伍中“人才外流现象严重”“文化程度较低，高层次人才少”“现有人才作用发挥不足”，占比分别为 62.03%、61.72%、52.28%。因此，政府应该积极采取措施引进更多的乡村人才，防止乡村人才的大量流失。

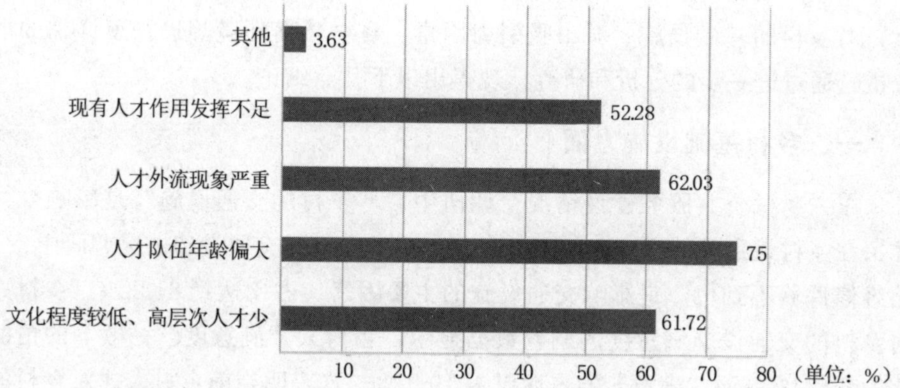

图 8-26 乡村人才队伍建设情况

7. 乡贤返乡创业的环境情况

由表 8-26 可知，分别有 76.25% 和 71.06% 的受访者认为“创业机会不足”和“基础设施不健全”是乡贤返乡创业的环境存在的主要问题；“税收优惠政策不足”“融资环境较差”的问题也较大，占比分别为 53.22% 和 39.32%。因此，

政府应该为乡贤提供更多的商业机会、加大基础设施的建设，在财税金融方面给予更大的支持，吸引更多的乡贤返乡创业，助推乡村经济的发展。

表 8-26 返乡创业的环境情况

选项	小计（人）	比例（%）
创业机会不足	735	76.25
税收优惠政策不足	513	53.22
融资环境较差	379	39.32
基础设施不健全	685	71.06
其他	35	3.63
合计	964	

第五节 数据结论分析

本章根据调研的大量数据，基本把握了河北省乡村人才振兴乡村的影响因素，对乡村的基础设施、城市吸引力因素、乡村营商环境等进行了详细的数据分析，通过进一步的分析和研究，现得出以下几点结论。

一、乡村基础设施方面

在“乡村公共服务建设情况”调研中，“乡村的交通设施”是影响乡村人才留在乡村最主要的因素，占比高达 86.83%。在乡村交通设施情况调研中，“道路维修保养不到位”是影响交通设施的主要因素，占比达到 81.22%。乡村人才对乡村的交通设施满意度的调查数据显示，乡村人才满意度“一般”的情况占比为 69.71%，而“满意”的占比仅为 19.91%，这表明当前乡村人才对乡村的交通设施的“满意度较低”，政府应该完善农村道路交通管理服务机制，重视农村道路养护和规划工作，做好道路养护工作，保障群众的出行安全，提高乡村交通设施的满意度。

在“乡村用水情况”调研中，有 26.87% 的受访者认为“水质差”是农村用水最主要的影响因素，其次是“自来水普及率低”，占比为 21.58%。乡村用水满意度情况的调查数据显示，45.12% 的乡村人才表示对乡村用水情况满意度“一般”，36.93% 的乡村人才表示对乡村用水情况表示“满意”。因此，政府仍需要提升农村用水的质量，加大自来水普及力度，做好农村用水工作，提高乡村人才对乡村用水情况的满意度，为乡村人才更好地留在乡村创造良好的用水环境。

在“乡村用电情况”调研中，有 38.17% 的受访者认为“安全用电隐患大”是乡村用电存在的主要问题。乡村用电满意度情况调研数据显示，乡村用电满意度“一般”的占比最高，为 62.76%，“满意”的情况占比为 31.95%。因此，政府应该以农村用电安全为重点，加大农村用电设施的治理力度，提高农村安全用电管理水平，消除农村用电安全隐患，提高乡村人才对乡村用电的满意度。

在“乡村取暖情况”满意度调查中，受访者对乡村取暖情况整体表现为“不满意”，占比为 53.63%，仅有 19.09% 的受访者表示对乡村取暖情况表示“满意”。因此，政府还需要进一步完善乡村取暖设施，逐步实现乡村的清洁取暖，为乡村人才创造更好的生活环境。

在“乡村燃气情况”调查中，有 59.85% 的受访者认为“燃气费用高”是乡村燃气中存在的主要问题，其次是“燃气接入费用高”，占比为 36.83%。因此，政府应该有针对性地开展乡村燃气建设工程，并对安装燃气设备的村户给予一定的补贴，同时提高村民的燃气安全意识，保障燃气的安全使用。

在“乡村通信网络设施情况”调查中，有 58.92% 的受访者认为“网络信号质量不稳定”是乡村通信网络设施存在的主要问题。在乡村通信网络设施满意度情况调查数据中显示，乡村人才对于乡村通信网络设施满意度整体表现为“一般”，其占比为 57.88%，而仅有 14% 的乡村人才对于乡村通信网络设施感到“满意”。因此，政府应该加快普及农村及偏远地区的网络基础设施建设，确保网络信号的稳定性，从而提高乡村通信网络设施的满意度。

在“乡村人居环境情况”调研中，有 73.55% 的受访者认为“村庄净化绿化美化亮化到位”是影响乡村人才留在乡村的最主要因素，其次是“村庄环境优美”，占比为 59.54%。因此，政府应该加快建设美丽乡村，大力整治乡村环境，为乡村人才创造更加美好的人居环境，提升生活质量，进而留住乡村人才。

在“乡村基础教育情况”调研中，有 72.16% 的受访者认为“师资力量严重缺乏”是乡村基础教育存在的最主要问题，其次是“学校住宿条件差”，占比为 60.82%。以上数据表明，政府应该加大对农村教育的重视力度，优先解决乡村教师短缺的问题，制定相关政策，增强师资力量。同时，还要为乡村学校的师生创造更加舒适的住宿环境。

在“乡村教师留在乡村任教的影响因素情况”调研中，有75.26%的受访者认为“薪资水平”是影响乡村教师留任的主要因素，其次是“职称评定难度”，占比为57.73%。这说明，政府应该在薪资水平和职称评定方面加大重视力度，合理地制定薪酬政策，适当地提高乡村教师的待遇水平，减轻乡村教师职称评聘压力，激发教师留在乡村任教的工作积极性。

在“乡村医疗情况”调研中，有83.82%的受访者认为“基础医疗设施缺乏”是乡村医疗存在的主要问题，其次是“医护水平不高”，占比为83.61%。因此，政府应该加大对乡村医疗的资源投入，完善基础的医疗设施，并积极地开展医护人员的培训工作，提升乡村医疗水平，从而创造更好的乡村医疗环境。

在“乡村快递服务情况”调研中，有62.76%的受访者认为“快递代收点少”是乡村快递服务存在的主要问题，其次是“代收点位置远”，占比为57.16%。因此，政府应该加快乡村地区的物流基础设施建设，构建完善的乡村物流体系，提升乡村快递的服务质量，为乡村人才发展提供更好的生活环境。

二、城市吸引力因素方面

在“乡村人才流失情况”调研数据显示，认为乡村人才流失情况“严重”的占比为51.45%，“非常严重”占比为32.16%，因此，为了缓解乡村人才流失的现状，政府亟须采取一系列的政策和措施，提升乡村的吸引力，缓解乡村人才流失的困境。

在“家长支持子女到城里工作（学习）情况”调研中，受访者“一定会”支持子女到城里工作（学习）的占比最大，为89.31%，因此，政府应该加快农村城市化的进程，提升生活、教育、医疗等基础设施的水平，为乡村人才留在乡村发展提供更好的环境。

在“吸引农村居民进城务工的主要因素情况”调研中，有88.07%的受访者认为“城市收入高”是吸引农村居民进城务工的最主要的因素，其次是“教育水平高”，占比为86.10%。这说明了目前乡村在收入、教育方面仍与城市有着较大的差距，政府亟须做好城乡统筹发展才能遏制这种人才流失局面。

三、乡村营商环境方面

在“乡村营商环境存在的问题情况”调研中，乡村营商环境存在着“创业融资困难”“财政、银行优惠政策不足”“亲商重商的社会氛围不浓厚”等各种问题，其中有62.86%的受访者认为“创业融资困难”是乡村营商环境最主要的问题。因此，应该着力改善乡村人才的创业融资困境，同时还要加强政策供给和营造良好的亲商重商环境，为乡村人才提供利于自身发展的发展环境。

四、在政府政策因素方面

在“当地政府关于人才相关政策的宣传力度情况”调研中，53.11% 的受访者表示当地政府对人才相关政策的宣传力度“不大”，导致很多乡村人才对于乡村人才创业的优惠政策不了解，从而在一定程度上阻碍了乡村人才留在乡村。因此，政府应该加大对人才相关政策的宣传力度，使更多的乡村人才了解优惠的政策，鼓励更多的人才服务乡村，留在乡村。

在“乡村柔性引才的相关措施情况”调研中，有 77.49% 的受访者认为“共建合作项目支持”可以更好地达到柔性引才的目的。因此，政府要鼓励和支持与用人单位签订合作协议，通过项目合作、技术指导、培训咨询等方式，明确劳动报酬及生活补贴，从而达到柔性引才的目的。

在“鼓励人才返乡创业的情况”的调研中，有 85.89% 的受访者表示给予“财政补贴”可以更好地鼓励乡村人才返乡创业。因此，政府要给予创业资金支持，提供创业担保服务等，以便更好地解决乡村人才创业的融资难题。

在“乡村人才最需要的政策情况”调研中，有 75.62% 的受访者表示“完善的薪酬激励政策”是目前乡村人才最需要的政策。因此，政府要通过完善人才服务乡村的薪酬激励政策，营造宣传尊重人才、尊重知识的氛围，增加乡村人才的归属感、获得感和幸福感。

五、其他因素方面

在“乡村能为人才提供的就业岗位情况”调研中，有 58.10% 的受访者表示，乡村为人才提供的就业岗位情况“一般”。因此，政府应该尽可能地完善就业岗位，提供更多的就业机会，充分地发挥乡村人才的才能。

在“基层干部的工作强度”调研中，73.44% 的受访者表示基层干部的工作强度“大”。因此，政府应该重视基层干部的工作强度问题，适当地为基层干部“减负”。

在“基层干部工作强度的影响因素情况”调研中，有 66.18% 的受访者认为“工作任务繁重”是造成基层干部工作强度大的最主要因素。因此，政府要制定积极为乡村人才减负，提高基层干部的工作幸福感。

在“乡村人才留在乡村工作的影响因素情况”调研中，有 54.98% 的受访者认为“政府对乡村人才的优惠政策”是乡村人才继续留在乡村工作的主要原因。

因此，政府应该制定乡村人才优惠政策，让更多的乡村人才选择留在乡村工作。

在“乡村人才队伍建设情况”调研中，有75%的受访者认为“人才队伍年龄偏大”是人才队伍建设困难的最主要因素。因此，要在今后多补充青年大学生乡村人才队伍，改善乡村人才队伍年龄偏大问题。

本章通过在公共基础设施方面、城市吸引力因素方面、乡村营商环境方面、政府政策因素方面以及其他因素方面的数据调研，基本掌握了河北省乡村人才振兴的关键影响因素，从而为设计精准乡村人才振兴路径提供了坚实的数据基础。

第九章 河北省乡村人才振兴影响因素实证分析

乡村人才是新时代乡村产业振兴的引领者，是新时代脱贫攻坚的推动者，更是新时代城乡融合的带动者。然而，目前探讨乡村人才振兴影响因素的多以定性研究为主，而从实证研究的较少。因此，本书采用调查问卷数据，通过改进层次分析法的模糊综合评价对河北省乡村人才振兴的影响因素进行实证研究，深入挖掘影响河北省乡村人才振兴的关键因素，从而为河北省乡村人才振兴的政策设计提供实证支撑。

第一节 文献回顾与述评

国内外学者们采用不同的方法对乡村人才振兴的影响因素进行了实证研究。Nagatada（2010）运用调查问卷的方法分析了乡村人才振兴的影响因素，研究发现农业人才技能和政治因素对乡村人才振兴有重要影响[195]。Dai（2015）通过问卷调查对935名农村科技人才激励进行了研究，研究结果表明：完善管理和保障机制，完善精神激励方式，充分发挥人才选拔任用激励机制，加强培训和学习对乡村人才振兴至关重要[196]。Zhou & Tian（2018）对国家级贫困县万源市永宁乡进行了深入研究，通过实地问卷调查和统计分析对该地区人才资源现状和人才需求进行了分析，研究发现农村实用人才的严重缺乏影响了万源市乡村振兴工作的开展[197]。Liu（2019）运用问卷调查和统计分析的研究方法对乡村人才振兴的影响因素进行了分析，结果发现新型农业专业人才对乡村人才振兴有重要影响[198]。Chen & Liang（2021）运用层次分析法研究影响乡村人才振兴的因素，并指出乡村基础设施建设水平、薪酬福利水平、政府政策、医疗卫生水平、子女教育条件和就业机会等因素对乡村人才振兴发挥着重要作用[199]。

国内学者们在21世纪初开始从新农村建设开发人才资源方面研究了乡村人才振兴的影响因素，如张巧梅（2006）采取走访、问卷调查的形式对焦作市500多个乡村进行了抽样调查，结果发现，农村劳动力的平均文化水平偏低、技术和管理人才的匮乏等因素直接制约了新农村的建设步伐[200]。武忠远（2008）运用问卷调查的方法，研究发现政策导向、硬件设施及农业科技推广人才开发方式是影响乡村振兴的主要因素[201]。李道和，张海涛（2011）借鉴相关行为理论和行为模型构建了农民参与农村实用人才培训行为动机研究的理论模型，并运用Pearson相关分析法和主成分分析法分析了乡村振兴的影响因素，结果发现农民的积极态度对乡村人才振兴有正向影响，而农民致富技能和农业科技知识的缺乏对乡村人才振兴有制约作用[202]。梁成、刘玉良（2016）对呼伦贝尔市的乡镇、村组、企业、种植合作社的农牧业人才进行学历、专业等实地调查和统计分析。结果发现种植养殖合作社人才、乡村或企业人才短缺及流失对乡村人才振兴有极大影响[203]。薛建良等（2018）在对全国5省9县（市、区）356名政府、乡村干部和新型农业经营主体调研的基础上，利用统计分析方法对当前乡村人才振兴影响因素进行了分析，得出教育培训、政策支持、组织管理能力、人力资本特征、资源禀赋和农业基础设施等因素对乡村人才振兴起显著影响作用[204]。曾升科、李勋华（2019）通过在渝西地区开展人才问卷调查，运用Logistic回归分析方法分析探究了影响乡村人才吸引力因素，研究指出乡村基础设施建设水平、生态环境、职业发展前景、配偶就业、交通状况、社会治安环境、休闲娱乐设施等因素对乡村人才振兴有着重要影响[205]。廖智琪（2019）采用层次分析法研究发现乡村人才流失严重、人才质量偏低、人才青年劳动力的缺失对黔南州乡村人才振兴有消极影响[206]。田书芹、王东强（2020）通过问卷调查、实地调研、深度访谈等研究方法分析得出乡村人才的政治地位、薪酬福利、住房保障、医疗卫生、子女教育等影响着乡村人才振兴的进程[207]。熊肖雷、张慧芳（2021）运用多项分类Logistic计量模型探讨了乡村人才振兴的影响因素。结果表明，农业科研开发人才驻村数量、乡村引进人才文化程度、乡村人才公寓和乡村公共服务程度影响了乡村振兴的进程[208]。

综上所述，近年来一些学者对乡村人才振兴进行了一定的研究，同时也提出了一些有针对性的政策措施，这在一定程度上为乡村人才振兴的相关研究奠定了基础，但是通过实证方法探讨乡村人才振兴影响因素的研究仍然较少。过往的研究大多数采用问卷调查法、统计分析法、Pearson相关分析法、主成分分析法、层次分析法、Logistic回归分析方法，然而这些方法分析得还不够全面和适用，对影响因素的分析还不够清晰和具体，因此，在与人才乡村振兴相关的实证研究方法上仍有一定的研究空间。因此，本章以河北省乡村人才为研究对象，运用改进层次分析法的模糊综合评价探讨河北省乡村人才振兴的影响因素，为设计河北省乡村人才振兴的政策路径提供实证支持。

第二节 方法比选

一、方法介绍

1. 主成分分析法

主成分分析法是降维处理的一种统计方法，其主要形式是通过向量之间的正交变换，在数学运算的基础上，将原有的可能相关的变量转换为不相关的新变量。几何上，将原有的坐标体系转换为新坐标体系，使其样本点指向 p 个正交方向，使其多维变为低维，或通过适当的函数，从低维变为一维。通过数学处理，主成分分析将原有的多个指标作为一个整体线性组合，从而形成一个新的综合指标。主成分分析法主要以方差值第一个综合指数 F_1 的形式表示，它包含的信息越多，方差值越大。如果无法表达其 p 值信息的第一个综合指标 F_1，则会出现第二个综合指标 F_2，依次类推。其数学表达式为：

$$\mathrm{Cov}(F_1,F_2)=0 \tag{9-1}$$

其提取在数学运算提取主成分过程的公式如下：

根据最大方差的标准化线性组合所得第一个主成分即：

$$y_1=\gamma_1{}^T\mathrm{x} \tag{9-2}$$

在与 y_1 正交的方向，可以得到第二大方差的标准化线性组合，即：

$$y_2=\gamma_2{}^T\mathrm{x} \tag{9-3}$$

随机变量的主成分转换定义为：

$$Y=\Gamma^T\left(X-\mu\right) \tag{9-4}$$

根据其矩阵特征值 λ_1=1+ρ 和 λ_2=1−ρ，相应的特征向量为：

$$\gamma_1=\frac{1}{\sqrt{2}}\begin{bmatrix}1\\1\end{bmatrix},\ \gamma_2=\frac{1}{\sqrt{2}}\begin{bmatrix}1\\-1\end{bmatrix} \tag{9-5}$$

因此，本章对前文的乡村振兴影响因素进行修改删减的主成分分析法转化公式为：

$$\begin{bmatrix} Y_1 \\ Y_2 \end{bmatrix} = \frac{1}{\sqrt{2}} \begin{bmatrix} X_1 + X_2 \\ X_1 - X_2 \end{bmatrix} \tag{9-6}$$

2. 皮尔逊（Pearson）相关分析法

皮尔逊相关，也称为积差相关（或积矩相关），是 20 世纪初英国统计学家皮尔逊提出的一种计算直线相关的方法。假设有两个变量 x、y，则两个变量之间的皮尔逊相关系数可以通过公式（9–7）计算：

$$r = \frac{\sum_{i=1}^{n}(x_i - \bar{x})(y_i - \bar{y})}{\sqrt{\sum_{i=1}^{n}(x_i - \bar{x})^2 \sum_{i=1}^{n}(y_i - \bar{y})^2}} \tag{9-7}$$

式（9–7）中，x_i 和 y_i 分别为变量 x 和 y 的第 i 个观测值；n 为样本量；$\bar{x}$和$\bar{y}$分别为 x 和 y 的算术平均值。计算结果 r 在［−1，1］区间内，r 的绝对值越接近 1，表示两变量的关系越密切。$r>0$ 表示正相关；$r<0$ 表示负相关。

3. 二元 Logistic 回归模型

二元 Logistic 回归模型是一种广义的线性回归分析模型，通常用于研究二分类因变量和多个分类或有序自变量之间的关系。假设因变量 Y 和自变量 x 之间存在一种线性关系，则影响事件发生概率的线性函数如式（9–8）所示：

$$Y=\alpha+\beta_i x_i \tag{9-8}$$

式中，x_i 为自变量，Y 为因变量，α 为截距项，β_i 为回归系数。

由于因变量是 0–1 型的二分类变量，Y=1 表示事件发生，Y=0 表示事件不发生，这不满足线性回归方程的基本假定，因而需要借助 Logistic 函数，如式（9–9）所示：

$$f(x) = \frac{e^x}{1+e^x} = \frac{1}{1+e^{-x}} \tag{9-9}$$

为了求得事件发生 $P(Y=1 \mid x)$ 的概率和事件不发生 $P(Y=0 \mid x)$ 的概率，将 Logistic 函数中的 x 赋值为 $\alpha+\beta_i x_i$，便可以得到二元 Logistic 回归模型的条件概率分布，如式（9–10）和（9–11）所示：

$$P(Y=1 \mid x) = \frac{e^{\alpha+\beta_i x_i}}{1+e^{\alpha+\beta_i x_i}} \tag{9-10}$$

$$P(Y=0 \mid x) = \frac{1}{1+e^{\alpha+\beta_i x_i}} \tag{9-11}$$

对于 Logistic 回归模型，事件 P 发生的对数概率如式（9–12）所示：

$$\text{logit}(p) = \log \frac{P(Y=1 \mid x)}{P(Y=0 \mid x)} = \alpha + \beta_i x_i \tag{9-12}$$

式（9-12）表示事件 Y 发生的对数概率是由多个变量 x_i 构成的线性函数表示的，α 和 β 为线性回归函数的系数。

在求解 Logistic 回归模型的参数时，可以应用极大似然估计法，将样本数据集 $T=\{(x_1, y_x), (x_2, y_x), \cdots, (x_n, y_n)\}$，其中，$x_i \in R^n$，$y_i \in \{0, 1\}$，代入模型中，求解得到最优的参数 β_i，从而最大程度地获取样本数据集 T 对应的分类输出 Y 的值。

此处，设 $P(Y=1 \mid x)=\pi(x)$ （9-13）

$$P(Y=0 \mid x)=1-\pi(x) \tag{9-14}$$

Logistic 模型的最大似然函数为：

$$\beta=\prod_{i=1}^{N}\left[\pi\left(x_i\right)\right]^{y_i}\left[1-\pi\left(x_i\right)\right]^{1-y_i} \tag{9-15}$$

则 Logistic 模型的对数似然函数为：

$$\begin{aligned} L(\beta) &= \sum_{i=1}^{N}\left[y_i \log \pi\left(x_i\right)+\left(1-y_i\right) \log \left(1-\pi\left(x_i\right)\right)\right] \\ &= \sum_{i=1}^{N}\left[y_i \log \frac{\pi\left(x_i\right)}{1-\pi\left(x_i\right)}+\log \left(1-\pi\left(x_i\right)\right)\right] \\ &= \sum_{i=1}^{N}\left[y_i\left(\beta \cdot x_i\right)-\log \left(1+e^{\left(\beta \cdot x_i\right)}\right)\right] \end{aligned} \tag{9-16}$$

式（9-16）中，由于 β 是需要求解的未知量，因此当要求最优解时，只需计算 Logistic 模型的对数似然函数达到极大值时的一组 β 值。然而由于这个函数是一个凸函数，它是无法直接求得最优解的，只有一个全局最优解，而没有局部最优解，因此可以使用梯度下降法或者拟牛顿法进行计算。通过使用梯度下降法计算得到式（9-17）：

$$\beta_j=\beta_j-\alpha \frac{1}{m} \sum_{i=1}^{m}\left(\pi\left(x_i\right)-y_i\right) x_i^j \tag{9-17}$$

最后将乡村振兴人才影响因素的参数 θ 值代入公式（9-13），得到 Logistic 回归模型：

$$(Y=1 \mid x)=\frac{1}{1+e^{-\left(\beta_2 x_2+\beta_4 x_4\right)}} \tag{9-18}$$

4. 层次分析法

层次分析法是美国数学家 Saaty 于 20 世纪 70 年代提出的一种整体和综合主观判断的客观方法，也是一种将定量分析与定性分析相结合的系统分析方法。层次分析法的核心思想可以概括为“先分解后综合”，其应用包括建立层次结构模型、构建判断矩阵、层次单排序、层次总排序和一致性测试。在本章中，使用求积方法计算判断矩阵的特征值、特征向量和最大特征值。具体公式如下：

（1）判断矩阵 $A, W_i^{'} = \sqrt[n]{\Pi_{j=1}^{n} a_{ij}}$，其中 i=1，2，…，n。

（2）对 $W_i^{'}$ 归一化处理，$W_i = \frac{W_i^{'}}{\sum_{i=1}^{n} W_i^{'}}$，$W = (W_1, W, \ldots, W_N)^T$，即 W 是 A 的特征向量近似值。

（3）特征向量 W 对应的最大特征值：$\lambda_{\max} = \frac{1}{n}\sum_{i=1}^{n}\frac{(AW)_i}{W_i}$。

（4）一致性检验指标值 $CI = \frac{\lambda_{\max} - n}{n-1}$。

（5）一致性比率 $CR = \frac{CI}{RI}$（RI 为随机一致性指标，n<9 的 RI 值如表 9-1 所示），若 CR<0.1，则矩阵合理，可以接受，否则需要调整判断矩阵元素的取值。

表 9-1　随机一致性指标表

n	1	2	3	4	5	6	7	8	9
RI	0	0	0.52	0.89	1.12	1.26	1.36	1.41	1.46

5. 改进层次分析法的模糊综合评价

（1）基于改进的层次分析法确定指标权重。由于传统的层次分析法采用 1~9 标度法，如评价指标过多，则会导致判断矩阵估算困难，因此评价指标权重的准确性会降低。与传统的层次分析法相比，改进的层次分析法最大的优点是当专家比较评价指标的重要性时，易于做出判断，减少了一致性检验的步骤，从而降低了各种影响因素之间的模糊性。在此基础上，采用改进的层次分析法对指标的重要性进行排序，从而确定评价指标的权重。

①构建评价矩阵。构建指标层的比较矩阵 $C=(c_{ij})$：

$$C_{ij}=\begin{cases}0 & \text{第 } i \text{ 元素没有第 } j \text{ 元素重要} \\ 1 & \text{第 } i \text{ 元素和第 } j \text{ 元素同样重要} \\ 2 & \text{第 } i \text{ 元素比第 } j \text{ 元素重要}\end{cases} \quad (i,j=1,2,\cdots,n) \tag{9-19}$$

②构建判断矩阵。根据比较矩阵得出指标层的判断矩阵 $A=(a_{ij})$：

$$a_{ij}=\begin{cases} r_i - r_j & r_i > r_j \\ 1 & r_i = r_j \\ (r_i - r_j)^{-1} & r_i < r_j \end{cases} \tag{9-20}$$

其中，$r_i=\sum_{j=1}^{n}c_{ij},(i,j=1,2,\cdots,n)$，$r_i$、$r_j$ 均为比较矩阵 $C=\left(c_{ij}\right)$ 的行和。

③确定指标权重。计算评价指标的权重并进行归一化，得到整合后最终评价指标的权重：

$$w_i^{'}=\sqrt[n]{\sum_{j=1}^{n}a_{ij}}\quad(i=1,2,\cdots,n) \tag{9-21}$$

$$w_i=w_i^{'}\Big/\sum_{i=1}^{n}w_i^{'} \tag{9-22}$$

其中，$W_i^{'}$ 为第 i 个评价指标对应的权重；W_i 为归一化处理后的权重。最后得到改进的层次分析法确定的评价指标权重集：$W=\left\{w_1,w_2,\cdots,w_m\right\}$。

（2）模糊综合评价法。模糊综合评价是基于模糊数学的最常用的评价方法，该方法以模糊数学理论为基础，将模糊数学的隶属度引入待评价对象，将定性评价转化为定量评价，因此得到待评价对象的综合评价。由于乡村人才振兴的模糊性和复杂性，有必要对具有模糊性和非量化特征的指标进行量化，达到为评价者提供比较和判断的依据的目的，从而提高乡村人才振兴评价的科学性和准确性。

①建立因素集。因素集 U 是评价对象的影响因素 u 的集合，$U=\left\{u_1,u_2,\cdots,u_m\right\}$，其中 $u_i\left(i=1,2,\cdots,m\right)$ 为单因素评价指标。

②确定评价集。评价集是评价人员对评价对象作出所有可能的评估结果所组成的集合。即 $V=\left\{v_1,v_2,\cdots,v_j\right\}$，其中 $v_j\left(j=1,2,\cdots,n\right)$ 为评价等级。

③模糊评价矩阵。若因素集 U 中第 i 个因素对评价集 V 中第 1 个因素的隶属度为 r_{i1}，则对第 i 个因素单因素评价结果用模糊集合表示为：$R_i=\left\{r_{i1},r_{i2},\cdots,r_{im}\right\}$，以 m 个单因素评价集 R_1，R_2，…，R_n 为行组成矩阵 R_{n*m}，称为模糊评价矩阵。每个因素的单因素模糊评价集都与一个单因素模糊评价矩阵 R 相对应。

④确定指标权重。采用改进的层次分析法确定第 i 个因素的权重 $w_i\left(i=1,2,\cdots,m\right)$，并且 w_i 满足 $w_i\geqslant 0,\sum w_i=1$，然后得到权重集 W。

⑤模糊综合评价。因素权重模糊子集：$W=\left\{w_1,w_2,\cdots,w_m\right\}$，代表着因素 u_i 的评价等级能力，通过模糊算子将 W 与模糊评价矩阵 R 合成模糊综合评判集合 $B=\left(b_j\right)$。

$$B=W*R \tag{9-23}$$

其中，“*”是模糊矩阵中常见的运算符号，$b_j\left(j=1,2,\cdots,n\right)$ 为模糊综合评价指标，简称评价指标。最后，根据最大隶属度原则来确定评价对象的结果。

二、方法比选

由上述方法可知，相对于 Pearson 相关分析法和主成分分析，Logistic 回归分析将更适合于研究模型中的具体作用机制，特别是用于调节作用的检验，可以避免出现测量误差破坏统计显著性及多重共线性等问题。然而，Logistic 回归分析不能解决非线性问题且很难拟合数据的真实分布。虽然层次分析法提高了决策的有效性、可靠性和可行性，并量化了经验判断，但定性成分较多，不易令人信服。模糊综合评价法虽然可以对评价对象进行量化评价，但是计算复杂，主观性强。为了避免确定指标权重的主观性，并结合模糊综合评价影响因素多、结构层次复杂的特点，本研究采用改进层次分析法的模糊综合评价，该方法可以减少权重选择的主观性，提高权重的准确性，同时利用隶属度对评价层次进行分级，对不同层次的指标逐一进行后向评价，从而得出各指标的相对发展水平。因此，本章采用改进层次分析法的模糊综合评价是适合和可行的。

第三节 构建指标体系

通过对国内外文献的分析，结合系统性、重要性、可比性、完备性、层次性和定性定量相结合的原则，并根据本书第九章设计的问卷体系，科学有效地构建了包括“乡村基础设施”“城市吸引力情况”“政务服务情况”“政府政策因素”和“其他因素情况”五个方面的评价指标体系，从而对河北省乡村人才振兴的影响因素进行全面、客观和真实的评价，如表 9-2 所示。

表 9-2 河北省乡村人才振兴影响因素指标体系

一级指标	二级指标	三级指标
乡村基础设施 C_1	乡村交通设施情况 C_{11}	路面硬化率 C_{111}
		村道设计 C_{112}
		路面路况 C_{113}
		道路维修保养 C_{114}

续表

一级指标	二级指标	三级指标
乡村基础设施 C_1	乡村交通设施情况 C_{11}	交通标识牌和路灯 C_{115}
		村民占用村道 C_{116}
	乡村用水情况 C_{12}	自来水普及率 C_{121}
		水质情况 C_{122}
		停水情况 C_{123}
		水费情况 C_{124}
	乡村用电情况 C_{13}	停电情况 C_{131}
		电压情况 C_{132}
		安全用电情况 C_{133}
	乡村燃气情况 C_{14}	燃气设备购置费用情况 C_{141}
		燃气费用情况 C_{142}
		燃气补贴情况 C_{143}
		燃气接入费用情况 C_{144}
		燃气安全隐患情况 C_{145}
	乡村通信网络设施情况 C_{15}	网络覆盖率 C_{151}
		网络信号质量稳定情况 C_{152}
		运营商服务质量 C_{153}
	乡村人居环境情况 C_{16}	村庄净化、绿化、美化、亮化情况 C_{161}
		村庄周边环境 C_{162}
		村庄建筑风格 C_{163}
		村庄体育健身器材 C_{164}
		民风情况 C_{165}
	乡村教师留在乡村任教的影响因素情况 C_{17}	薪资水平 C_{171}
		职称评定难度 C_{172}
		教学任务和压力 C_{173}
		上下级关系 C_{174}

续表

一级指标	二级指标	三级指标
乡村基础设施 C_1	乡村教师留在乡村任教的影响因素情况 C_{17}	同事之间关系 C_{175}
		师生关系 C_{176}
		学校住宿环境 C_{177}
		学校就餐条件 C_{178}
		学校卫生条件 C_{179}
		学校办公条件 C_{1710}
		学校生源质量 C_{1711}
		学校距离家的距离 C_{1712}
	乡村医疗情况 C_{18}	医务人员配备情况 C_{181}
		基础医疗设施情况 C_{182}
		医护水平情况 C_{183}
		医疗费用情况 C_{184}
		医疗难易情况 C_{185}
		“医患”矛盾情况 C_{186}
	乡村快递服务情况 C_{19}	快递派送速度情况 C_{191}
		快递寄出速度情况 C_{192}
		快递代收点数量情况 C_{193}
		快递代收点远近情况 C_{194}
城市吸引力 C_2	吸引农村居民进城务工的主要因素情况 C_{21}	城市收入情况 C_{211}
		道路、通信、网络等基础设施 C_{212}
		城市环境情况 C_{213}
		教育水平 C_{214}
		医疗水平 C_{215}
		生活方式 C_{216}
		营商环境 C_{217}
		就业机会 C_{218}

续表

一级指标	二级指标	三级指标
政务服务情况 C_3	乡村营商环境情况 C_{31}	政府政务情况 C_{311}
		财税、银行优惠政策情况 C_{312}
		创业融资情况 C_{313}
		亲商重商的社会氛围 C_{314}
		人为设置障碍、刁难办事人员情况 C_{315}
		巧立名目、频繁检查情况 C_{316}
政府政策因素 C_4	柔性引才情况 C_{41}	创建重大平台支持 C_{411}
		设立工作站点支持 C_{412}
		共建合作项目支持 C_{413}
		给予安家补贴 C_{414}
		加大支柱产业扶持力度 C_{415}
		解决子女就读问题 C_{416}
		给予高收入 C_{417}
	鼓励人才返乡创业的政策情况 C_{42}	财政补贴政策情况 C_{421}
		职业技能培训 C_{422}
		税收优惠 C_{423}
		畅通的晋升渠道 C_{424}
	乡村人才最需要的政策情况 C_{43}	完善的人才薪酬激励政策 C_{431}
		实施积极就业政策，为人才提供更多的就业机会 C_{432}
		搭建科研平台，为高端人才施展才华提供用武之地 C_{433}
		加大对乡村人才的培训、培养力度 C_{434}
		完善对乡村人才子女的教育政策 C_{435}
		提供优越的安置条件 C_{436}

续表

一级指标	二级指标	三级指标
其他因素情况 C_5	基层干部工作强度的影响因素情况 C_{51}	与村民沟通难易情况 C_{511}
		防火、防洪、禁烧 C_{512}
		信访维稳 C_{513}
		乡村行政执法问题 C_{514}
		工作人员配置情况 C_{515}
		工作任务情况 C_{516}
		工作能力情况 C_{517}
		干群关系融洽情况 C_{518}
		环保工作压力情况 C_{519}
		属地管理制度 C_{5110}
		工作人员老龄化 C_{5111}
其他因素情况 C_5	乡村人才留在乡村工作的影响因素情况 C_{52}	政府对乡村人才的优惠政策 C_{521}
		风土人情 C_{522}
		职业前景情况 C_{523}
		晋升机会情况 C_{524}
		社会责任感 C_{525}
		方便照顾老人或者子女情况 C_{526}
		其他职业选择情况 C_{527}
	乡贤返乡创业的环境情况 C_{53}	创业机会情况 C_{531}
		税收优惠政策情况 C_{532}
		融资环境情况 C_{533}
		基础设施情况 C_{534}

第四节 改进层次分析法的模糊综合评价

一、基于改进的层次分析法确定指标权重

步骤 1：根据上式（9–19）构建三级指标层的比较矩阵 C。以乡村交通设施情况评价因子 C_{11} 为例，其比较矩阵 Cc_{11} 为：

$$C_{C11}=\begin{bmatrix}1&0&0&0&0&0\\2&1&1&0&2&2\\2&1&1&0&2&2\\2&2&2&1&2&2\\2&0&0&0&1&2\\2&0&0&0&0&1\end{bmatrix}$$

步骤 2：由比较矩阵得出二级因素层的判断矩阵 ：

$$A=\begin{bmatrix}1&\frac{1}{7}&\frac{1}{7}&\frac{1}{10}&\frac{1}{4}&\frac{1}{2}\\7&1&1&\frac{1}{3}&3&5\\7&1&1&\frac{1}{3}&3&5\\10&3&3&1&6&8\\4&\frac{1}{3}&\frac{1}{3}&\frac{1}{6}&1&2\\2&\frac{1}{5}&\frac{1}{5}&\frac{1}{8}&\frac{1}{2}&1\end{bmatrix}$$

步骤 3：计算二级因素层各评价指标的权重，并通过归一化处理得到其指标权重集：

$$w_{11}=[0.0272\quad 0.2203\quad 0.2203\quad 0.3942\quad 0.0995\quad 0.0385]$$

同理，可分别得到所有评价指标权重 w_{12}、w_{13}、w_{14}、w_{15}、w_{16}、w_{17}、w_{18}、w_{19}、w_{21}、w_{31}、w_{41}、w_{42}、w_{43}、w_{51}、w_{52}、w_{53}、w_1、w_{12}、w_2、w_3、w_4 和 w_5，河北省乡村人才振兴影响因素评价指标权重如表 9–3 所示。

表 9-3　河北省乡村人才振兴影响因素评价指标权重

一级指标	指标权重	二级指标	指标权重	三级指标	指标权重
乡村基础设施	0.5122	乡村交通设施情况	0.1250	路面硬化率	0.0272
				村道设计	0.2203
				路面路况	0.2203
				道路维修保养	0.3942
				交通标识牌和路灯	0.0995
				村民占用村道	0.0385
		乡村用水情况	0.1250	自来水普及率	0.3364
				水质情况	0.4205
				停水情况	0.0820
				水费情况	0.1611
		乡村用电情况	0.1250	停电情况	0.1429
				电压情况	0.2857
				安全用电情况	0.5714
		乡村燃气情况	0.1250	燃气设备购置费用情况	0.0813
				燃气费用情况	0.4356
				燃气补贴情况	0.0423
				燃气接入费用情况	0.2800
				燃气安全隐患情况	0.1608
		乡村通信网络设施情况	0.1250	网络覆盖率	0.1429
				网络信号质量稳定情况	0.5714
				运营商服务质量	0.2857

续表

一级指标	指标权重	二级指标	指标权重	三级指标	指标权重
乡村基础设施	0.5122	乡村人居环境情况	0.0500	村庄净化、绿化、美化、亮化情况	0.4356
				村庄周边环境	0.2800
				村庄建筑风格	0.0813
				村庄体育健身器材	0.0423
				民风情况	0.1608
		乡村教师留在乡村任教的影响因素情况	0.1625	薪资水平	0.1691
				职称评定难度	0.1544
				教学任务和压力	0.0882
		乡村教师留在乡村任教的影响因素情况	0.1625	上下级关系	0.0294
				同事之间关系	0.0294
				师生关系	0.0294
				学校住宿环境	0.0882
				学校就餐条件	0.0882
				学校卫生条件	0.0735
				学校办公条件	0.0882
				学校生源质量	0.0735
				学校距离家的距离	0.0882
		乡村医疗情况	0.1375	医务人员配备情况	0.2396
				基础医疗设施情况	0.2846
				医护水平情况	0.2846
				医疗费用情况	0.0873
				医疗难易情况	0.0696
				“医患”矛盾情况	0.0343
		乡村快递服务情况	0.025	快递派送速度情况	0.1433

续表

一级指标	指标权重	二级指标	指标权重	三级指标	指标权重
乡村基础设施	0.5122	乡村快递服务情况	0.025	快递寄出速度情况	0.0734
				快递代收点数量况	0.4968
				快递代收点远近况	0.2865
城市吸引力	0.1268	吸引农村居民进城务工的主要因素情况	1.000	城市收入情况	0.2430
				道路、通信、网络等基础设施	0.0260
				城市环境情况	0.1030
				教育水平	0.2430
				医疗水平	0.2154
				生活方式	0.0529
				营商环境	0.0137
				就业机会	0.1030
政务服务情况	0.1524	乡村营商环境情况	1.000	政府政务情况	0.0352
				财税、银行优惠政策情况	0.2192
				创业融资情况	0.3922
				亲商重商的社会氛围	0.2192
				人为设置障碍、刁难办事人员情况	0.0352
				巧立名目、频繁检查情况	0.0990
政府政策因素	0.1524	柔性引才情况	0.5714	创建重大平台支持	0.0264
				设立工作站点支持	0.0264
				共建合作项目支持	0.3319
				给予安家补贴	0.1546
				加大支柱产业扶持力度	0.0264

续表

一级指标	指标权重	二级指标	指标权重	三级指标	指标权重
政府政策因素	0.1524	柔性引才情况	0.5714	解决子女就读问题	0.1546
				给予高收入	0.0264
		鼓励人才返乡创业的政策情况	0.1429	财政补贴政策情况	0.5100
				职业技能培训	0.2091
				税收优惠	0.0718
				畅通的晋升渠道	0.2091
		乡村人才最需要的政策情况	0.2857	完善的人才薪酬激励政策	0.3594
				实施积极就业政策，为人才提供更多的就业机会	0.3041
				搭建科研平台，为高端人才施展才华提供用武之地	0.1030
				加大对乡村人才的培训、培养力度	0.1030
				完善对乡村人才子女的教育政策	0.1030
				提供优越的安置条件	0.0275
其他因素情况	0.0562	基层干部工作强度的影响因素情况	0.5714	与村民沟通难易情况	0.0672
				防火、防洪、禁烧	0.1216
				信访维稳	0.1216
				乡村行政执法问题	0.0420
				工作人员配置情况	0.1216
				工作任务情况	0.2269
				工作能力情况	0.0084
				干群关系融洽情况	0.0252

续表

一级指标	指标权重	二级指标	指标权重	三级指标	指标权重
其他因素情况	0.0562	基层干部工作强度的影响因素情况	0.5714	环保工作压力情况	0.0672
				属地管理制度	0.0924
				工作人员老龄化	0.0924
		乡村人才留在乡村工作的影响因素情况	0.2857	政府对乡村人才的优惠政策	0.3508
				风土人情	0.0868
				职业前景情况	0.2147
				晋升机会情况	0.2147
				社会责任感	0.0868
				方便照顾老人或者子女情况	0.0231
				其他职业选择情况	0.0231
		乡贤返乡创业的环境情况	0.1429	创业机会情况	0.3911
				税收优惠政策情况	0.1435
				融资环境情况	0.0743
				基础设施情况	0.3911

二、乡村人才基本情况分析

通过线上问卷星发放问卷，共发放问卷 462 份。通过对乡村人才基本情况的性别、年龄、学历、婚姻状况、居住地、职业以及月收入的情况进行描述性分析，从而进一步了解被调查者的大致分布情况，如表 9-4 所示。

表 9-4　河北省乡村人才振兴影响因素评价指标权重

变量	类别	频数（人）	占比（%）
性别	男	252	54.55
	女	210	45.45

续表

变量	类别	频数（人）	占比（%）
年龄	18岁以下	0	0.00
	19~30岁	147	31.82
	31~45岁	119	25.76
	46~60岁	140	30.3
	61岁以上	56	12.12
学历	初中及以下	53	11.47
	高中及中专	178	38.53
	大专	112	24.25
	本科	94	20.34
	研究生及以上	25	5.41
婚姻状况	未婚	286	61.90
	已婚	176	38.10
居住地	城市	280	60.61
	乡村	182	39.39
职业	种植业从业者	49	10.61
	养殖业从业者	126	27.27
	制造业从业者	36	7.79
	村基层干部	42	9.09
	个体经营户	35	7.58
	乡镇基层干部	40	8.66
	乡村教师	56	12.12
	乡村医生	21	4.55
	电商行业	20	4.33
	其他	37	8.01

续表

变量	类别	频数（人）	占比（%）
月收入	3000 元及以下	28	6.06
	3001~5000 元	112	24.24
	5001~8000 元	196	42.42
	8001~10000 元	88	19.04
	10001 元及以上	38	8.24

三、模糊综合评价

1. 建立评价集

首先，对河北省乡村人才振兴影响因素的评价指标划分为 5 个等级，即 Y={ 影响非常大，影响大，一般，影响小，影响非常小 }。其次，发放河北省乡村人才振兴影响因素的调查问卷。再次，对 462 份问卷数据进行收集和整理。最后，对各个评价等级进行百分比统计，如表 9-5 所示。

表 9-5　河北省乡村人才振兴影响因素评价指标权重

三级指标	影响非常大	影响大	一般	影响小	影响非常小
路面硬化率	0.2424	0.3030	0.1667	0.1515	0.1364
村道设计	0.1061	0.3636	0.2576	0.1364	0.1364
路面路况	0.1818	0.3030	0.2121	0.1818	0.1212
道路维修保养	0.3030	0.3030	0.2424	0.1212	0.0303
交通标识牌和路灯	0.1970	0.3485	0.3485	0.0606	0.0455
村民占用村道	0.1667	0.2879	0.2727	0.1818	0.0909
自来水普及率	0.1818	0.3030	0.3030	0.1364	0.0758
水质情况	0.1818	0.2727	0.2273	0.1061	0.2121
停水情况	0.1818	0.3182	0.2727	0.0758	0.1515
水费情况	0.1364	0.4394	0.2273	0.0909	0.1061
停电情况	0.2424	0.2273	0.2727	0.1667	0.0909
电压情况	0.1515	0.3636	0.2576	0.0909	0.1364

续表

三级指标	影响非常大	影响大	一般	影响小	影响非常小
安全用电情况	0.2424	0.2576	0.2273	0.1212	0.1515
燃气设备购置费用情况	0.1667	0.2576	0.3030	0.1212	0.1515
燃气费用情况	0.1667	0.3636	0.2121	0.1515	0.1061
燃气补贴情况	0.1515	0.3030	0.2576	0.1818	0.1061
燃气接入费用情况	0.2879	0.2576	0.2273	0.1515	0.0758
燃气安全隐患情况	0.2576	0.2576	0.2273	0.1364	0.1212
网络覆盖率	0.2273	0.3030	0.2273	0.1364	0.1061
网络信号质量稳定情况	0.1667	0.2879	0.2727	0.1061	0.1667
运营商服务质量	0.1970	0.2273	0.2273	0.2424	0.1061
村庄净化、绿化、美化、亮化情况	0.2121	0.2576	0.1364	0.2273	0.1667
村庄周边环境	0.2727	0.2879	0.1970	0.0606	0.1818
村庄建筑风格	0.2576	0.3030	0.1667	0.1212	0.1515
村庄体育健身器材	0.1364	0.2576	0.3333	0.1667	0.1061
民风情况	0.1818	0.2879	0.2727	0.1515	0.1061
薪资水平	0.1970	0.2727	0.2424	0.1212	0.1667
职称评定难度	0.2424	0.2576	0.2273	0.1515	0.1212
教学任务和压力	0.2576	0.2879	0.2121	0.1364	0.1061
上下级关系	0.1061	0.3030	0.3030	0.1667	0.1212
同事之间关系	0.1667	0.4091	0.2424	0.0758	0.1061
师生关系	0.1818	0.2576	0.3333	0.1667	0.0606
学校住宿环境	0.2879	0.2727	0.1818	0.1818	0.0758
学校就餐条件	0.3030	0.2727	0.2576	0.1212	0.0455
学校卫生条件	0.2576	0.3182	0.2576	0.0909	0.0758
学校办公条件	0.1212	0.3939	0.2576	0.1364	0.0909

续表

三级指标	影响非常大	影响大	一般	影响小	影响非常小
学校生源质量	0.1515	0.3485	0.2576	0.1061	0.1364
学校距离家的距离	0.1818	0.3636	0.1818	0.1364	0.1364
医务人员配备情况	0.1364	0.3333	0.2727	0.1667	0.0909
基础医疗设施情况	0.2273	0.3485	0.1364	0.1364	0.1515
医护水平情况	0.1667	0.2879	0.3030	0.1515	0.0909
医疗费用情况	0.2424	0.3333	0.1818	0.1364	0.1061
医疗难易情况	0.1818	0.2727	0.3030	0.0909	0.1515
“医患”矛盾情况	0.2121	0.2576	0.2727	0.1061	0.1515
快递派送速度情况	0.2121	0.3485	0.1970	0.1212	0.1212
快递寄出速度情况	0.2273	0.3333	0.1667	0.1061	0.1667
快递代收点数量情况	0.1818	0.3333	0.2727	0.1212	0.0909
快递代收点远近情况	0.1515	0.3333	0.2576	0.1364	0.1212
城市收入情况	0.1818	0.3333	0.1970	0.1212	0.1667
道路、通信、网络等基础设施	0.1515	0.2576	0.3333	0.1061	0.1515
城市环境情况	0.2424	0.3333	0.1667	0.1515	0.1061
教育水平	0.2273	0.3182	0.2879	0.0909	0.0758
医疗水平	0.2424	0.3182	0.1970	0.0758	0.1667
生活方式	0.1364	0.3788	0.2273	0.1364	0.1212
营商环境	0.3333	0.2424	0.1970	0.1212	0.1061
就业机会	0.2121	0.3939	0.1667	0.0909	0.1364
政府政务情况	0.3030	0.2273	0.1970	0.1818	0.0909
财税、银行优惠政策情况	0.2576	0.2576	0.2576	0.0909	0.1364
创业融资情况	0.1212	0.3788	0.2273	0.1364	0.1364
亲商重商的社会氛围	0.1667	0.2121	0.3636	0.1061	0.1515

续表

三级指标	影响非常大	影响大	一般	影响小	影响非常小
人为设置障碍、刁难办事人员情况	0.2424	0.3788	0.1515	0.1212	0.1061
巧立名目、频繁检查情况	0.2273	0.2879	0.2424	0.1061	0.1364
创建重大平台支持	0.1212	0.3485	0.1818	0.1818	0.0758
设立工作站点支持	0.1061	0.3788	0.2273	0.1212	0.1667
共建合作项目支持	0.2879	0.2727	0.2576	0.1061	0.0758
给予安家补贴	0.1212	0.2121	0.2879	0.1667	0.2121
加大支柱产业扶持力度	0.1667	0.3636	0.2273	0.1970	0.0455
解决子女就读问题	0.2121	0.2879	0.2879	0.1061	0.1061
给予高收入	0.1515	0.3788	0.2424	0.1212	0.1061
财政补贴政策情况	0.1970	0.2727	0.2121	0.1818	0.1364
职业技能培训	0.1515	0.2879	0.2273	0.1667	0.1667
税收优惠	0.2576	0.2727	0.2424	0.1061	0.1212
畅通的晋升渠道	0.1970	0.3485	0.2576	0.0909	0.1061
完善的人才薪酬激励政策	0.2424	0.3636	0.2879	0.0606	0.0455
实施积极就业政策，为人才提供更多的就业机会	0.2576	0.2424	0.2727	0.1212	0.1061
搭建科研平台，为高端人才施展才华提供用武之地	0.2121	0.2879	0.2424	0.1364	0.1212
加大对乡村人才的培训、培养力度	0.2273	0.3485	0.2576	0.1364	0.0303
完善对乡村人才子女的教育政策	0.2879	0.1970	0.2576	0.1061	0.1515
提供优越的安置条件	0.2273	0.3182	0.1667	0.1970	0.0909
与村民沟通难易情况	0.1818	0.2273	0.3182	0.1364	0.1364
防火、防洪、禁烧	0.2121	0.2424	0.2727	0.1515	0.1061
信访维稳	0.2727	0.2727	0.2727	0.0758	0.1061

续表

三级指标	影响非常大	影响大	一般	影响小	影响非常小
乡村行政执法问题	0.1818	0.4091	0.1970	0.0758	0.1364
工作人员配置情况	0.2273	0.2879	0.2424	0.1061	0.1364
工作任务情况	0.2424	0.2576	0.2879	0.0909	0.1212
工作能力情况	0.2121	0.3182	0.2727	0.0758	0.1212
干群关系融洽情况	0.2121	0.2879	0.2121	0.2121	0.0758
环保工作压力情况	0.2273	0.3788	0.1364	0.1364	0.1212
属地管理制度	0.2121	0.2576	0.2576	0.0909	0.1818
工作人员老龄化	0.2879	0.3333	0.2121	0.0606	0.1061
政府对乡村人才的优惠政策	0.2576	0.2424	0.2576	0.1364	0.1061
风土人情	0.1970	0.3182	0.2879	0.0606	0.1364
职业前景情况	0.1364	0.3636	0.2576	0.0909	0.1515
晋升机会情况	0.2273	0.2576	0.2576	0.1364	0.1212
社会责任感	0.2121	0.2576	0.2424	0.1818	0.1061
方便照顾老人或者子女情况	0.1364	0.3485	0.2121	0.1667	0.1364
其他职业选择情况	0.1970	0.3182	0.1818	0.1061	0.1970
创业机会情况	0.1818	0.3182	0.2727	0.1515	0.0758
税收优惠政策情况	0.2121	0.3182	0.3030	0.1515	0.0152
融资环境情况	0.2879	0.3182	0.1667	0.1212	0.1061
基础设施情况	0.2273	0.2121	0.3182	0.0758	0.1667

2. 确定单因素评价矩阵

以乡村交通设施情况为例，其单因素评价矩阵为：

$$R_{11}=\begin{bmatrix}0.2424 & 0.303 & 0.1667 & 0.1515 & 0.1364\\ 0.1061 & 0.3636 & 0.2576 & 0.1364 & 0.1364\\ 0.1818 & 0.303 & 0.2121 & 0.1818 & 0.1212\\ 0.303 & 0.303 & 0.2424 & 0.1212 & 0.0303\\ 0.197 & 0.3485 & 0.3485 & 0.0606 & 0.0455\\ 0.1667 & 0.2879 & 0.2727 & 0.1818 & 0.0909\end{bmatrix}$$

同理，可分别得到所有单因素评价矩阵 R_{12}、R_{13}、R_{14}、R_{15}、R_{16}、R_{17}、R_{18}、R_{19}、R_{21}、R_{31}、R_{41}、R_{42}、R_{43}、R_{44}、R_{45}。

3. 模糊综合评价

首先，由 $w_{11}=[0.0272 \quad 0.2203 \quad 0.2203 \quad 0.3942 \quad 0.0995 \quad 0.0385]$ 和单因素评价矩阵计算个体因素指标的综合等级评价结果：

$$B_{11}=w_{11}*R_{11}=[0.0272 \quad 0.2203 \quad 0.2203 \quad 0.3942 \quad 0.0995 \quad 0.0385]*$$

$$\begin{bmatrix} 0.2424 & 0.303 & 0.1667 & 0.1515 & 0.1364 \\ 0.1061 & 0.3636 & 0.2576 & 0.1364 & 0.1364 \\ 0.1818 & 0.303 & 0.2121 & 0.1818 & 0.1212 \\ 0.303 & 0.303 & 0.2424 & 0.1212 & 0.0303 \\ 0.197 & 0.3485 & 0.3485 & 0.0606 & 0.0455 \\ 0.1667 & 0.2879 & 0.2727 & 0.1818 & 0.0909 \end{bmatrix}$$

$$=[0.2155 \quad 0.3203 \quad 0.2487 \quad 0.1350 \quad 0.0804]$$

同理，

$$B_{12}=w_{12}*R_{12}=[0.1745 \quad 0.3135 \quad 0.2565 \quad 0.1114 \quad 0.1442]$$

$$B_{13}=w_{13}*R_{13}=[0.2164 \quad 0.2836 \quad 0.2424 \quad 0.1190 \quad 0.1385]$$

$$B_{14}=w_{14}*R_{14}=[0.2146 \quad 0.3057 \quad 0.2281 \quad 0.1479 \quad 0.1037]$$

$$B_{15}=w_{15}*R_{15}=[0.1840 \quad 0.2727 \quad 0.2532 \quad 0.1494 \quad 0.1407]$$

$$B_{16}=w_{16}*R_{16}=[0.2247 \quad 0.2746 \quad 0.1861 \quad 0.1572 \quad 0.1574]$$

$$B_{17}=w_{17}*R_{17}=[0.2157 \quad 0.3037 \quad 0.2360 \quad 0.1332 \quad 0.1111]$$

$$B_{18}=w_{18}*R_{18}=[0.1859 \quad 0.3179 \quad 0.2367 \quad 0.1438 \quad 0.1158]$$

$$B_{19}=w_{19}*R_{19}=[0.1808 \quad 0.3355 \quad 0.2497 \quad 0.1244 \quad 0.1095]$$

$$B_{21}=w_{21}*R_{21}=[0.2142 \quad 0.3318 \quad 0.2180 \quad 0.1045 \quad 0.1316]$$

$$B_{31}=w_{31}*R_{31}=[0.1822 \quad 0.3014 \quad 0.2616 \quad 0.1178 \quad 0.1370]$$

$$B_{41}=w_{41}*R_{41}=[0.1615 \quad 0.2066 \quad 0.1977 \quad 0.0938 \quad 0.0848]$$

$$B_{42}=w_{42}*R_{42}=[0.1918 \quad 0.2917 \quad 0.2270 \quad 0.1542 \quad 0.1353]$$

$$B_{43}=w_{43}*R_{43}=[0.2466 \quad 0.2990 \quad 0.2690 \quad 0.1031 \quad 0.0823]$$

$$B_{51}=w_{51}*R_{51}=[0.2329 \quad 0.2829 \quad 0.2526 \quad 0.1057 \quad 0.1237]$$

$$B_{52}=w_{52}*R_{52}=[0.2117 \quad 0.2838 \quad 0.2561 \quad 0.1240 \quad 0.1245]$$

$$B_{53}=w_{53}*R_{53}=[0.2118 \quad 0.2767 \quad 0.2870 \quad 0.1196 \quad 0.1049]$$

$$B_1 = w_1 * R_1 = w_1 * \begin{bmatrix} B_{11} \\ B_{12} \\ B_{13} \\ B_{14} \\ B_{15} \\ B_{16} \\ B_{17} \\ B_{18} \\ B_{19} \end{bmatrix} = \begin{bmatrix} 0.2020 & 0.3022 & 0.2401 & 0.1352 & 0.1205 \end{bmatrix}$$

$$B_2 = w_2 * R_2 = w_2 * B_{21} = \begin{bmatrix} 0.2142 & 0.3318 & 0.2180 & 0.1045 & 0.1316 \end{bmatrix}$$

$$B_3 = w_3 * R_3 = w_3 * B_{31} = \begin{bmatrix} 0.1822 & 0.3014 & 0.2616 & 0.1178 & 0.1370 \end{bmatrix}$$

$$B_4 = w_4 * R_4 = w_4 * \begin{bmatrix} B_{41} \\ B_{42} \\ B_{43} \end{bmatrix} = \begin{bmatrix} 0.1901 & 0.2452 & 0.2223 & 0.1051 & 0.0913 \end{bmatrix}$$

$$B_5 = w_5 * R_5 = w_5 * \begin{bmatrix} B_{51} \\ B_{52} \\ B_{53} \end{bmatrix} = \begin{bmatrix} 0.2238 & 0.2823 & 0.2585 & 0.1129 & 0.1212 \end{bmatrix}$$

其次，综合评价。

所以，$B = W * R = W * \begin{bmatrix} B_1 \\ B_2 \\ B_3 \\ B_4 \\ B_4 \end{bmatrix} = \begin{bmatrix} 0.1999 & 0.2960 & 0.2389 & 0.1228 & 0.1200 \end{bmatrix}$。

由最大隶属度原则即模糊综合评判集合的最大权重数隶属相应的评价等级，根据 B 的权重值最大为 0.2960，乡村人才振兴的评价等级为“影响大”，表明乡村人才振兴的影响因素对于乡村人才振兴影响大。

第五节 评价结果分析

一、乡村基础设施层面

（1）“乡村交通设施情况”指标。“路面硬化率”“村道设计”“路面路况”“道路维修保养”“交通标识牌和路灯”和“村民占用村道”的指标权重分别为0.0272、0.2203、0.2203、0.3942、0.0995、0.0385。结果发现，“道路维修保养”是乡村人才振兴的主要影响因素。因此，政府应重视乡村道路养护和规划工作，做好道路维修保养，保障群众的出行安全。

（2）“乡村用水情况”指标。“自来水普及率”“水质情况”“停水情况”“水费情况”的指标权重分别为0.3364、0.4205、0.0820、0.1611。实证研究结果显示，“自来水普及率”和“水质情况”对乡村人才振兴有较大影响。因此，政府应提升农村用水的质量，加大自来水普及力度，做好农村用水工作。

（3）“乡村用电情况”指标。“停电情况”“电压情况”“安全用电情况”的指标权重分别为0.1429、0.2857、0.5714。结果发现，“安全用电情况”显著影响着乡村人才振兴。因此，政府应提高农村安全用电管理水平，加强农村村民安全用电意识，解决好农村用电安全隐患问题。

（4）“乡村燃气情况”指标。“燃气设备购置费用情况”“燃气费用情况”“燃气补贴情况”“燃气接入费用情况”“燃气安全隐患情况”的指标权重分别为0.0813、0.4356、0.0423、0.2800、0.1608。结果显示，“燃气费用情况”和“燃气接入费用情况”对乡村人才振兴有显著影响。因此，政府应全面开展乡村燃气建设工程，并给予村民优惠政策。

（5）“乡村通信网络设施情况”指标。“网络覆盖率”“网络信号质量稳定情况”“运营商服务质量”的指标权重分别为0.1429、0.5714、0.2857。结果发现，乡村人才振兴的主要影响因素是“网络信号质量稳定情况”。因此，政府应加快普及农村及偏远地区的网络基础设施建设，保证网络信号的稳定性。

（6）“乡村人居环境情况”指标。“村庄净化、绿化、美化、亮化情况”“村庄周边环境”“村庄建筑风格”“村庄体育健身器材”“民风情况”的指标权重分别为0.4356、0.2800、0.0813、0.0423、0.1608。研究结果发现，“村庄净化、绿化、美化、亮化情况”和“村庄周边环境”是乡村人才振兴的主要影响因素。因此，政府应大力整治乡村环境，创造更加适宜的人居环境。

（7）“乡村教师留在乡村任教的影响因素情况”指标。“薪资水平”“职称评定难度”“教学任务和压力”“上下级关系”“同事之间关系”“师生关系”“学校住宿环境”“学校就餐条件”“学校卫生条件”“学校办公条件”“学校生源质量”“学校距离家的距离”的指标权重分别为0.1691、0.1544、0.0882、0.0294、0.0294、0.0294、0.0882、0.0882、0.0735、0.0882、0.0735、0.0882。实证分析发现，“薪资水平”和“职称评定难度”对乡村人才振兴有直接显著影响。因此，政府应重视乡村教师的薪资水平和职称评定，提高乡村教师待遇水平，激发乡村教师的工作积极性。

(8)“乡村医疗情况”指标。“医务人员配备情况”“基础医疗设施情况”“医护水平情况”“医疗费用情况”“医疗难易情况”“‘医患’矛盾情况”的指标权重分别为0.2396、0.2846、0.2846、0.0873、0.0696、0.0343。实证结果发现，“基础医疗设施情况”和“医护水平情况”是乡村人才振兴的主要影响因素。因此，政府应完善乡村的基础医疗设施，提升乡村的医疗水平，创造更好的乡村医疗环境。

(9)“乡村快递服务情况”指标。“快递派送速度情况”“快递寄出速度情况”“快递代收点数量情况”“快递代收点远近情况”的指标权重分别为0.1433、0.0734、0.4968、0.2865。研究发现，“快递代收点数量情况”和“快递代收点远近情况”对乡村人才振兴有重要影响。因此，政府应加快乡村的物流基础设施建设，提升乡村快递的服务质量。

二、城市吸引力层面

在“吸引农村居民进城务工的主要因素情况”二级指标中，“城市收入情况”“道路、通信、网络等基础设施”“城市环境情况”“教育水平”“医疗水平”“生活方式”“营商环境”“就业机会”的指标权重分别为0.2430、0.0260、0.1030、0.2430、0.2154、0.0529、0.0137、0.1030。结果显示，乡村人才振兴的主要影响因素是“城市收入情况”和“教育水平”。因此，政府应该加快农村城市化进程，提高乡村居民的收入，营造乡村文明生活方式、提升教育和医疗等服务水平。

三、政务服务情况层面

在“乡村营商环境情况”二级指标中，“政府政务情况”“财税、银行优惠政策情况”“创业融资情况”“亲商重商的社会氛围”“人为设置障碍”“刁难办事人员情况”“巧立名目”“频繁检查情况”的指标权重分别为0.0352、0.2192、0.3922、0.2192、0.0352、0.0990。研究分析发现，“创业融资情况”对乡村人才振兴有显著影响。因此，政府应加大政策扶持力度，改善乡村人才的创业融资环境。

四、政府政策因素层面

（1）“柔性引才情况”指标。“创建重大平台支持”“设立工作站点支持”“共建合作项目支持”“给予安家补贴”“加大支柱产业扶持力度”“解决子女就读问题”“给予高收入”的指标权重分别为0.0264、0.0264、0.3319、0.1546、0.0264、0.1546、0.0264。结果显示，“共建合作项目支持”是乡村人才振兴的主要影响因素。因此，政府应鼓励和支持与用人单位签订合作协议，通过项目合作等方式，以达到柔性引才的目的。

（2）“鼓励人才返乡创业的政策情况”指标。“财政补贴政策情况”“职业技能培训”“税收优惠”“畅通的晋升渠道”的指标权重分别为0.5100、0.2091、0.0718、0.2091。研究结论表明，“财政补贴政策情况”对乡村人才振兴有极大影响。因此，政府应加大财政补贴，提供创业担保服务，鼓励人才返乡创业。

（3）“乡村人才最需要的政策情况”指标。“完善的人才薪酬激励政策”“实施积极就业政策，为人才提供更多的就业机会”“搭建科研平台，为高端人才施展才华提供用武之地”“加大对乡村人才的培训、培养力度”“完善对乡村人才子女的教育政策”“提供优越的安置条件”的指标权重分别为0.3594、0.3041、0.1030、0.1030、0.1030、0.0275。实证分析发现，“完善的人才薪酬激励政策”对乡村人才振兴的影响较大。因此，政府应通过完善人才服务乡村的薪酬激励政策，营造尊重人才和知识的氛围，提高人才的归属感、获得感和幸福感。

五、其他因素情况层面

（1）“基层干部工作强度的影响因素情况”指标。“与村民沟通难易情况”“防火、防洪、禁烧”“信访维稳”“乡村行政执法问题”“工作人员配置情况”“工作任务情况”“工作能力情况”“干群关系融洽情况”“环保工作压力情况”“属地管理制度”“工作人员老龄化”的指标权重分别为0.0672、0.1216、0.1216、0.0420、0.1216、0.2269、0.0084、0.0252、0.0672、0.0924、0.0924。结果发现，“工作任务情况”显著影响着乡村人才振兴。因此，政府应重视乡镇基层干部的工作强度问题，为基层干部合理松绑和减负。

（2）“乡村人才留在乡村工作的影响因素情况”指标。“政府对乡村人才的优惠政策”“风土人情”“职业前景情况”“晋升机会情况”“社会责任感”“方便照顾老人或者子女情况”“其他职业选择情况”的指标权重分别为0.3508、0.0868、0.2147、0.2147、0.0868、0.0231、0.0231。研究结论表明，“政府对乡村人才的优惠政策”对乡村人才振兴有直接正向影响。因此，政府应制定有效的优惠政策，提高乡村人才的幸福感。

（3）“乡贤返乡创业的环境情况情况”指标。“创业机会情况”“税收优惠政策情况”“融资环境情况”“基础设施情况”的指标权重分别为0.3911、0.1435、0.0743、0.3911。结果显示，乡村人才振兴的主要影响因素是“创业机会情况”和“基础设施情况”。因此，政府应为乡村人才增加创业机会，加大基础设施建设力度，激发乡贤返乡创业的积极性。

第四篇

制约因素篇

第十章 河北省乡村人才工作现状案例分析

河北省近年来在乡村人才振兴工作中做了大量的工作，乡村人才在乡村中也发挥了较大的作用。但是，受限于各种客观因素和传统遗留问题，乡村人才在工作和创业中依然面临着不少制约因素。本章介绍了乡镇基层干部、乡村教师、乡村医生、乡村种养业从业人员等典型案例，以期了解他们的工作生活经历和诉求。

第一节 乡镇基层干部

［案例介绍］

案例1：“95后”大学生刘阳皮肤白皙，身高178厘米，戴一副眼镜，身穿白衬衣配一条笔挺的西装裤，说话斯斯文文的，很符合我们眼中公务员的形象。刘阳出生在距县城50千米的小村庄，家里就他一个孩子，自幼学习刻苦，成绩一直名列前茅。刘阳说自己从小到大一直很听话，几乎任何事情都是听从父母的安排，当初大学毕业前开始找工作的时候，自己有意去外地闯一闯，但是遭到了父母的反对。父母认为他一个人无法很好地照顾自己，况且去外地工作，见面也很不方便，加之受传统观念的影响，父母一致认为公务员是个铁饭碗，都希望他能考个本地公务员，于是刘阳才选择考了他们县的乡镇公务员。

他给我们描述：“我是考了两年才考上的，第二年备考期间，有一次和大学同寝室的同学吃饭，看着他们个个混得风生水起的样子，我也有过一丝动摇。要不就找一份工作算了。”刘阳不止一次地这样想过，可在父母的鼓励下他最终还是坚持下来了。“起初选择考回来主要是考虑离家近，方便照顾家里，但现实却是基层的工作任务相当繁重，且所待的乡镇离家较远，一周能回家两三次都算是好的。”刘阳告诉我们，“就算是能回家，往往也就是吃个饭的工夫就该走了，把家当旅馆是常态。”不过刘阳告诉我们乡镇的待遇还是可以的，“在乡镇的待遇还是不错的，每个月除了全额工资以外，还有20%的乡镇补贴加车补，加一块儿每个月能多发1000元钱”。但被问及晋升情况时，刘阳不禁皱起了眉头，

“晋升这个还真的不太好说，一看机会、二看能力、三看运气，但职位调动的机会相对还是比较少的”。刘阳接着告诉我们，“职位晋升连带着工资福利的提升，有好的机会我还是想往上走一走的，而且如果能调到离家较近的单位就更好了，这样一来也方便我照顾家里。”

当被问到希望国家给予基层公务员什么支持的时候，刘阳告诉我们，“希望国家能完善一下基层公务员的晋升和调遣政策，你像我，我被分到的乡镇单位离县城还是相对较远的，我一直希望能有合适的机会调到离县城较近的单位或者县直部门，但是我来这里两三年了，目前我们这里很少有职位调动”。

案例 2：“95 后”大学生庞艳，出生于邢台市区，是一名普通的大学生，毕业之后征求了家中的意见，以应届生的身份考取了某县的选调生，刚开始的日子总是充满新鲜感的，刚刚上岸的她每天都努力积极地做着自己的工作，日子一天天过去，重复的工作不断消耗着最初的新鲜感，但是由于乡镇人手短缺，越来越多本职工作之外的琐碎事开始萦绕身边，写不完的材料，开不完的会，让她已经分不清工作与生活的界限，加班更是家常便饭。对于她而言，她觉得自己更像是一个临时的后勤保障人员，与最初的设想完全不同。

谈及选调生的薪资待遇时，庞艳无奈地说道：“这份多数人羡慕的编制工作，其实平均每个月到手的工资也就在 3500 元左右。我那些选择在企业工作的同学，最基本也是四五千元，在大城市的八九千元也是很常见。”随着对话的深入，我问她：“既然这么忙，工资也不高，你为什么还要继续下去呢？”“那总不能辞职吧，毕竟还是公务员，而且选调生作为国家的储备干部，晋升概率还是要远高于其他公务员的。”她如是说，“几年之后不出意外，应该能上升到乡镇副科级干部吧。”我继续问她：“那你还能调回市里工作吗？”她回答道：“也许能吧，我需要努力工作，也得看机遇。”

当被问到希望国家给予什么支持的时候，庞艳告诉我们，“一方面是希望国家针对基层公务员的工资待遇能够提升一些，我们干基层的，工作量不少，但是待遇水平很一般，听我在县城当老师的同学讲，她的工资比我的高不少呢；另一方面就是晋升机会了，如果国家给予基层人员的晋升名额适当多一些，必然也能在很大程度上调动大家的工作积极性”。

［案例分析］

通过上述案例可知，当前我省乡镇基层干部仍面临诸多问题，主要有以下几点：一是基层公务员的基本工资较低。公务员的基本工资与职务职级直接挂钩，但是基层公务员的晋升空间狭窄，基本工资也较低。二是基层公务员的津贴和奖金较低。公务员工资中的津贴、补贴和奖金部分受地区经济发展状况的影响，从而导致基层公务员在不同地区的收入存在较大差别，经济发展水平较低的公务员收入状况不容乐观。三是工作任务繁重。在调研中发现，部分离城区较远的乡镇工作条件艰苦，工作任务繁重，不少基层工作人员都表示，日常的工作任务较大，忙的时候就在办公室过夜，经常“三过家门而不入”，就算能回家，待在家里的时间也寥寥无几，很难照顾到家中父母和妻儿。四是基层公务员晋升空间有限。由于乡镇基层本身只是正科级单位，单位没有决定干部提拔副科级干部的权力，只能向上推荐。因此基层公务员相比其他级别公务员更不容易被提拔，导致一部分基层公务员长期无法得到晋升机会，致使部分公务员丧失了工作热情。

第二节 乡村教师

[案例介绍]

案例 1：郝磊是一名大学生，2009 年，他从师范学校毕业以后参加了县教师招考，之后被分到了这个离县城 60 千米的乡镇中学，这一待就是十余年，从代班主任一直当到年级主任。“路坑坑洼洼，不怎么好走，小巴车颠簸了大约有 1 小时终于到了站，我背上背包下了车，便看到了我的工作单位。这是一所非常破旧的乡镇学校，围墙上原本白色的石灰已经发黑，掉了一大块，进门沿着一条小路往里走，小路的两旁是一排排低矮的老房子，像我这样一米七八的身高进门不注意都会撞到头。”这便是郝磊刚到这里时对这所学校的第一印象。

从教十余年来，郝磊见证了学校的发展，送走了一批又一批学生，人来人往，当初和他同一批过来的老师都已调离该学校，只有郝磊选择了扎根这里。提到年青一代乡村教师的工作表现，郝老师表现出些许无奈。他说：“现在的年轻教师真正愿意扎根乡村搞教育的屈指可数，当初和我一起来到这所学校的共有 20 名老师，但目前只剩下我自己了。之后，几乎每年都有新的老师调来这里，但往往都是待一两年就离开了。”谈及原因，郝老师表示，“有的是通过各种关系去了县城或者离县城较近的学校，有的是考了公务员，有的干脆辞职自己创业去了。”“还有就是学校离县城太远了，且交通多有不便，有的老师爱人在县城工作，来回路途较远，所以都想调到县城或者离县城较近的学校，大都不愿意继续留在这里。”

当被问到希望得到国家什么支持的时候，郝老师告诉我们，“一方面是要解决一下城乡教育公平问题，乡村学校的教学条件毕竟还是较城市差一些的，这个问题解决了，估计到城市上学的孩子也会少一些，生源质量肯定也就上来了；

另一方面就是教师流失问题，教师流失说到底还是编制和职称的问题，我们这里有好多不在编的年轻老师，刚来的时候积极性还是很高的，时间久了，编制问题还是没能解决，坚守乡村的心便动摇了，所以还是希望针对乡村教师的编制名额能多一些，这个问题解决了，教师流失的问题也就解决了，师资力量上来了，教学质量便也提高了，生源流失问题也就解决了”。

案例 2：侯喜是河北省某县某村教学点唯一的一名教师。一人一校一辈子，侯老师坚守山区教学已有四十余年，他既是“通课老师”，又是“知心保姆”，是村里孩子们的启蒙老师。他多次荣获省市县的表彰，教学经验也多次在全县推广。他说：“和孩子们在一起就是最幸福的事。”

“其实我早已过了退休年龄了，但一直没有新的老师愿意调到这里，如果我真的不干了，孩子们怎么办呢，我实在不忍心看着孩子们的学习被落下，所以又一次担起了教学的重任。”侯老师不禁皱起眉头，接着说，“山区学校条件太艰苦了，附近三个村子仅有这一个教学点，三个年级的学生挤在一间教室，一节课经常是讲完了一个年级再讲另一个年级，学校严重缺老师。”侯老师表示，语文和数学他还应付得来，一提到英语，不免有些头疼，这个问题侯老师已经反映过很多次了，但还是没有年轻老师愿意来这里。可孩子们的学习不能耽误啊，于是每年假期，等村子里的大学生回来了，他都会组织他们给孩子们补一补英语，这样一来，孩子们也可以适当地学一点儿英语，但长期这样也不是个办法。侯老师说，他还是希望能有年轻的老师来这里任教。

当被问到希望得到国家什么支持的时候，侯老师告诉我们，“我年纪大了，本来也是因为没有新的老师来才被返聘回来的，待遇啥的我也没有太大的渴求，主要还是希望能解决一下缺老师的问题，尤其是像我们这样的偏远山区学校，来个年轻老师可太难了，孩子们的学习耽误不得啊”。

案例 3：姚倩是一名给排水专业的大学生，2015 年毕业以后，考研失利的她一时之间陷入了迷茫，不知该继续考研还是参加工作，正在犹豫之际，家里人给她来了电话说：“我和你爸爸年纪大了，还是希望你能回来，你一个女孩子，考个教资，回来当个老师工作也更稳定一些，离我们也近。”她思索再三，最终选择回到了自己的家乡——这个离市区 100 多千米的小县城，成了一名高中老师。

这是这个小县城唯一的一所高中，也是姚倩的母校，当初她在这里读书的时候还只有一个校区，最近几年又建了新校区，新校区条件要好很多，不过姚倩被分到的是最老的校区，条件相对来说要差一些。听姚倩描述，她所在的这个校区，位于县城南边，面积不大，一眼便能望到底，“进门是一栋教学楼，再往里左手边是餐厅，右手边是一个小超市和教师办公室，再往里便是学生宿舍。没有操场，学生们的体育课都是在宿舍楼后面的那个空地上上的。由于只有一个小餐厅，学生们吃饭也都是错峰进行的。”姚倩告诉我们，“刚回来的那一两个月，简直太难熬、太不适应了，晚上蚊虫非常多，总是被叮咬，而且老校区的用水也没有新校区方便，我所在校区的教工宿舍是和学生宿舍在一起的，宿舍断水现象几乎每天都会发生，给生活带来了很多不便。”她说“可是总不能不洗漱啊，于是我买了一个大水桶，每天晚上接满水，这些足够第二天洗漱用”。姚倩克服了种种困难，最终坚持了下来。

现在她已经基本适应了这里的生活，也很喜欢这群孩子们。“这群孩子们可太可爱了，每次听到他们喊老师好，我都感觉一天的疲惫全都消失不见了。”姚倩说的时候不禁嘴角上扬。说起乡村教师的待遇，姚倩笑着说：“现在国家提高了乡村教师的待遇，我每个月的工资到手能有4000元钱，比我考了我们县公务员的同学工资还高，待遇还是很满意的。”但姚倩也表示还存在一个问题，“和城里的老师比起来，我们的职称晋升更难一些。虽然职业初期，我们可以花费更少的时间升到三级，但在往后更高的二级、一级、高级职称晋升时，还是要比城里的老师们慢得多。”

当被问到希望得到国家什么支持的时候，姚倩告诉我们，“现在我们的待遇还是不错的，就是这个职称问题啊，分到我们这里的名额太少了，我们要想从三级再往上晋升往往要等上很久，其实这个问题不只是我自己面临的问题，我们这里多数老师都面临着这个问题，所以还是希望国家针对乡村教师的职称晋升问题能够更多出台一些优惠政策，这样也有助于调动乡村教师的积极性”。

[案例分析]

近年来，河北省在农村教育事业方面一直都非常重视，教育投入不断增加。但在调研中发现，乡村教师流失现象依然严峻，归其原因主要有以下几点：一是乡村教师工作环境较为艰苦。受乡村学校基础设施不健全、生活环境等因素的影响，乡村教师的工作环境一般比较艰苦，尤其在偏远山区，交通、通信更是多有不便，导致年轻教师不愿意在乡村任教，“外逃”思想严重。二是乡村教师生活条件较差。据调查显示，乡村教师的宿舍短缺，一些偏远学校的教师大多只能住在闲置的教室或者是简易的宿舍中，甚至有些学校无法为教师提供住宿。三是乡村教师编制少。目前由于不少地方财政资金比较困难，乡村教师编制的增长幅度有限，教育部门很难获得更多的乡村教师编制数额。四是乡村教师职称晋升机会少。乡村教师高级职称数量指标较低，且学校的规模也会直接影响到高级职称名额的分配，教师职称晋升较为困难。而乡村学校大部分是小规模的学校，这在一定程度上影响了乡村教师高级职称的名额分配，乡村小规模学校的教师获得高级职称的机会相对更小。

第三节 乡村医生

[案例介绍]

翟医生是河北省沧州市一个小村庄的乡村医生，在30多年前，他还是一个刚刚高中毕业的学生，为了养家糊口，跟着当时村里的一个老医生学了点医术，之后就一直留在村子里给人看病。

30多年过去了，翟医生也已经见老，有了白头发，但不变的是还在从医。翟医生说："以前村子里连个卫生室都没有，就背着药箱，骑着自行车到处看病，有时刮风下雨也没办法，现在好了，前几年政府给建了卫生室，方便多了。"说着翟医生脸上有了笑意。虽然有了卫生室，但村里就他一个"赤脚医生"，根本忙不过来，不光是自己村子里的，附近村子的有个头疼脑热的也来找他看病。翟医生说："忙起来有时候饭都来不及吃，病人来了，也不能让病人等着，就等看完了再吃饭，有时候赶不上午饭得到下午两三点才能吃口东西。"虽然辛苦，但翟医生就这么一直坚持着。

翟医生从医的这些年里，诊治好的病人不计其数，走过的路、踏破的鞋子也不计其数，有时候还得自己垫支药费，但每一位患者的病情病史、经济状况，他都牢记在心里。翟医生说："作为一名乡村医生，守护好村民们的健康是我的责任，我也会一直坚持下去。"谈及当前乡村医疗的发展困境，翟医生说："现在不管是卫生室还是医疗环境，都比以前好太多了，就是缺医生啊，十里八乡的医生太少了。"

翟医生说："要是多一些年轻医生回来就好了，但是现在的年轻医生大多都不愿意来乡村，因为村医任务多，收入低，没编制，没发展……而且村医也没有时间和条件进行学习。"翟医生表示他也很想提高自身的医术，但是并没有去二甲、三甲医院进修的机会，在全国一张卷的情况下考取执业医师资格证也很难，没有经过系统医学知识的学习，很难成功考取。对于执业医师资格证，翟医生说："不少乡村医生都没有考取执业医师资格证。因为国家对于报考执业医师资格证的学历要求是具有高等学校医学专业本科以上学历，试用期满一年，或具有中专医学专业学历，工作满五年，大部分村医学历条件不符合。"说到这，翟医生也觉得无可奈何。

[案例分析]

通过调研发现，当前，越来越多的年轻医生选择留在城市里，不愿回到乡村。其主要原因，一是村医的任务重。因当前乡村医生稀缺，而病人多，导致乡村医生的工作时间长，任务繁重。二是医疗环境差。近些年，有的农村，政府已经建立了村卫生室，方便了村民就近就医，但是村卫生室的就医条件有限，村民的就医质量得不到保障，甚至有些落后农村依然还没有卫生室。三是待遇较低且没有编制。虽然乡村医生的工作繁多，但由于没有正式编制，乡村医生的待遇也并没有很好的保障。基于当前乡村医生所面临的困境，政府应积极采取措施缓解乡村医生的困难，加强乡村医疗卫生建设。

第四节 乡村种植业从业者

［案例介绍］

贾海洋出生于河北省承德市长山峪镇的一个普通农村家庭。和大多数村民一样，只有小学文化水平的贾海洋十几岁就外出打工了，先后去过黑龙江、辽宁、北京等地，下过煤窑，打过砖坯，做过木工活儿……转眼间贾海洋已经快要60岁了，常年在外奔波加上年岁渐长，使得贾海洋开始有了回家创业的想法。

2019年年初，女儿的一通电话使得贾海洋彻底下定决心回老家，女儿在电话中说道："现在村子里正在大力宣传国家补贴农村种植药材的事儿，我们村又有大片平坦宽阔的土地，非常适合种植药材，只是没有人做过，村里正缺一个带头的人呢，我和妈妈都希望你能回来！"挂断电话的贾海洋回想起自己早些年在辽宁打工的时候，看到当地不少农民依靠种植五味子发家致富，而老家与辽宁在气候和地势上十分相似，指定能成！

回到家中的贾海洋仔细查阅了有关五味子种植的资料并详细了解了国家关于药材补贴的政策，之后便在村子里承包了10亩地、打井、联系树苗，有条不紊地进行着，在贾海洋的带动下，乡亲们干劲十足，也加入了创业的大军，一时间，原本荒芜的土地被打理得焕然一新。但是，在五味子品种的选择上被无良商家忽悠，选择了种植周期为五年的种子，致使前3年需要持续的资金投入却基本无回报。这对于村里这些普通的种植户来说可是不小的考验，"三年来，家里人天天围着药材地转，基本没有什么收入，懊恼过，但没有后悔过，我一定要做出些成绩来，不光是为了自己和家人，更是为了那些跟着我一起创业的乡亲们！"贾海洋说，"这是当时我勒紧裤腰带坚持下去的动力。"

经过几年的精心打理，就在五味子开始结初果之际，天不遂人愿，一场突如其来的"倒春寒"不仅冻死了不少幼苗还冻伤了果实，"又白干一年，还得从头再来。"看着"破败"的药材地，贾海洋不由得犯起了难。村干部在了解到种植户的情况后，将他们的情况汇报给扶贫中心，上级了解证实情况后，按照各户受灾情况发放了不同数额的资金补贴。同时，乡政府还指派了专门的技术人员每月为种植户提供专业的技术指导，结合当地气候条件，从选苗、肥水、搭架、剪枝到病虫害防治，一应俱全。有了指导的贾海洋这次选择三年的生苗移植，第二年便可结初果。两年后，贾海洋总算是收获了创业后的第一桶金，他终于成功了！回想起自己曲折的创业经历，贾海洋感叹道："如果在国家宣传药材种植之后就为种植户提供专门的技术人员做指导，就可以避免我们种植户走弯路。同时呢，我们还希望政府可以为我们这些创业人员提供更多的融资渠道，缓解我们在创业过程中的资金压力。当然，我们最希望的是政府可以帮助我们将五味子打造成一个特色品牌，借助互联网打开销路，实现药材种植的长远发展。"

[案例分析]

虽然从中央到地方都对农民工返乡创业予以政策倾斜，但是，在调研过程中却发现，返乡人员的创业之路依旧困难重重。原因可以归结为以下几点：一是创业人员种植技术欠缺。虽然返乡创业人员在创业初期也接受过一些专业学习和培训，但是由于部分人员文化水平较低，相关创业专业知识储备不足，且在创业过程中缺乏专业的技术人员做指导，导致创业人员在种植技术上存在短板。二是创业人员在初期常常面临资金短缺的困境。虽然国家大力支持农民工返乡创业，但是由于一些支持政策才出台不久，在落实方面并不顺利，致使不少创业人员会遇到资金不足的问题。三是创业者仅仅依靠自身很难拓宽销路。创业者受限于自身人脉和能力，产品大都卖给中间商，致使创业者议价能力弱、经营利润空间较小。因此，政府要做创业过程中的引领者和守护者，在资金、技术和销售上给予积极扶持。

第五节 乡村养殖业从业者

[案例介绍]

郭洋是一名艺术设计专业的大学生，2011 年毕业之后一直在设计公司当设计师，虽说设计师待遇也不错，可他总觉得不如自己当老板自由。在一次回家探亲的时候，经过一番考察对比后，最终决定回家创业养羊。刚开始决定回家养羊的时候，郭洋遭到家人的一致反对。

开弓没有回头箭，下定决心的郭洋就这样开启了"羊倌"之路。创业之初，他成立了福瑞养羊场，在村子里流转土地 10 亩。选址、征地、立项、平整地面，但自己十多万元的积蓄还是很快就用光了，随后便向银行申请创业贷款，但因缺乏担保人和手续繁杂等问题一直未果。万般无奈之下，他硬着头皮开始找亲戚朋友四处借钱周转。虽然当时亲戚朋友都不看好他，但是如今郭洋遇到了难处，大家还是十分慷慨地伸出了援助之手。面对亲戚朋友的雪中送炭，郭洋十分感动，并在暗下决心，一定要做出成绩来，才对得起大家的信任与支持。

可惜天不遂人愿，就在创业的第二年，养殖场刚刚步入正轨之际，郭洋便赶上了羊价持续下跌。“年初活羊的价格还能卖到每斤 13 元，5 月后活羊的价格降到了每斤 8 元。”郭洋回忆道，“那段时间，我整天窝在养殖场里，不敢出门，也不敢和亲戚朋友联系，整个人都陷入了迷茫。”

既然羊卖不上价格，只能通过减少成本来降低损失了，郭洋利用农村天然资源优势，改用放牧的形式喂养。同时，他通过互联网学习如何繁殖和育肥，科学养殖。经过三年的努力，种羊总数由最初的 90 只发展到了现在的 400 多只，通过合理控制出栏量，将损失降到了最低，也慢慢还清了亲戚朋友的借款。“这是我 30 年人生中最漫长的三年。”谈到这里，郭洋依然心有余悸，“虽然当时羊价下跌国家也出台了相应的补贴政策，但每只羊补贴 200 元也不算多，而且活羊价格低迷持续了三年，后两年就没有听说过补贴政策了。对于我们这些养殖户来说，大多都是转行创业或者农民出身，对养殖技术并不了解，如果国家可以为我们提供专门的技术人员进行指导，那么在羊的质量和数量上都会有一个质的飞跃。他还希望政府可以调节市场，处理好供求关系，解决好国内活羊价格不稳定的问题，避免羊价大跌，打击养殖户。”

［案例分析］

在调研过程中发现，大学生返乡创业之路并不顺利。一是专业不对口。虽说大学生文化水平较高，学习能力强，但是对于农村养殖缺乏专业的知识作指导。二是创业资金不足。返乡大学生大都工作时间较短甚至没有工作过，积蓄比较少，向银行申请创业贷款障碍也比较多，容易造成资金困难。三是不易得到家人的支持。家长大都希望自己的孩子可以跳出农门，而选择返乡创业的大学生恰巧违背了家长的意愿，因此很难得到家人的支持，给创业的大学生造成了一定的心理压力，上述原因都给大学生返乡创业带来了严峻的挑战。面对大学生返乡创业的重重困境，政府必须发挥相应资源配置的作用，在资金、技术方面向大学生返乡创业方向倾斜，帮助大学生清除创业中的各种障碍。

第十一章 河北省乡村人才振兴的制约因素分析

近年来，河北省高度重视乡村人才振兴工作，始终把人才振兴工作放在乡村振兴工作的重要位置，这为实施乡村振兴战略提供了坚强的人才支撑。但长期以来，人才短缺依然是制约河北省乡村振兴的主要因素。因此，深入探究制约河北省乡村振兴的主要因素就是当前的重要任务。本章根据第九章的数据分析了制约河北省乡村人才振兴的影响因素，以便设计针对性的方案集聚乡村人才，最终以人才振兴助力乡村振兴目标的实现。

第一节 乡村人才大规模向城市流动

河北省是人口大省，农村劳动力资源丰富。但是，在工业化、城镇化发展进程中，越来越多文化水平较高的农村年轻劳动力向城市转移，这些劳动力的不断流失直接制约了乡村经济的进一步发展。

一、城市的高收入虹吸了大量乡村人才

一是城市收入较高。在吸引农村居民进城务工的主要因素情况调查中，据图 8-18 的数据显示，高达 88.07% 的受访者认为“城市收入高”是吸引农村居民进城务工的最主要因素。区域人才聚集度与其经济发展水平密切相关，区域经济水平越高，劳动力就会越倾向于涌向那里。近年来，河北省农村经济虽得到了快速发展，但与城市相比还有一定的差距。从城乡人均可支配收入来看，根据《河北省 2021 年国民经济和社会发展统计公报》的数据显示，2021 年，全省居民人均可支配收入为 29383 元，其中，城镇居民人均可支配收入为 39791 元，而农村居民人均可支配收入为 18179 元，城市居民人均可支配收入是农村居民人均可支配收入的 2.19 倍。可见，城乡收入差距引致大量农村青年

劳动力持续不断地流入城市。二是城市就业机会多。在吸引农村居民进城务工的主要因素情况调查中，据图 8-18 的数据显示，75.73% 的受访者认为城市"就业机会多"，吸引了大量农村居民进城务工。城市中商业、快递、餐饮、酒店、美容美发、维修、保洁等各种服务业发达，提供了大量的就业机会，于是大量农村劳动力便纷纷涌进城市务工。

二、城市完善的公共服务体系吸引了大量的乡村人才

一是城市教育水平高。在吸引农村居民进城务工的主要因素情况调查中，据图 8-18 的数据显示，高达 86.10% 的受访者认为城市"教育水平高"吸引了大量农村居民进城务工。而在家长支持子女到城里工作（学习）情况调查中，据表 8-15 的数据显示，有 89.31% 的受访者表示"一定会支持子女到城里学习"。城市学校在师资力量、教学设备等教育资源配置方面具有明显的优势，进而导致城市的教育水平较高，于是越来越多的农村家庭为了子女能受到良好的教育，纷纷把子女送到城里上学，甚至许多父母为了方便照顾孩子也到城里务工、陪读。二是城市医疗水平高。在吸引农村居民进城务工的主要因素情况调查中，据图 8-18 的数据显示，高达 83.29% 的受访者认为城市"医疗水平高"。在医疗卫生资源配置不均衡的情况下，经济发展水平发达的城市拥有丰富的医疗卫生资源，而乡村尤其是偏远地区乡村医疗卫生资源非常有限，导致城乡医疗水平存在较大差距。三是城市通信网络设施完善。在吸引农村居民进城务工的主要因素情况调查中，据图 8-18 的数据显示，有 56.33% 的受访者认为城市"通信、网络等设施的完善"因素吸引了大量农村居民进城务工。5G 通信的普及为城市居民的生活和工作带来了极大的便利，而乡村及尤其是偏远山区人口分布分散、地理位置、自然环境等因素导致乡村通信网络设施建设滞后，部分乡村地区还未实现 4G 网络全覆盖，不少农村家庭还未安装无线网络。乡村网络设施建设的滞后导致人们获取实时信息的渠道受阻，这极大地影响了乡村居民生活的便捷和创业者在乡村的投资热情。

三、城市优良的生活环境和营商环境吸引了大量乡村人才

一是城市生活环境优越。在吸引农村居民进城务工的主要因素情况调查中，据图 8-18 的数据显示，高达 79.05% 的受访者认为"城市环境好"因素吸引了大量农村居民进城务工。城市交通便利，绿化环境好，各种生活设施齐全，生活便捷和舒适。而由于农村道路路面窄，路况差，生活垃圾缺乏集中处理，清洁取暖难度大，自来水普及率低、水质差，致 使农村生活舒适度与城市相比存

在着较大的差距。二是城市营商环境好。在吸引农村居民进城务工的主要因素情况调查中，据图 8-18 的数据显示，有 48.44% 的受访者认为城市“营商环境好”吸引了大量乡村人才进城寻找创业机会。近年来，河北省各城市积极开展政务信息建设，使得政务更加公开透明，并出台了一系列有关创业的优惠政策，这在一定程度上能够缓解创业者的资金压力。因此，优越的营商环境吸引了越来越多的乡村人才去往城市寻找创业机会。

第二节 乡村人才发展环境亟待改善

人才发展环境的优劣事关乡村人才的去留，然而目前乡村在薪酬待遇、人才激励和晋升、乡村基础教育、乡村医疗条件等方面全面落后于城市，从而导致乡村发展环境对于人才的吸引力不足，难以留住乡村人才。

一、乡镇基层工作人员任务重

一是乡镇基层工作人员的工作强度较大。据图 8-24 的数据显示，73.44% 的受访者表示基层工作人员“工作强度大，任务较为繁重”，基层工作人员要经常参加信访维稳、防火、防洪、禁烧等各种任务，加上临时性、突击性的任务，导致基层工作人员常常感到有心无力，工作压力较大。二是乡镇基层工作人员较少。据表 8-23 的数据表示，62.55% 的受访者认为“工作人员少”是造成基层工作人员工作强度大的主要因素。由于乡镇在编干部数量偏少，优秀的基层工作人员又常常被抽调到县里帮忙，而乡镇工作是“一个萝卜一个坑”，往往是一个人要干几个人的工作，从而导致留在乡村的工作者工作加班加点成为常态。在实地访谈中，受访基层干部说在乡村中“60 后”的人比较多，他们是基层较为稳定的群体，而近几年招录进来的基层年轻干部不甘于繁重的工作，便忙于准备遴选考试，并且由于基层工作人员的激励政策较为缺乏、工作环境较差、工资水平不高、晋升难度大、工作地离家距离远等因素时常困扰着他们，因此，导致近几年招录进来的乡镇基层工作人员人心不稳，离职倾向严重。

二、乡村人才薪酬待遇偏低

一是基层人才薪酬待遇低。在乡村人才最需要的政策情况调查中，据表 8-21 的数据显示，高达 75.62% 的受访者表示对“完善的薪酬激励政策”较为关注。

据课题组在河北省某县的访谈结果，当前乡镇事业单位工作人员的薪酬待遇与县（市）同职级人员相比，只多出有限的补助。因此，不少乡镇干部尤其是边远乡镇工作的人员表示更倾向于在城里工作，但限于机会稀少，只能留在目前的乡镇基层单位工作。可见，城乡事业单位工作人员之间的薪酬待遇差距使得不少乡镇基层工作人员人心不稳，这在一定程度上加速了乡村人才的流失。二是乡村教师薪资水平低。在乡村教师留在乡村任教的影响因素情况调查中，据表 8-13 的数据显示，高达 75.26% 的乡村教师表示“薪资水平低”影响了其留在乡村任教的意愿。据课题组在某县的调研结果可知，该县部分乡村教师每月仅有 2500 元的基本工资。由于县级政府普遍面临财政资金短缺的困难，致使在教育经费投入相对不足，乡村教师工资待遇难以得到实质性的提高，甚至部分农村地区出现拖欠教师工资的现象。可见，当前乡村人才的薪酬待遇仍处在较低水平，未能有效发挥激励乡村人才为乡村服务的作用。

三、乡村人才晋升机会较少

一是职务晋升空间有限。在鼓励人才返乡创业的措施关注度情况调查中，据表 8-20 的数据显示，67.32% 的受访者表示比较关注是否有“畅通的职务晋升渠道”。可见，乡村人才对职务晋升非常关心，但乡镇机关事业单位工作人员由于受机构等级、编制数额、岗位职数、工作资历和经验等因素限制，导致乡镇基层工作人员职务晋升空间有限、晋升途径不畅。二是职称评定难度大。在乡村教师留在乡村任教的影响因素情况调查中，据表 8-13 的数据显示，57.73% 的乡村教师认为乡村教师“职称评定难度大”。虽然近几年政策上对乡村教师职称评审的条件有所放宽，但是由于乡村教师所处环境和自身水平，其能达到高级职称业绩条件的难度依旧很大。乡村人才无论在职务晋升或者是职称晋升上，都面临着“天花板”，这在一定程度上削弱了他们的工作动力，影响了他们留在基层的决心。

四、乡村基础教育水平较低

一是师资力量严重缺乏。在乡村基础教育情况调查中，据表 8-12 的数据显示，有 72.16% 的受访者认为“乡村基础教育师资力量严重缺乏”。受农村各种现实条件的限制，乡村学校师资力量严重短缺，特别是一些偏远乡村，受客观地理因素影响，交通、通信多有不便，部分年轻乡村教师在农村长期任教的意愿不强，“外逃”思想严重，导致乡村师资队伍力量不足。二是学校住宿条件差。

在乡村基础教育情况调查中，据表8-12的数据显示，有60.82%的受访者认为“乡村学校住宿条件差”。目前，乡村学校中一般只有乡镇中心学校才建有乡村教师周转宿舍，部分条件较差的学校根本无法为教师提供住宿，村小、教学点等学校的教师大多只能住在闲置的教室、简易宿舍甚至借住在村民家中，这就给导致学校与家距离较远的乡村教师带来了诸多不便。三是教学硬件设备缺乏。据表8-12的数据显示，在乡村基础教育情况调查中，有55.67%的受访者认为“乡村学校教学硬件设备缺乏”。长期以来，地方政府教育经费投入不均衡，乡村学校获得的建设资金不足，导致在城乡教学硬件设施资源配置上存在较大差距。

五、乡村医疗条件薄弱

一是基础医疗设施缺乏。在乡村医疗情况调查中，据图8-15的数据显示，有83.82%的受访者认为“乡村基础医疗设施缺乏”。医疗优质资源主要集中于城市医院及医疗卫生机构，而对于农村来说，医疗卫生资源短缺，医疗条件水平较低，虽然近年来农村地区的卫生室数量有所增加，但仍存在卫生室布局不合理，村级卫生室分布点多且分散，各村卫生室医疗设备不足，医疗设备更新周期缓慢，医疗器械老化等问题，难以满足乡村居民的基本医疗需求。二是医务人员配备不齐。在乡村医疗情况调查中，据图8-15数据显示，高达65.77%的受访者认为“乡村医务人员配备不齐”。当前医疗人才主要集中在城市和县城的医院，少有人愿意到偏远地区的医院工作，特别是医学类本科毕业生到基层乡镇卫生院工作的意愿不强，最终导致乡村医疗医务人员严重不足。三是医护水平不高。在乡村医疗情况调查中，据图8-15数据显示，高达83.61%的受访者认为“乡村医疗医护水平不高”。农村医护人员在实际工作中遇见的病例和积累的经验较少，获得专业的培训机会也相对较少，导致乡镇基层医护人员专业技术能力提升较慢。

第三节 乡村人才个体需求因素

需求层次理论认为，人类的需求是循序渐进式的。乡村人才大多期待能从事一份工资福利水平较高、自身发展前途较好的工作，但由于农村就业岗位少、发展空间有限，致使很多乡村人才都觉得在农村难以发挥自身所长，无法实现自身价值，从而降低了他们回乡就业、扎根基层的意愿。

一、农村籍大学生回乡就业意愿不强

一是传统思想的束缚。在意愿定居在城市和乡村分布情况的调查中，据表 8-6 的数据显示，82.99% 的受访者表示“希望居住在城市”。农村老一辈人传统上都认为孩子考上大学是一件光耀门楣、改变家族命运的大事，许多长辈在晚辈身上寄予了很大的希望，希望子女将来能够跳出“农门”到城市工作。他们普遍认为在城市工作能够获得更高的收入，发展前途好，从此改变自身和家庭的命运，认为大学毕业回农村是“混得不好”“没出息”的表现，这是众多农村籍大学生真实内心写照。因此，为了自身和家庭更好地发展，不少农村籍大学生在就业选择时更愿意留在收入水平高和发展空间大的城市，而回到农村就业和创业的意愿非常低。二是农村就业岗位相对不足。在乡村人才个人发展空间情况的调查中，据图 8-22 的数据显示，有 58.10% 的受访者认为乡村为人才提供的岗位“一般”，还有 38.17% 的受访者认为“很少”。高收入、发展空间、生活环境等因素是当前大学生就业求职必要考虑的问题，而乡村地区经济发展水平相对滞后，工业、商业、服务业等产业尚不发达，就业岗位需求较少，从而降低了大学毕业生回乡就业的意愿。

二、乡村人才扎根基层的主观意愿不强

一是缺乏社会责任感。在乡村人才留在乡村工作的影响因素情况调查中，据表 8-24 的数据显示，仅有 38.69% 的受访者表示“社会责任感”是影响其留在乡村工作的重要因素，有 31.33% 的受访者表示其当初选择留在乡村工作主要是因为“毕业时被招录到乡村，无更好的选择”。鉴于目前的就业压力，一些大学生虽然毕业时考取了乡镇基层岗位，但他们并非自愿选择到基层工作，而是在等待时机调回城市。社会责任感的缺失和“跳板思想”严重动摇了乡村人才队伍的稳定性。二是乡村人才政策宣传力度不够。在人才相关政策的宣传力度情况调查中，据图 8-20 的数据显示，53.11% 的受访者认为政府对人才政策宣传力度“不大”，34.85% 的受访者认为政府对人才政策宣传力度“一般”。目前，我国已出台很多促进高校毕业生到基层就业的人才政策，但各地的具体情况还是有所差别，部分地方政府、高校等对相关人才政策的解读不够精准、宣传效果有限，以致很多农村籍毕业生不能完全获悉是否有针对农村生源返乡就业的人才政策，从而降低了乡村人才扎根基层的意愿。

第四节 乡村生活环境欠佳

在乡村人才引进战略中，良好的生活环境是吸引乡村人才的重要因素。本节从乡村基础设施、卫生环境、村容村貌三个层面阐述河北省乡村生活环境对乡村人才振兴的影响。

一、乡村基础设施不尽完善

一是交通设施不尽完善。据图 8-6 的数据显示，分别有 81.22% 和 71.89% 的受访者认为乡村中存在“乡村道路维修不到位”“村道设计不合理，路面窄、路况差”的情况。当前，河北省部分乡村特别是偏远山区在乡村道路建设中依然存在着很多短板，乡村道路的养护资金不足、养护水平不高，给村民的出行和乡村人才创业带来了较大的阻碍。二是乡村用水质量有待提升。据表 8-8 的数据显示，26.87% 和 21.58% 的受访者表示乡村存在着“用水质量较差”和“自来水普及率低”的状况。由于乡村工业污水未得到有效的处理、化肥不合理使用以及水处理工艺不成熟等，造成农村的生活用水质量较差，降低了村民的生活质量；部分乡村受自然地理条件限制，导致自来水管道难以全面铺开，导致乡村自来水普及率较低。三是乡村用电设施有待完善。据表 8-9 的数据显示，62.76% 的受访者对乡村用电整体满意度情况表示“一般”，可见，目前乡村用电情况并不乐观。长期以来，乡村电力基础设施不尽完善，存在线路老化、配变容量小的现象。同时，农村地区生产生活临时性用电比较多，供电企业缺乏对乡村用电情况进行及时监督和检查，乡村中存在着诸多用电安全隐患。四是乡村取暖环境不佳。据表 8-10 的数据显示，53.63% 的受访者对乡村取暖情况表示“不满意”，由此可见，乡村取暖设施还有待进一步完善。农村的住房基本上是自建房，住户居住较为分散，导致在乡村地区尤其是偏远山村全面铺设燃气管道建设不太现实，加之使用燃气供暖的费用较高，因此在农村中实现集中、清洁供暖的难度很大。五是乡村网络基础设施有待加强。据图 8-11 的数据显示，58.92% 的受访者表示“网络信号不稳定”是乡村通信网络设施中存在的主要问题。受地方财力等因素的限制，乡村网络基础设施投入不足，网络运营商基站数量较少，覆盖范围不够广，这在一定程度上影响了乡村居民生活的便利性和获得信息的迅捷性，也在一定程度上阻碍了乡村人才在乡村创业的积极性。

二、村容村貌有待进一步提升

一是乡村人居环境较差。据图 8-12 的数据显示，73.55% 的受访者认为村庄“净化、绿化、美化、亮化”是乡村人才最为关注的乡村人居环境，自 2013 年提出“美丽乡村”建设以来，河北省的乡村垃圾处理有了明显的改善，但是在部分乡村依然存在着垃圾清运不够及时，乡村的“净化、美化、亮化、绿化”工作还需要进一步加强，这直接影响了乡村的人居环境。二是村庄环境有待治理。据图 8-12 的数据显示，59.54% 的受访者认为“村庄环境优美”是他们心仪的人居环境，但是河北省的部分村庄周边还存在着建筑物废弃场、村庄内道路建设不规范，私搭乱建现象突出等现象，直接影响了村容村貌。

第五篇

经验篇

第十二章 国际乡村人才振兴经验借鉴

从全球范围看，不少国家在工业化、城镇化加速推进过程中，也曾遇到乡村发展停滞的情况，这也是发展过程中普遍经历的过程。但随着时间的推移，一些国家在乡村人才振兴方面积累了许多宝贵的经验。“他山之石，可以攻玉”，本章归纳了部分国外的乡村人才振兴经验，以期为河北省乡村人才振兴带来有益的经验启示。

第一节 日本经验分析

［案例介绍］

日本乡村从传统到现代化的蜕变与其在乡村人才开发上的重视和大力投入是分不开的。以农业教育为主综合开发模式，为日本现代化乡村振兴培育了各层次人才，20世纪70年代开展的“造村运动”，更是推进了日本乡村人才开发的进程。

日本主要从以下方面推进乡村开发人才的工作。

第一，制定了法律保障人力开发。①开展乡村农业教育。日本在1949年颁布了《学校教育法》，其中明文规定开展农业学科教育，以立法形式明确了农民教育的重要性，从而为农村人才培养提供切实、充分的法制保障。②组建农村协会。日本农协非常重视农民教育和农业科学技术的普及以及人才的培育。农协建有完整和严密的教育和科学研究体系，并向农民普及农业技术和科技新知识，传播农业经营、市场动向等信息。农协的出现与发展在农村人才队伍的建设中发挥了关键的作用。③调整乡村用地。1961年出台了《农业基本法》，确立了以实现土地规模经营为中心的农业政策，开始推行新农业制度改革，逐步放松对农地流转的法律限制，扩大农业生产经营规模。用地政策的调整使大量外流人口返乡从事农业生产[209]。

第二，健全了农民培育体系。①开展完善的农业教育。文部科学省作为日本国内负责教育管理的政府部门，是农业教育的重要主体。文部科学省主导的正统农业教育涵盖了从初等教育到前期教育再到高等教育的农业人才培育。②举办农业非学历教育。由农林水产省和各县所管辖的教育部分，主要是开展农业非学历知识，侧重点在实践，以补充理论教育上的不足。③实行多元化培训方式。农业协作组织开展培训和服务，农协教育以讲座、短期培训等形式开展，改善和提高了农民的农业技术和知识。④发挥社会组织的培育作用。日本农村青少年教育振兴会，农业青年俱乐部和其他民间团体在青年农民职业教育中发挥着重要的作用。

第三，制定了激励保障机制。①采取财政补贴政策。为了提高青年务农的积极性，日本制定了青年从事农业补贴政策，每年向中青年务农者发放150万日元的补贴[210]。日本向新农民提供进修期间和经营起步阶段的生活补贴，针对农业基础设施改造的实施工程补贴。②建立农村养老保险体系。90年代起，日本的农村养老保险政策逐渐向保障农民生活质量转变，在《国民年金基金制度》中提出要加大农村养老保险的保障程度，保证农村老年人的生活质量。因此也留得住农村青年。③制定特有的国内外研修制度。组织乡村骨干到国内外先进地区进修，组织中学生利用假期去外地参观学习，定期派大学生、家庭妇女去国外访问考察、开阔视野。

第四，推动了传统文化的传承和发展。以三岛町为例，1981年，三岛町发布《三岛町振兴计划》，提倡“生活工艺运动”，即由町民自己描绘理想中的“明日的三岛町”。通过乡村文化的挖掘和展现，凝聚村民共识，广泛调动村民的农业生产积极性，引导青年人和中老年人都积极投入农业生产劳动中，从而激活乡村人力资源的潜力[211]。

[经验借鉴]

根据上述日本经验，可以从以下几方面来加以借鉴。一是提供坚实的法律保障。通过建立完善的法律体系和支持政策，将乡村人才开发放到重要的地位，以此保障乡村人才队伍建设工作的开展。二是健全农业教育体系。系统化、制度化和完善的农民教育体系，是农民培育工作得以顺利开展并取得成效的基础保障，要进一步发挥社会团体组织的积极作用，引导各培育主体协同完成农村人才培育工作。三是制定乡村人才支持政策。加快建立乡村人才引入激励机制，对返乡青年人通过人才认定体系给予相应的人才认定，并在基本养老保险待遇、培育农业人才等方面提供支持，吸引人才返乡。四是推动乡村文化发展繁荣。

要因地制宜开展各类文化活动，使村民回归传统的生产和生活方式。乡村文化的开展不仅能够调动农村群众的生产积极性，成为凝结村民的一条纽带，而且通过文化宣传，可以吸引农村青年人积极参与乡村文化的传承和弘扬，使他们热爱自己的家乡，建设美好家园。

第二节 韩国经验分析

［案例介绍］

韩国在20世纪70年代实施了乡村建设运动——新村运动，是韩国在朴正熙执政的年代所实施的一项为期10年的农业改革运动。旨在缩小城乡差别、增加农民收入、改善农村生活环境、提高农民自立能力。其中包含了丰富的乡村人才开发政策与措施。

韩国新村运动中人才开发的主要措施有以下几方面。

第一，发挥政府的主导作用。①组建新村运动推进会。新村运动启动以来，各部门、组织成立新村运动的推进会，借助行政组织动员乡村居民推进新村运动，在建设过程中塑造与发掘了一大批专业人才。②创建人才开发管理机制。韩国将教育部改为教育人力资源部，其职责是建立与审核人力资源开发政策体系，设立专门的人力资源开发政策局，并制定《人力资源、知识、新起飞：国家人力资源开发战略》，明确提出至2005年韩国人力资源竞争力要晋升世界前10名[212]。③完善人才开发政策。政府在人才开发上积极推出相关政策，如在农村开发项目中的财政预算经费节节攀升，中央和地方财政投资合计持续增加，并且大力引导并积极支持农村调整农业结构，推广良种和先进技术等。

第二，提高村民生活伦理精神。以提高生活伦理为先导，为农村社会发展起到人力资本积累的积极作用。①调动农民新村精神。为了调动新村运动的内生动力，政府以“勤劳、自助和合作”的精神理念，编写了《新村之歌》，并将新村运动的旌旗悬挂在每个村庄，以此激发农民对幸福生活的共同向往，强化斗志。②推动伦理道德建设。围绕新村建设进程开展伦理道德建设，注重改变农民甘于现状的消极心理状态，引导农民主动追求革新发展。③引导竞争激发合作精神。政府采取差别化资助用于公共建设，后续资助依据前一年各村庄的表现。使所有村庄设立自行发展目标，形成村庄之间的良好竞争氛围，从而激发各组织、村庄整体的合作精神[213]。

第三，推进人才培育体系建设。①提高教育财政投入。韩国教育的财政性经费占国民经济支出的比例由1965年的不到2%到1994年的接近4%到1997年的5.8%到2001年的7%以上[214]。②制定法律政策保障。韩国政府制定了《岛屿、偏僻地区教育振兴法》，强调优先在偏僻地区、岛屿发展免费教育。韩国还修改了《产业教育振兴法》，培养了大量的韩国乡村人才。③建立新村人才研修院。从上而下对新村领导人和社会各界负责人开展教育培训，包括国会议员、学者、企业家等都要参与乡村人才的培训工作。

第四，制定了青年归乡扶持政策。①执行青年农务补助政策。独立务农经历在3年以下的可申请“青年涉农创业”补助；独立务农经历为1年者、2年者、3年者可分别获得每月100万韩元、90万韩元、80万韩元的补助，吸引青年人从事农业行业[215]。②给予归乡人才优先支持政策。优先享受购置房屋、教育、税收、融资、创业等方面的政策支持，吸引年轻人加入归农归村的行列中。③提升基础设施建设。在城乡接合部构建公共商品房区，配套托儿、育儿设施及文化、休闲、体育设施并与周围乡村居民共享，给予青年人群充分的适应乡村环境的时间，从而提升乡村生活品质，缩小城乡差距，更有效地推进乡村人才队伍建设。

[经验借鉴]

我国人才队伍建设可以从以下几方面借鉴。一是发挥政府的主导作用。要倡导和推动乡村振兴，科学规划乡村建设，形成从中央到地方的乡村振兴组织领导体系，切实发挥政府在乡村人才振兴实施中的主导作用。二是建设农村精神文明。组织乡村文化建设活动和丰富农民乡村文化生活，调动农民的自发性和自觉性，培养具有社会责任感、主人翁意识和集体意识的高素质农民。三是重视乡村人才培养。通过立法为农民教育培训提供法律保障，进一步加大对乡村教育的帮扶力度，推动城乡教育均衡发展。有针对性地对各类农村人才开展进修培训教育，使农村人才在进行实践生产的同时接受继续再教育，从而提高农村人才开发的效用，培养高技能农业人才。四是制定完善的青年返乡扶持政策。要从政府层面制定相关政策法规，鼓励农村青年参与乡村建设；加大对积极参与乡镇基层建设的农村青年奖励或补贴的力度。

第三节 美国经验分析

[案例介绍]

美国是世界上农业最发达的国家之一，美国政府历来高度重视乡村人才资源开发，有着丰富的乡村人才培育经验。在人才开发中给予法律、财政、行政等手段的支持，其中主要的做法有以下几方面。

第一，建立了乡村人才开发的法律体系。美国制定了许多针对乡村人才培养的法律法规。①保障乡村人才培育工作。美国在农业发展早期相继颁布了《莫雷尔法案》《哈齐实验站法案》和《史密斯·利费》，其核心内容均是加大政府的财政支持力度，为农业生产以及农民教育事业的顺利推进提供资金保障[216]。②建立农业推广政策体系。1914年，美国国会通过了《史密斯·利弗农业推广法》，目的是在联邦、州和县农业推广局建立农业技术推广系统。这些法案都为乡村引才提供了强有力的法律保障，促进了乡村各领域人才队伍的建设。③建立健全农村信息中心。2012年，美国国会通过了《农业产业改革、食品、就业法案》进一步提出要建立健全农村信息中心，为农民提供培训信息，提升本国农业雇工的技能发展[217]。

第二，建立健全的农业科教体系。①设立农业研究机构。美国农业部设有专门的农业研究机构，下设农业生产局、生产处等。同时，美国联邦农业教育科研机构又下设四个“国家级”研究中心和十个“地区”中心。②建立农业推广体系。联邦政府农业部成立农业合作推广局，各州里设立推广服务中心，各县建立推广站和推广顾问委员会。在农学院做推广是美国大学教授培育人才的一项重要职责。通过科研和推广结合培育了大批美国农业科技人才[218]。

第三，组建完备的成人教育体系。①加强职业技术教育。美国农村成人教育以职业技术教育为主的模式，为美国农村振兴发展培养大批职业技能型人才。同时，美国的农村职业教育也以农业为主的培训教育逐步转向文理结合、工农并举，向综合人力资源开发模式发展。②开展多形式、多功能的农民教育模式。根据农业管理特点，开设夜校教育、半农半学农民训练班及各种农业技术培训班。半农半学青年培训班，学制为三年，学员一天培训，一天从事劳动；农民夜校教育、教育内容会根据需要制定，并且教育形式比较灵活；农业技术培训班是对农民进行某项或几项技能有针对性的培训。③应用远程教育网络。在20世纪60年代，美国就将远程网络教育技术应用到了农民教育上，开始资助教育电视节目、电话和广播系统，用于农民网络教育培训。通过网络等新兴媒体来强化农村人力资源水平，提高了人才开发的效率[219]。

[经验借鉴]

根据美国对乡村人才培育的方法，可以从以下几个方面借鉴其经验。一是将制度化与法制化建设相结合。要从法制建设和制度完善的角度对乡村人力资源开发培训进行规范，必须加速构建和完善关于乡村人力资源开发的法律法规，推动农村人力资源开发进入法制化、规范化的管理轨道。二是建立农业科教体系。实现农业农村人才培育的现代化和开放化，转变传统农业科研和推广实践相分离的状况，逐步将农业科研和成果推广有效结合，以提高农业科技成果的转化速度，加快农业现代化的步伐，逐步提高农村实用人才的专业技能。三是完善乡村农民教育体系。要建立多元化多形式的成人教育体系，强化成人教育，形成自上而下从村、镇、社会的三个层级的农村教育体系，进而全面推进农村人才开发。

第四节 德国经验分析

[案例介绍]

德国政府通过法律、经济、行政等手段加强乡村人才振兴，造就了大批高素质的乡村人才，其采取的措施主要有以下几方面。

第一，采用理论与实践相结合的教育模式。①构建灵活的培育机制。德国开展“双元制”职业教育，采取学生在学校进行理论教育和在企业实践培训相结合的职业教育形式。从农民教育的角度出发，双元制教育充分利用学校教育和农场培训体系的功能，明确理论学习和实践的相互作用。在这种学校模式下，农民学员在学习理论知识的同时也可以发现实践中的细节和问题，避免简单的“纸上谈兵”，从而使有效提高了农业农村人才的培养质量[220]。②实行职业技术资格证制度。在德国，农业科技职业教育和证书制度合而为一，共同作为农业农村人才教育的有机组成部分。农业基础教育阶段，学员需要在职业院校完成学业并通过专业性考试获得证书；高等教育阶段，主要是参与农业行会组织的各类职业资格考试获取较高的职业资格或者头衔[221]。

第二，建立多层次农业教育体系。德国的教育分初级、中级、高级三类学校，培养各种农业人才。①开展农业基础教育。农业职业学校从属于农业行会，业务受州、县部门管理部门。农业职业学校对学员展开为期3年的培训，一共分为6个学期，培训的内容为职业农业教育必须传授的核心内容和方法，经过基础教育普遍提高直接从事农业生产人员的科技文化水平。②培养农业管理型和经营型人才。在初级职业学校毕业后可以选择在农业专业学校为期一年的进修。主要对经济管理的学习，最终让其了解怎样将生产向经营转变。农业专业学业完成之后，农业专业学业完成之后，工作一年可进入高级专业学校学习企业管理和营销，使农民掌握生产管理技能的同时学习管理技能[222]。③培育高精技术人才。高等农业大学开展应用型技术教学，农业本科大学学制是6年，主要是培育研究方面的人才[223]。

第三，推行城乡等值化。德国推行“等值化”城乡发展理念，激发了乡村发展活力。①促进机遇和代际方面的公平。在促进机遇与代际公平方面，将工商企业布局在乡村，增加乡村就业岗位；着力改善乡村教育条件，使农村孩子也能得到较好的培养，提高村民素质。②推动土地规模经营。以土地大规模集中推动农业产业发展，农民种地每公顷有176欧元补助，对生态有帮助还能再得到30欧元补助。如果对环境有促进作用的，政府都有专项补助。土地规模经营推动了农村人口分流和农业专业化水平，也为专业人才流入乡村提供了平台，给乡村注入了活力。③推进基础设施建设。通过逐年增大基础设施建设，乡村的暖气、电力、燃气、交通、网络、医疗、污水、就学等公共服务设施得到了覆盖到位[224]。

[经验借鉴]

德国是欧盟乡村人才培养的代表之一，我们可以从以下几个方面借鉴德国的经验。第一，实行理论与实践结合的办学模式。该培训模式的建立与实施，不但能够满足农民对培训的需求，而且可以切实提高农民的科技素质。同时，实施农民职业资格证书制度，将资格准入制度引入农业，有助于提高农民参与培训的主动性和积极性，提高农民的整体素质和农村人才的认可度。第二，构建多层次、多元化的教育培训体系。应充分发挥政府、相关部门、各类农业院校、培训机构及企业的主体作用，面向市场需求制定培训目标，针对不同人群科学设置培训课程，采取多元化的培训方式，有目标、有层次地推动我国新型职业农民的培训工作，培养生产型、服务型及经营型的农业人才。第三，优化城乡生产要素双向流动配置。城市为乡村提供优质的技术、资金、人才，乡村为城市提供孵化基地，两者相互协调和互补，保障城市公民和农村公民享有平等的就业机会。通过筑巢引凤，用政策吸引乡村人才。

第五节 法国经验分析

［案例介绍］

作为当今世界的农业强国，法国在20世纪50年代初采取了多种措施开发乡村人力资源，不断提高农村人口素质，积累了许多有益的经验和做法。

第一，构建了人才开发法律体系。①制定农业教育培训法案。1960年，法国通过了《农业教育指导法案》，构建起农业教育培训体系，开始从事农业人才的培养[225]。20世纪90年代中期，法国总理与各大农业协会主席签署了《青年就业国家宪章》，明确表示要筹集巨额基金，支持农业教育与培训，帮助大量青年农民创业[226]。②建立完善农村社会保障政策。1999年法国农业政策立法规定：在法国所有地区、依据各地环境条件，改善农民的生产生活条件，提高他们的收入与生活水平，加强农民的社会保障。[227]这一系列政策吸引了许多青年人从事农业事业。

第二，开展农民创业培训。①建立创业培训学校。1848年，法国国民议会批准建立第一所农业技术学校，正式开始农民创业培训，到2018年，法国有1000多所农业院校，每年有十多万学员接受创业培训。②构建多元的培训体系。全国农民创业培训机构中，负责种养业、农产品加工、农村企业经营管理和环境保护培训的比例分别占42%、6%、34%和18%。同时，当地农场或农业企业为农民培训提供学习场所，民间组织负责组织实施培训工作，在农闲时间组织农民开展创业培训，培训了许多专业技术人才[228]。

第三，建立农民培训激励机制。①给予农民参与培训补助。法国政府对农民培训的拨款，主要用于补贴农民参加培训期间的工资。农民教育培训的经费主要由政府补贴，政府对接受培训的农民给予一定的补贴和资助，只有小部分经费由参训农民自身负担。②实施优惠政策鼓励农民参与培训。20世纪80年代，法国政府十分重视对青年农民的培训，建立了青年后继者补助金制度，对年龄在21~35岁接受过6个月以上培训的培训者提供优惠，开展农具使用等义务培训。③加大对教育培训成效的激励。对获取了职业资格证书的农民实行优惠政策，主要体现在：有权购地租地，可申请经营农场和得到政府提供的低息贷款[229]。

第四，改善乡村的生活环境。①实施合理的乡村整治规划。早在20世纪70年代，政府对农村优化建设实施了一系列规划条令，如制定了《乡村政治规划》《地区发展契约》进行乡村整治和规划，其中涵盖了物质空间、经济、农业、生态、文化等综合性政策。此外，为有效改善乡村整体面貌，大力改善乡村交通、水电、教育、医疗、乡村互联网基础、文化服务等，这些都有利于提升乡村人居环境，吸引人才返乡回村，为人才储备工作提供保障。②建立乡村设施建设基金。为了保障村落振兴建设的顺利推进，政府提供巨大的资金支持。中央与各地区组织共同合资建立农村基础设施基金，通过高额的资金报酬与施工补贴吸引专业性建设人才，这也吸引了大批回乡创业的“新乡贤”。③提供高质量的乡村住宅。高品质的住房条件提高了“城市人”回到乡村定居或是暂时居住的可能性[230]。

[经验借鉴]

汲取法国在开发乡村人力资源方面的经验，我国在乡村人才振兴时可以从以下几方面入手。一是立法为人才开发提供保障。更加重视农村人才开发的工作，以立法的形式将农村教育放到更重要的地位，制定和完善农村人才培养的法律体系。通过法律和政策支持，积极鼓励农民参与农业管理和技术培训，保证农村人才培养工作的顺利进行。二是加大农民创业培训力度。加大力度对农民创业培训的内容、模式和服务体系进行开发，重点加强农民创业所需的理论知识和实践经验，提高农村实用人才的创业技能。三是构建农民培训激励体系。根据各区域经济发展水平和农民真实收入水平差距，为参训农民学员提供必要的培训经费补贴。鼓励、引导农民积极主动参加教育培训，以获取相应的职业资格证书。对于获取职业资格证书的农民，应给予一定的奖励，从而提高乡村人才的开发效率。四是提升乡村生活质量。安排基础项目资金，综合优化发展条件，改善农村住房条件，缩小城乡间生活质量的差距，保障乡村居民的生活质量。

第六节 经验借鉴

在乡村振兴发展的实践探索过程中，发达国家与中国乡村人才开发方面存在一定的异同，通过借鉴日本、韩国、美国等发达国家的农村人才资源开发经验，对河北省乡村人才振兴有以下几点认识和启示。

一、立法是保障乡村人才队伍建设工作顺利进行的前提条件

第一，依法保障农民合法权益。制定健全农业发展支持政策，鼓励农民安

心务农。如日本在造村运动中，高度重视土地利用、农业发展和人才保障等方面的法律保障，有力提升了农业发展的竞争力和民众涉农的意愿。第二，推动农民组织发展。制定相应法规确定农村组织的制度规范，引导农民组织健康发展。如韩国于 1961 年颁布了《农业协同组合法》，以立法的形式着力推动农协发展。第三，保障农村教育体系建设。制定相应的法律法规保障和支持农民教育。如美国 1862 年颁布的《莫里尔法》，使美国的农业职业教育做到有法可依，为农村人力资源开发提供了法律上的保障。第四，构建农民教育培训体系。以立法形式规范各组织、各部门对农民教育培训的权责，系统地开展农民培训教育。如法国 1960 年制定的《农业教育指导法案》，以法令规划形式在全国建立农业研究机构和学校，健全农业教育培训体系，开展农业人才的培养。第五，保障教育资金的投入。在政府财政预算中加入农民培训经费，规范和完善培训工作的资金保障机制，确保培训工作的顺利进行。如法国总理为了支持农民教育培训工作的开展，与国内各大农业协会负责人签署《青年就业国家宪章》，为农民培训筹集了 34 亿法郎。

二、构建目标多层次、功能多元化的农民教育培训体系

第一，建立农村人才教育培训体系。建立多层次、多方向和多目标教育培训的农民培训模式，充分发挥各地农业高等院校、农业类高等职业院校在乡村人才培养中的主体作用。如日本由国家进行顶层规划，各相关部门相互密切协作，构建了相对规范的农民培训体系，涵盖普通大学农业教育、农业类高中、农业协会、农村青年俱乐部等多个教育层次。第二，建立灵活的培训机制。根据农民的不同年龄层次和差异化需求开设有针对性的培训课程。如法国在对学员的培训教学中，依据具体情况制订不同的教学计划和灵活多样的培训方式。针对农民个性化的需求设立各类农业农村培训机构。第三，重视理论与实践的结合。通过理论学习结合实地操作实践，活学活用，提高培训的针对性，保证培训的效果。要汲取德国“双轨制”的培养机制，在保证学员理论学习的同时，确保提升其实践能力，培养真正可以扎根农村生产一线的人才。第四，推行现代远程教育体系。借鉴美国的远程教育体系的建设，开展多形式的现代远程教育培训活动，大力提升农村中劳动力农业职业技能培训的效果。

三、强化农民自身主人翁精神的调动和发挥

第一，注重保护农民的利益。尊重农民的主体地位，要注重保护农民的利益。如日本在 1961 年通过的《农业基本法》，通过提供特殊补贴或减免税收等政策

鼓励农民，其目的就是切实保护农民的利益；韩国在1961年制定的《农协法》，也旨在保障农民的合法利益。第二，发挥农民的主体地位。在推动乡村振兴实践中，必须发挥农民的主体作用。如韩国在推进新村运动中，通过引入发展基金申请机制，营造各乡村和农民组织间的竞争和合作氛围，进而切实提高了农民的积极性和主动性，发挥了农民的主体作用，提升了基层农民自主创新和自立能力。第三，注重对农民精神层面的培育。在乡村振兴实践中，要注重做好乡村物质文明发展的同时，也要特别重视对农民精神层面的激励，尤其是对乡村传统文化的继承与发扬。如日本三岛町提倡的“生活工艺运动”，旨在传承创造文化，使乡村文化成为凝结村民的一条纽带，吸引青年人积极返乡参与乡村文化的传承和弘扬。第四，倡导村民成立自治组织。如日本农协充分发挥了农民的主人翁地位，美国、法国的农民组织在农业推广科技、引进先进农业技术等方面中发挥了不可替代的作用。

四、提高农村生活质量吸引人才返乡生产

第一，构建起农村社会保障体系。健全农民养老保险制度，持续提升年金制度的积极效应，保障乡村老年人的生活质量需求。进一步优化农村社会保障体系，促进城乡公共服务一体化，吸引和留住乡村人才。第二，切实提高农民收入水平。如日本和韩国在农村建立了青年返乡扶持政策，通过制定农业补贴、农产品价格支持、提供无息或低息贷款等扶持政策，引导相关部门为农业生产者提供资金和技术支持，激励非农工作者涉足农业领域。第三，实现平等就业和加强乡村基础设施的建设。借鉴国外先进经验，推进城乡生产要素的双向流动，为农村提供技术、资金、人才，保障城市公民和农村公民享有平等的就业机会，从而实现城乡的均衡发展、推进城乡协调。如德国推行的“乡村与城市等值化”的城乡发展理念，切实激发了乡村发展潜力，留住了农村人才。通过加强乡村基础设施建设的力度，优化乡村生活环境，加强道路修缮，完善乡村交通，切实提高农村公共服务的供给能力，为乡村人才提供良好的生活、就业环境。

第十三章 国内乡村人才振兴经验借鉴

人才队伍建设是乡村振兴各个体系的实施主体，是乡村振兴的关键和基石。在决胜全面建成小康社会之际，乡村人才振兴建设虽然已经取得了很大的成绩，但离党和国家的要求以及人民群众的期待还有一定距离，乡村人才总量不足、素质不高，结构不优，效能不强等问题仍然存在。当下，国内各地各部门对乡村人才队伍建设进行了积极探索和实践，积累了大量的经验，取得了一定的成效。通过梳理总结国内各地的乡村人才振兴先进经验和做法，对当前河北省正在实施的乡村人才振兴工作无疑具有一定启发，值得我们去认真梳理和借鉴。

第一节 农村电商人才振兴经验

［案例介绍］

河南省的镇平县，位于河南省西南部，属于扶贫开发重点县。玉雕、金鱼、红薯等产业是镇平县特色产业。但是由于交通不便等，镇平县的特色产品销售遇到了一些困难。为拓展销售渠道，镇平县通过搭建电商基础拓市场，借助“网红经济”“直播代货”等方式为农特产品提供广阔的销路。在农村电商人才队伍建设方面积累了很多有益的经验。

第一，开展电商培训需求调研。镇平县委联合电商培训机构进行培训需求调研，对各级党政干部、涉农企业、农村专业合作社、农村青年、退伍军人、返乡大学生等群体进行电话采访、实地走访等形式进行调研，深度了解电商人才的培训需求，并结合镇平县的县情制订具有针对性的培训计划。第二，强化农村电商宣传教育。镇平县大力开展电子商务进农村宣传，统一宣传策划，通过报纸、电视、网络、宣传车、宣传单、墙体标语、文艺表演等多种立体化的传播手段开展宣传，努力营造“全企入网，全民触网”的社会氛围，制作电商进农村、下乡入村专题片，开展电商知识讲座，吸引农村青年爱乡返乡，投身电商事业。第三，建立多层次的电商培训体系。为了精准培训农村电子商务人才，镇平县培训实施因材施教模式，根据不同的对象选择不同的培训内容。通过结合县电商发展水平等因素，主要开展5个层次的系统化培训，具体为网店创业入门培训，农民、大学生电子商务创业就业培训，经济落后村人员电子商务技能培训，网商精英岗位提升培训，政府及传统企业电子商务转型培训。第四，加大对电商人才的激励。镇平县着力引进电子商务产业高端人才，对县里电子商务发展做出突出贡献的高级电子商务师，经县政府或县电商推进工作领导小组认可，一次性给予5万~10万元的奖励。第五，培养了农村电商带头人。镇平县以“头雁”效应带动农村乡村振兴人才队伍规模质量全面提升。通过培训退伍军人、大学生村官、乡村干部和回乡创业青年开办网店销售农副产品，培育出一批农村电子商务创业带头人，带动了本地农特产品的销售[231]。

[经验借鉴]

镇平县电商人才的开发举措为河北省开展乡村电商人才建设提供了经验。一是开展培训需求调研。通过大量调研掌握农村电商人才培训需求，确定开展一系列的农村电商人才培训，使培训内容形式更贴近农村电商实际，更有利于学员掌握知识和提高他们的综合素质。二是构建多层次的培训体系。电商人才培训要采取因材施教方式对培养对象进行职业分类，针对不同的群体制定差异化的目标培养方案，为不同需求层次的学员提供了适合的学习内容，开展多层次的培训系统和实操培训，有效性提高了电商人才开发的效率。三是实行电商人才引进激励。通过制定各种优惠政策来吸引优秀的专业电商人才到农村电商企业中就职；对做出突出贡献的电商人员实行资金激励，激发了电商人员干事创业的积极性。四是加大电商宣传力度。积极营造电商舆论氛围，印发电商政策明白卡，开展电商扶贫优惠政策宣讲，引导乡民更新观念，提高乡村人口电商参与度。五是培养农村电商带头人。加强农村电子商务人才挖掘，注重典型选树，搭建与平台之间的绿色通道，培养接受能力强、有潜力的农村电商带头人，通过他们引导其他的村民加入电商产业，以提高整个村镇的电商意识，促进村镇电商人才队伍的建设。

第二节 乡村教师人才振兴经验

［案例介绍］

思南县是贵州省铜仁市的下辖县，位于贵州省东北部，辖28个乡（镇、街道），其中有489个行政村和37个社区，思南县常住人口为457745人，2021年该县建有学校315所，乡村教师4883人。自古以来，思南就是有名的教育大县，思南县把乡村教师作为教育发展的重要基础、脱贫攻坚和乡村振兴的重要力量，多措并举加强乡村教师队伍建设，带动和促进乡村教师队伍整体水平提高。

思南县采取五项举措强化乡村教师队伍建设。第一，拓展乡村教师补充渠道。为了解决乡村教师“进得来”的问题，思南县每年根据学校学科教师需求情况，以人才引进、招聘特岗教师为主计划性补充农村幼、小、初、高学校师资队伍，并对农村学校教师队伍结构进行了优化。至2020年，县里农村高中学校共引进教师27人，招聘特岗教师580人。同时，为了确保学生德智体美劳全面发展，思南县还针对音体美等紧缺教师的招聘工作开通了专门绿色通道，并对相关招聘考试程序进行了简化，例如，仅采用考核招聘的方式，从而有效地优化了当地农村学校的师资结构。第二，确保教师职称评聘政策向乡村学校倾斜。在制定中高级职称申报标准时，优先加入了乡村学校从教年限要求，例如，参加中级职称申报的教师必须满足在乡村从教15年，参加高级职称申报的必须满足在乡村连续从教25年以上。同时，对于乡村学校中级职称以上的教师，属于由城镇教师调入乡村学校的部分不纳入学校职称结构比例。第三，改善乡村教师待遇和工作条件。为了进一步稳定乡村教师队伍，提高教师乡村从教积极性，思南县切实保障乡村教师工资福利待遇，为乡村教师缴纳住房公积金和各项社会保险费。每月落实乡村教师生活补助107.234万元，乡镇工作补贴129.114万元，义务教育阶段学校和幼儿园教师每人每月享受300元、400元、500元不等的生活补助费及200元、260元、320元、380元不等的乡镇工作补贴。同时，为了有效改善乡村教师的工作和生活条件，思南县政府进一步加大了乡村教育投入力度，着力改善乡村学校工作条件，对于学校现有的公租房，积极做好房屋的管理和维护工作，竭力为乡村教师创造良好的教学生活环境。第四，建立乡村教师荣誉制度。为了提升乡村教师的工作获得感，激发更多年轻教师到乡村学校从教、任教的热情，思南县各级党委政府还制订了优秀教师和教育工作者的表彰计划，并针对边远乡村及艰苦地区的学校和教师给予政策倾斜。每年教师节期间，均按全县教师总数3%的比例进行表彰。如2015年，思南县共表彰优秀教师、优秀教育工作者、优秀班主任、优秀特岗教师180名，其中：农村教师62名，农村优秀教育工作者27名，农村优秀班主任28名，农村优秀特岗教师10名。第五，加大乡村教师培训力度。为了加强乡村教师队伍建设，提升教学质量，县教育局坚持以“国培计划”“省培计划”为引领，抓好乡村教师全员培训。由各乡（镇）结合当地实际需求制订各自的教师培训计划，例如，通过开展校本研修、跟岗研修、名师送教及城镇优秀教师支教等多形式、全方位的教师培训活动，实现乡村教师培训的全覆盖。自2011年以来，共落实教师培训经费1900余万元，培训教师33000余人次[232]。

［经验借鉴］

分析思南县乡村教师队伍建设的经验，有以下启示。一是多渠道实施教育人才引进。加大农村教师特岗计划实施规模，依托国家“特岗计划”，重点支持农村义务教育学校补充教师；同时，加大公开招聘力度，因地制宜设置招聘条件，对部分乡村教师岗位减少专业限制。二是职称评聘向乡村教师倾斜。在制定教师职称评聘标准时要针对乡村学校给予政策倾斜，例如，取消乡村小学教师职称评聘时的专业限制，规定其在参加职称评聘时可按照所教学科参与评聘。同时，适当提高乡村中小学校中高级职称的名额比例，使乡村教师更有机会获评中、高级职称，提升乡村学校的吸引力，引导人才向乡村流动。三是保障和改善乡村教师待遇。贯彻实施乡村教师支持计划，通过加大乡村教育投入力度提升乡村教师的待遇水平，必要时可针对乡村教师制定专门的生活补助政策，给予其住房、医疗、救助等方面的政策保障，从而提升乡村教师生活福利水平，稳定乡村教师队伍。四是建立乡村教师荣誉制度。按照国家有关规定对在乡村学校长期从教的教师予以表彰，激发教师职业的荣誉感和使命感，鼓励其长期为乡村教育服务，同时，要为青年教师树立标杆，增强青年教师为乡村教育服务的信心。五是加大乡村教师的培训力度。强化师资培训，对乡村教师进一步统筹做好“国培”“省培”“市培”“县培”计划，组织乡村教师到师范类高校、教科研机构、名优学校培训，提升乡村教师教学能力，促进乡村教师队伍整体素质的提高。

第三节 乡村医生人才振兴经验

［案例介绍］

濉溪县位于安徽省淮北市北部，辖 11 个镇，共 24 个社区、413 个行政村，户籍人口为 113.84 万人，常住总人口 106.7 万人，村卫生室 213 家，乡村医生 873 名。随着经济社会的快速发展，农村结构的调整，大量青壮年外出务工，空巢老人、留守儿童较多，为真正实现人人享有基本医疗卫生服务的目标，濉溪县建立起了完善的乡村医生队伍建设机制。具体措施有以下几方面。

第一，强化乡村医生培养培训。濉溪县积极开展实施乡村医生学历提升培训“学费补助”计划，鼓励并支持符合条件的在岗乡村医生到高等医学院进修。截至 2020 年，濉溪县补助人数 6 人，补助费用共计 1.2 万元。同时，濉溪县逐步建立完善医学人才培养供求平衡机制，启动乡村医生定向委托培养三年行动计划，2021 年录取了 9 人。县里实施县乡村人才能力提升项目，计划 5 年内对村卫生室人员培训全覆盖，进一步提乡村医生服务能力。第二，创新乡村医生服务模式。为了进一步完善对乡村医生的激励机制，建立乡村医生合理收入多渠道补偿机制。濉溪县通过开展家庭医生签约服务协议的方式，实行“乡村医生＋签约居民”契约式健康管理模式，协议规定将服务费纳入医保基本覆盖范围，剩余部分由基本公共卫生服务经费和签约居民共同承担。2019 年度，完成签约的村级家庭医生服务费用共计 1496.3 万元，给予奖励补助共计 395.1 万元。此外，通过对各村卫生室的签约任务完成率、项目执行率、续约率及县外住院病人下降率等指标进行考核评定，赋予各村卫生室相应排名，并对前 50 个村卫生室给予 22.5 万元奖励。第三，评选表彰优秀乡村医生和事迹。为了提升乡村医生岗位的吸引力，发挥荣誉主体示范带动作用。濉溪县开展“最美村医”评选活动，表彰和宣传一批医德高尚、医术精湛、爱岗敬业的乡村医生，推选了 20 名“最美村医”。同时，濉溪县还开展了“群众满意的村卫生室”建设活动，表彰和建设一批医护水平满意度高的村卫生室示范点，最终评选了 4 家“群众满意的村卫生室”。第四，保障乡村医生的合理待遇。为了稳固乡村医生在职时的合理收入，让他们安心、放心、舒心地为居民提供医疗服务。濉溪县通过给予乡村医生卫生室药品零差率补助、一般诊疗费、基本公共卫生服务费及运行经费等方式，贯彻落实关于乡村医生的补偿政策。例如，将新增的人均 6 元基本卫生服务费全部用于补助乡村医生。此外，濉溪县通过“按季预拨、发卡发放、考核结算”的方式向各村卫生室拨付补助经费，再由各村卫生室负责人依据自身实际情况予以分配。其中，对于具有乡村医生资质，从事乡村医生工作满 3 年以上、到龄从村卫生室退出的乡村医生，工龄月补助标准 16 元 / 月，最高 528 元 / 月。截至 2020 年 10 月，发放人数共计 10007 人，发放金额达 43.1 万元 / 月。第五，建立乡村医生养老保险保障机制。为提升乡村医生社会福利保障水平，稳定乡村医疗队伍，2021 年 5 月濉溪县人民政府办公室下发布了《濉溪县乡村医生养老保险暂行办法》，进一步细化了村医养老保险的实施细则。按照“政府引导、自愿选择、费用分担、离职自理”的原则，为具备执业（助理）医师、乡村医生或执业护士等法定执业资格，定期考核合格的，在岗在职在册的乡村医生缴纳养老保险。村医养老参照村干部养老政策执行，村卫生室室长参照村级副职、其他村医参照村委会成员执行。《暂行办法》中指出，村医养老资金由县财政补贴 40%，镇财政补贴 30%，个人缴纳 30%，县镇财政补贴资金纳入同级财政预算[233]。

[经验借鉴]

分析和总结濉溪县乡村医生队伍建设的经验，有以下几点启示。一是开展乡村医生培养培训。县级卫生行政部门结合省、市培训计划和当地实际，统一制订乡村医生年度培训计划。加强在岗医生学历教育，鼓励符合条件的在岗乡村医生进行学历教育，提高村医的整体学历层次。同时，落实农村定向医学生培养，免费医学生主要招收农村生源，重点培养一批 3 年制的中、高职业教育医学生，毕业后定向到各村卫生室实施定点就业。二是开展乡村医生契约式服务。持续探索新的乡村医疗服务模式，鼓励村民积极参与乡村医生签约式服务。由乡镇卫生院的业务骨干与乡村医生组成服务式医疗团队，通过签订期限服务协议与村民建立相对稳定的契约服务关系，在协议期限内，签订协议的村民可按时享受约定的医疗服务，乡村医生可按协议规定收取相应的服务费。三是及时选树表彰先进典型和事迹。通过大力宣传乡村医生扎根农村、服务基层的先进事迹，激励全国广大乡村医生爱岗敬业，提高乡村医生的工作积极性，更好地为农民提供基础医疗卫生服务。四是实施乡村医生待遇提升行动。要加大政府乡村医疗投入力度，针对乡村医生建立多渠道的补偿机制，保障乡村医生待遇水平。同时，通过购买服务的方式，依据乡村医生的工作实际、服务能力和服务成本给予其合理的收入，从而全面提升乡村医生的待遇水平。五是健全乡村医生养老保障制度。明确保障对象，推进通过采取养老补助与养老保险结合的分类保障方式，建立覆盖全体乡村医生队伍的养老保障；结合各地实际，出台具体实施方案，兑现落实乡村医生养老保险和养老补助。

第四节 基层干部人才振兴经验

［案例介绍］

陇西县位于甘肃省东南部，定西市中部，辖12镇5乡，215个村，11个社区，1287个村民小组，总人口52.48万人。近年来，陇西县出现一些村党支部战斗力不强、村级干部队伍综合素质偏低、村级后备干部源头匮乏、村级干部工作效率不高等现状，影响了农村基层党组织的凝聚力、战斗力和号召力。为了解决这些问题，陇西县不断创新工作举措，着力构建一支适应乡村振兴要求的基层农村干部队伍。陇西县解决办法以及举措有以下几方面。

第一，坚持多途径选优派强。陇西县切实落实《关于选派乡镇优秀干部担任村党组织书记的意见》，在各村党组织书记的选聘过程中，结合各村实际需求，本着按需选派、因村施策和因人而异的原则，通过从致富能人中选拔、从村官中聘用及从驻村干部中派遣等途径，自2019年开始先后选派235名优秀党员年轻干部到贫困村、后进村担任党组织第一书记、书记和副书记。同时，为贯彻落实“助扶贫堡垒、做致富先锋”活动，陇西县先后将675名致富能人纳入村“两委”班子，调整撤换不胜任现职、无力脱贫攻坚的村党组织书记29名，培养村级后备干部人才2060名，在全县所有的215个村中组建了驻村帮扶、民事代办、党员服务、科技人才四支扶贫攻坚队伍，为促进农村经济社会发展、服务农村群众方面提供了人才支撑[234]。第二，坚持多渠道提能增智。为了有效提升基层干部教育培训工作质量水平，陇西县积极探索新形势下基层干部教育培训的新思路、新机制、新方法。陇西县建立“六个一”学习制度，依托“陇西先锋”等公众号搭建“微学习”平台，督促引导党员干部把理论学习和业务学习抓在平常、严在经常。在推进基层党员干部培训的过程中，着力发挥县乡党校的主阵地和主渠道作用，通过组织开展集中培训、以会代训、选派外训等途径，面向村党组织书记、驻村帮扶工作队成员、大学生村官等实施全年轮训5次以上，其中县级层面培训不少于2次，大学生村官每人每年、分层分类脱产培训累计不少于12天，并且选派了150名贫困村书记和党员致富带头人赴福建连江考察学习，不仅开阔了眼界，而且提升了致富带富能力[234]。第三，实行村级干部职业化管理。按照“聚集八方才、调动积极性、提升组织力”的工作思路，陇西县以农村党组织“星级化”动态管理为载体，采取定对象、定岗位、定职责、定保障、定档案“五定”措施，推行岗位专职化、报酬工薪化、管理规范化，实行全脱产工作、全天候履职。通过提高村级干部待遇补贴，充分调动村级干部工作积极性，形成村级干部想干事、能干事、干成事的职业化管理体系，促使村级干部在村立足岗位主动作为[235]。第四，优化基层工作环境。为了破解“逆向流动”留人难的问题，近年来，陇西县紧盯乡镇留人难的问题，全面推行乡镇干部“驻村代办、强基为民”工程，积极整合村卫生室、文化室、金融网点、电商等项目建设资源，近五年先后投资7000多万元，对163个村级组织活动场所进行新建或改扩建，在每个村建成集党务、村务、医务、商务、事务为一体的综合服务平台，使100%的村具备干部集中办公和统一食宿条件。全面推行乡镇“六小”工程建设，使全县所有乡镇和村都有小宿舍、小食堂、小澡堂、小图书室、小活动室、小体育场等设施。同时，通过配备学习资料、文娱设施、多媒体设备和体育健身器材，建立了干部学习交流、休闲娱乐场所，激发了乡村干部的积极性和主动性[235]。

［经验借鉴］

分析和总结陇西县乡村干部人才振兴的做法和经验，有以下几点启示。一是多渠道选优配强“领头雁”。打破传统任职形式和地域、行业、身份、年龄等界限，采取内选、外聘、下派、挂职、兼任等多种渠道择优遴选村党组织书记，引进源头活水。同时，建立村级后备干部储备库，大力实施“把致富能手中的优秀分子培养成党员，把勤劳致富的优秀党员培养成村干部”为主要内容的村级后备干部培养工程。二是多途径提升干部素质。大力实施乡镇干部“拓源提质”工程，通过分层分批制订轮训计划，充分利用各级党校、行政培训班培训，各乡镇组织外出考察学习等方式，切实让村镇干部队伍的能力素质“强”起来。三是实行村级干部职业化管理。实行村干部职业化管理，建立村干部的选拔任用机制、教育管理机制和监督机制，进一步规范对村干部的选拔任用、教育培训、激励约束、监督、考核等工作。村干部职业化管理可以使村干部成为一种职业，有利于增强村干部的责任心和紧迫感，从而提高村干部工作的主动性和积极性，有利于保障农村干部有足够的时间和精力履职，让基层治理更有活力。四是优化基层工作环境。以“整体推进、重点实施，功能配套、设施齐全”的原则，加大乡村公共投入力度，完善乡镇机关基础设施。重视文化娱乐场所建设，努力改善乡镇基层干部的办公条件和生活环境，通过聚力为基层干部营造和谐、宽松、舒适的工作生活环境，使乡镇干部有获得感和幸福感，从而能够住得下身、安得下心、干得成事。

第五节 乡村农业人才振兴经验

［案例介绍］

临猗县位于山西西南部，是山西乃至全国著名的农业大县，2019 年农业总产值近百亿元，创造 GDP 近 50 亿元，为全省之最。但近年来经过大规模调产，粮食面积从 100 多万亩减至 20 多万亩。为了真正打造出临猗农业大县，临猗县紧紧围绕“服务三农”这个主题，坚持政治优先，采取有效措施，扎实推进农业农村实用人才队伍建设，为实现农业转型发展奠定基础。

临猗对农业人才队伍的建设分为以下几个方面。第一，加强了农业“主力军”的培育。为了全面提升农民农业专业技能和综合素质，为临猗的农业高质量发展提供不竭的智力保障和才力支持。临猗县加强打造乡村振兴“主力军”，重点培育农业技术带头人、新型职业农民、乡土人才、农业技术推广人员和经营管理人员“五支队伍”，实行多层面、多渠道培育相结合的方式，加快农业科技人才培养步伐，力争到 2021 年年底全县农业科技人才总量达到 10000 人。第二，拓宽农业人才引进渠道。为了不断扩大人才队伍规模，提升人才队伍质量，助推农业高质量发展。临猗县加大“引进来”力度，采取兼职、讲学、咨询、合作、人才聘用、周末专家等方式，重点引进农业种植养殖环节的专业人才、农产品销售环节人才或优秀团队、农产品深加工方面的企业团队或管理人才、其他有专长的乡土专家、具有中高级职称的农业技术人员。三是搭建农民合作组织。为了提高农业生产效益，不断盘活乡村人才，助力乡村振兴。临猗县根据产业特点和需求，搭建“农业协会”和“农民专业合作社”两个平台。农业协会负责各类信息的收集、整理、发布，解决生产技术和产品销售问题，对农业产业发展提出前瞻性的意见或建议；成立农民专业合作社，推动农业产业由“合作社＋农户”向“企业＋合作社＋农户”的转变，延伸产业链，带动农户扩大就业，增加收入。力争到 2021 年年底，成立县级专业协会 10 个，全县组建规范化标准化农民专业合作社 1000 个，“企业＋合作社＋农户”模式 7 个。四是规范农业人才管理。为了避免农村农业人才开发工作缺乏科学性、规范性和程序性，临猗县制定管理农业人才实施细则和考核办法。通过摸清全县各类农业科技人才底数，对人才实行分类管理，创建完备的人才信息档案，建立完善农业科技人才管理制度和使用办法。各职能部门根据考核考评体系，建立各自考核办法，实行层层考核，层层压实责任，有效推动工作落实，根据考核结果予以奖励[236]。

[经验借鉴]

河北省乡村人才振兴可以借鉴临猗县的农村农业人才队伍建设经验。一是加大力度培育人才。通过打造“鸿雁队伍”，优化乡村人才储备，抓实抓好多层次多渠道回乡创业人才、农业科技专家等的选拔培育，打造知识型、技能型的“鸿雁”队伍。二是拓宽人才引进渠道。因地制宜，主动吸收实用人才，让本地的资源优势得到充分发挥。善于抓住有利时机，创造各类适宜条件，多方式、多渠道吸收农村实用人才，为乡村振兴源源不断注入人才“活水”。三是搭建农业合作社平台。通过政策扶持吸引一批优秀的职业农民参与农民合作社建设，支持和鼓励他们与农业企业建立联系，积极与涉农职业院校、科研院所“联姻”，共享人才资源，为农业新品种、新技术栽培、种植和使用等提供技术指导和智力支持，促进农业科技成果转化。同时，充分发挥地方农业企业在信息、科技、品牌及资金等方面的优势，带动和扶持当地农民参与家庭农场和农民合作社的创办，打造乡村人才孵化基地。四是落实乡村人才规范化管理。对标乡村振兴战略实施工作的实际人才需求，通过评估现有乡村人才队伍储备量及人才结构，详细区分各类乡村人才的供求缺口，探索建立乡村人才需求目录，并将乡村人才信息及时入库、及时更新动态管理。同时，每年对人才实行目标管理考核，初步建立一套导向明确、注重实效的考核评价体系。

第六节 经验借鉴

通过总结和分析国内地区各类型的乡村人才队伍建设经验，为河北省开展乡村人才振兴工作提供一些启示，具体有以下几方面。

一、多渠道引进人才助力乡村振兴

首先，采取订单培养定向就业方式。如思南县对乡村教师和濉溪县对乡村医生采取的定向培养策略。围绕乡村振兴战略，以市场为导向，整合各类资源，采取“订单式”定向培养方式，培育出一支懂技术、善经营的农村实用型技能人才队伍。其次，建立人才入乡激励机制。借鉴镇平县实行的电商人才激励引进方式的经验。通过深化改革乡村人才激励制度，切实完善乡村人才激励政策，例如，对于在乡村振兴工作中做出杰出贡献的人才可给予一次性的奖励，从而增强各类人才到农村就业的吸引力。再次，积极引导人才流动。如陇西县通过实施下派和选派优秀干部到村任职方式，促进乡镇干部合理有序流动；提供专业人才服务，加大政府购买基层公共管理和社会服务岗位力度，引导高校毕业生到基层一线工作，为乡村治理人才提供新生力量。最后，建立城乡人才合作交流机制。吸取临猗县多种方式引进农业种植养殖环节的专业人才、农产品销售环节人才等下乡的经验。通过推进与名校、名企和发达地区的合作，鼓励引导优秀人才、高端人才到乡村挂职。采取邀请高层次人才技术入股、对口支持、人才租赁等柔性引才方式，从而最大限度地吸引人才集聚农村，为乡村振兴注入强劲动力。

二、构建农村实用人才培训体系

首先，开展培训需求调研。镇平县通过开展电商人才培训调研，制定培训规划，结合实际制定农村实用人才培训规划，统筹安排好各类培训，使农村实用人才培训工作顺利地进行。同时，在对人才进行培训时，需要突出培训的针对性。要坚持“干什么、学什么”“缺什么，补什么”的原则，深入开展培训需求调研，摸清农村实用人才技术服务需求，有针对性地开展服务。其次，建立多层次人才培训体系。临猗县加强打造乡村振兴“主力军”，重点培育农业技术带头人、新型职业农民、乡土人才、农业技术推广人员和经营管理人员“五支队伍”，实行多层面、多渠道培育相结合的方式。制定有针对性、多样性、多层次的农业人才培训方案，创新培训课程和内容，让农民跟得上新时代的发展脚步，使传统农民从成为懂得机械化生产与操作的职业农民向拥有互联网思维的新农人转变；让农民拥有新知识、真本领、硬实力，真正成为乡村振兴的生力军。最后，培训“鸿雁”人才队伍。如镇平县以“头雁”效应带动农村乡村电商人才队伍规模质量全面提升。增强农村与科研、企业、高校之间的联系，培育高校学生爱国爱农情怀，引导青年学子“懂农业、爱农村、爱农民”，为农村输入真正能够助力发展的“头雁”人才力量。

三、实施乡村人才待遇提升计划

首先，实行乡村人才职业化管理。如陇西县使村干部职务成了一种职业。根据经济发展水平不断健全和完善乡村人才工资增长机制，推行薪酬与任职年限、执业能力捆绑，待遇与工作绩效、实际贡献挂钩，体现了鼓励长期干、激励干得好的鲜明导向。其次，倾向乡村人才评价机制。如思南县为了优化乡村教师配置，实行职称评聘向乡村学校倾斜。深化乡村人才职称制度改革，拓宽人才发展空间和晋升通道，建立职称评审“直通车”制度。再次，建立乡村人才养老保险制度。如濉溪县乡村医生养老保险政策。通过将乡村人才纳入养老保险和基本医疗保险体系，体现了对乡村人才的关怀、支持和肯定，从而吸引更多的人才扎根农村基层。最后，为乡村人才打造良好的生活环境。陇西县完善乡村基础设施建设的成功实践告诫我们，要想确保乡村人才“引得进、留得住”，打造完善的乡村基础设施和优质的公共服务设施是关键。要着力改善农村的生活和工作环境，提高农村生活便利性，营造拴心留人的人才发展软环境，吸引人才留在农村为乡村振兴助力。

第六篇

对策篇

第十四章 河北省乡村人才振兴整体性治理发展路径

人才振兴是乡村振兴的基础，是推动乡村经济社会发展的核心力量。对乡村人才进行整体性治理要从乡村公共基础设施有效供给、乡村特色产业、城镇化发展、营商环境、乡村基础教育、乡村医疗设施、生态宜居乡村建设和乡村文明营造等层面多点发力，为乡村人才创造一个良好的发展环境，从而实现河北省乡村人才振兴的目的。

第一节 推进乡村公共基础设施有效供给

乡村公共基础设施的供给和完善是推动乡村经济和社会发展的前提条件，为实现乡村振兴和人才振兴，需要完善乡村公共基础设施的有效供给，从而实现乡村人才的整体振兴。

一、完善乡村生产性公共基础设施

首先，实施多元化的乡村生产性公共基础设施供给模式。坚持把国家社会事业的发展重点放在农村，推动生产性基础设施和公共服务重点向农村延伸、倾斜，强化乡村生产性基础设施建设，加大乡村地区公共服务供给力度，最终在学有所教、劳有所得、病有所医、老有所养、住有所居等方面全面实现城乡公共服务均等化，从而为乡村人才发展提供良好的乡村生产性公共基础设施环境。引入公平供给激励机制，推进基础设施供给主体多元化，积极鼓励民间组织及社会各界参与乡村公共基础设施建设，创建以市场、政府、民间资本、公益团体及私有资本参与的投资主体多元化的生产性公共基础设施供给新模式，为乡村企业经营主体打造良好的生产性公共基础设施，集聚众多的乡村人才。

其次，完善乡村交通基础设施。充分利用国家实施“交通强国战略”和“乡村振兴战略”的历史机遇，立足实际、着眼长远，根据乡村地域特点和产业发展需要，加快完善乡村交通基础设施，科学规划交通网络，着力提高农村公路等级，提高路面硬化率。紧紧围绕“产业兴旺、生态宜居、乡风文明、治理有序、生活富裕”的指导思想科学规划，构建农村全域交通网络体系，强力改善道路维修保养水平，科学规划村道、社道、入户路、园区产业路，打通农村交通毛细血管，加强交通标识牌和路灯建设，解决乡道、村道路面窄、路况差的状况，打通经济社会发展大通道，畅通人流、物流和商流，从而吸引能人回乡创业。

最后，提高乡村用电管理水平。目前，许多乡村正在利用自身禀赋把“风景”变成“产业”，将“美丽”变成“生产力”，河北省拥有许多红色资源和绿色生态资源，各地都在努力打造乡村旅游综合体。同时，各地乡村正在大力发展蔬菜种植、产品加工、餐饮服务、民宿等，用电需求日益增长。因此，要对重点区域内线路进行自动化改造，并重点针对景区和农作物种植区线路加装联络开关，实现线路“手牵手”可转供及投入自愈功能。要对重点区域开通用电“绿色通道”，对线路进行负荷割接，提高电压质量，保证用电重点区域在用电高峰的电压质量稳定；实行农村地区智能表全覆盖，农村供电同网同价，解决农村用电难、用电贵等问题；加强安全防范措施的落实，消除各种用电隐患，增强农民用电安全意识。

二、推进乡村生活性公共基础设施治理

首先，加快补齐乡村用水服务设施。要统筹规划河北省乡村公共用水服务设施建设，将乡村生活性用水服务设施纳入当地长期发展规划，坚持建管并重，把完善农村饮水安全管理机制作为重点任务加以推进。要以完善乡村地区用水服务为重点支持农村饮水工程维修养护，加快改善乡村地区饮用水质量，定期对农村饮用水进行水质检测，对饮用水进行严格消毒，保证水质安全，为乡村居民提供优质的饮用水。组织对乡村地区饮水状况进行全面排查和动态监测，乡村用水出现的问题要做到早发现、早解决，筑牢农村用水安全屏障。各个县域要建设农村小型水源和供水工程项目清单台账，加快推进农村供水工程改造，切实提升农村供水保障水平，从而为乡村人才和农村居民提供良好的饮用水环境。

其次，推进乡村清洁取暖。积极推进乡村地区集中供热工作，加强热力能源基础设施建设，着力控制燃煤需求量，有效降低环境污染，大力提升电能、天然气的能源消费比率，减少烧煤取暖比例。引导和鼓励各地根据保供能力、

地质条件、使用环境、生活习惯、产业特色和村民经济能力，积极探索高效节能可持续的清洁取暖方式，要按照“一村一策”的原则，引导群众积极参与改造，根据农村实际发展情形，结合农村地区当地资源条件与经济状况稳步推进乡村清洁取暖步伐，因地制宜地采用“太阳能光热+电取暖”“太阳能+生物质”“地源热泵”“热泵技术”等取暖方式，为乡村居民提供良好的冬季取暖环境。燃气施工企业要配备质检员和安全员，确保施工质量和施工安全，提升乡村清洁取暖改造的效率。总之，要持续改善村民居住环境，切实让村民享受到“安全、洁净、便宜、环保、便捷”的管道天然气，真正把清洁取暖这件民生实事，好事办好、实事办实，让当地百姓能够享受到更多的民生福祉，从而提升村民的幸福感和获得感，助力乡村振兴。

三、加强乡村网络设施建设

首先，完善乡村信息基础设施。乡村信息化的推进对乡村产业转型升级，实现高水平农业现代化，助力乡村人才振兴具有较强的推进作用。为此，要加强乡村信息化基础建设，提升乡村网络覆盖率。提高乡村光纤宽带渗透率和接入能力，积极推动5G在农村地区的商用进程，提升乡村网络信号质量，从而在乡村地区建立起高质量的移动通信网络设施。光纤网络的覆盖提高了村民生活的便利性，村民可通过移动电话、视频语音与外界联通，还可通过电子商务渠道购买生活用品或者出售农产品，村民的生活也会更加丰富多彩。

其次，大力打造数字乡村。围绕乡村振兴的需要，提升农村网络覆盖，推动河北省数字乡村建设与发展，要按照“信息化赋能乡村振兴”的思路，统筹推进乡村振兴与农村业务发展，积极建设“平安乡村”“数字乡村管理平台”“智慧党建”及“智慧社区”等相关平台，提升乡村数字化水平。积极建设乡村数字化治理体系，通过建设党建、广播、政务一体的数字化平台，推动乡村基层治理数字化进程，实现以数字化助力乡村全面振兴。大力提升乡村网络运营商服务质量，乡村地区网络运营商要重视农村区域乡村网络建设维护，加强对乡村宽带联通情况的调研摸底，重点关注未通宽带及未全覆盖村落；进一步强化对农村网络设备、线路运行状态的监测和现场巡检，做好设备线路预检预修，彻底解决乡村家庭宽带覆盖不足问题，确保农村通信畅通，提升服务质量，从而为乡村提供良好的网络服务设施。

第二节 发展乡村特色产业

因地制宜推动本土特色产业发展是促进本地农民增收的重要手段，河北省乡村地形地貌多样，各地特色资源丰富，发展乡村特色产业有着独特的天然禀赋。要通过因地制宜发展乡村特色产业，打造精品特色产业，同时，通过建设富有本土气息的特色产业园区，促进乡村特色产业的发展，推动乡村人才振兴。

一、大力推进乡村特色产业发展

首先，加强乡村特色产业顶层设计。2021 年 2 月，河北省政府印发了《关于持续深化“四个农业”促进农业高质量发展行动方案（2021—2025 年）》，提出要遵循“规模化、集约化、融合化”发展思路，集中力量培育和精心打造优质专用小麦、优质谷子、道地中药材、精品蔬菜、沙地梨、山地苹果、优势食用菌、优质专用葡萄、高端乳品、优质生猪、特色水产、优质蛋鸡 12 个具有河北省地方特色的优势产业集群。在发展特色产业中要牢固树立新发展理念，坚持推进农业供给侧结构性改革，严格贯彻“产业抓小品种、新产业抓大基地、老产业抓新提升、强产业抓固根基”的发展思路，构建河北省特色农产品产业集群，形成“一村一品”“一县一业”的河北省乡村特色产业发展新格局，从而利用特色产业的发展培育和集聚乡村企业家队伍、特色产业科研人员，助力乡村人才振兴。

其次，建设乡村特色产业园区。挖掘利用本地特色手工业，大力培养特色手工业传承人，积极发展乡村特色产业工业园。按照“突出特色、因地制宜、精准施策”的思路，探索适合各县域实际发展情况的高效农业产业园区的发展模式，建立各类养殖业农场、有机蔬菜产业园、现代农业产业园、乡村采摘园等一大批现代农业产业园区，全方位打造名副其实的生态农业园区、循环农业园区、创意农业园区、观光农业园区等乡村特色产业园区，使特色产业园区成为县域经济发展的新引擎，从而发挥产业园区集聚人才的作用，吸引乡村人才返乡创业，留住当地农村劳动力就地就业，进而促进乡村人才振兴。

二、积极推进乡村特色产品品牌化高质量发展

首先，打造乡村特色产品知名品牌。通过依靠本土独特的自然资源，培养乡村特色产品，并通过与产地地标相结合，打造具有鲜明地域特色与乡土气息的本地特色农产品。将农产品与产地标识紧密结合，打造地标品牌；鼓励和支

持地方特色农产品申报中国地理标志证明商标、国家地理标志保护产品等；推进地方特色农产品品牌建设，如邢台浆水苹果、成安草莓、大名张铁集山药、武邑红梨、乐亭韭菜等。通过建设乡村特色品牌，从而以特色产品带动特色产业，进而以特色产业吸引乡村人才，促进乡村人才振兴。

其次，提升乡村特色产品品牌质量。质量是品牌发展的重要保证，要依靠科技管理提升品牌特色农产品品质，规范标准化生产流程，建立高标准优质品牌农产品种植基地，成立品牌农产品技术服务联盟；加大资金投入，助推品牌培育，通过省市县三级合力，共同建设特色农产品地理标识品牌；强化宣传力度，通过聘请本地名人作为品牌代言人，并制作宣传视频在车站、机场、广场等地投放广告牌进行大规模宣传，增强品牌的传播力与影响力，从而通过高质量的品牌建设，不断延伸特色品牌农产品产业链，将特色品牌农产品不断做优做强，进而吸引相关人才在特色产业中创业和就业，在乡村集聚各层次人才。

三、推动数字乡村特色产业发展

首先，做好数字乡村发展顶层设计。乡村数字化基础设施的完善可以助推乡村尽快实现产业数字化转型升级，带动乡村经济发展，解决农村劳动力就地就业和创业。设立乡村数字化特色产业发展专项扶持资金，对农村地区特别是河北省北部和西部偏远地区的数字基础设施建设进行精准化重点扶持，指导各县域地方政府制定针对性的特色产业数字化发展规划，大力畅通农村通信网络，在农村地区有序推进 5G 宽带、千兆互联网、基站建设，并要根据不同区域乡村基础设施建设的差异化程度，确立不同类型基础设施数字化的改造升级顺序和步骤。大力建设乡村信息基础设施，增加乡村信息服务供给，通过构建乡村信息一体化平台，对乡村生产生活数据进行整合，促进乡村产业的信息化与智能化。

其次，加强数字乡村特色产业的建设。通过数字技术和高新技术企业赋能、服务和引领乡村特色产业发展，运用物联网、云计算、大数据、移动互联等数字技术对农业、旅游、文化等乡村传统特色产业进行全产业链改造升级，推动数字技术与乡村特色产业发展深入融合。进一步加强农商互联，采用签订农业订单、直采直销以及投资合作等多种方式推动农业经营主体和农产品流通企业对接，构建一条产供销紧密结合的农产品产业链条。发展共享农业，将分散零碎的消费需求信息集聚起来，形成规模，实现与供给方的精准匹配和对接，并建设共享信息平台，提高生产资料的利用率，同时降低交付成本与沟通成本。

充分发挥数字乡村建设在培育农村新产业、新业态等方面的重要作用，实施乡村“数字＋人才”战略，大力培养乡村数字人才，从而以乡村特色产业发展吸引乡村人才回流，推动乡村人才振兴。

四、大力培育乡村特色人才

首先，多样化培养乡村特色产业人才。加快培育乡村特色产业领军人才，壮大新一代乡村企业家队伍，切实抓好家庭农场经营者、农民合作社带头人、农村电商头雁人才的培育；重视培育乡村工匠人才，精心挖掘和培养二三产业发展骨干人才，乡村手工业者、特色产品传统艺人，通过设立乡村特色产品名师工作室、大师传习所等，弘扬和光大传统技艺。鼓励河北省地方高等学校、职业院校、技工学校挖掘具有河北地方特色的优秀传统技艺，培育具有河北地方特色的传统技艺传承人。在乡村特色产品传统技艺人才聚集地设立人才培训工作站，在研习培训、示范引导、品牌培育方面给予精准指导，在场地、技术指导、税收、资金支持等方面支持和鼓励传统技艺人才创办特色产品加工企业，从而通过乡村特色产业发展带动乡村特色产业人才的培养。

其次，吸引和留住本土乡村特色人才。乡村特色人才包括农业生产经营人才、农村二三产业发展人才、乡村公共服务人才、乡村治理人才、农业农村科技人才等。在发展乡村事业上，乡村本地人才有着得天独厚的优势。中国人普遍有着“乡情”“乡愁”情结，本乡人挂念本乡事是常事、常态，他们十分熟悉本乡的实际情况，深谙村情村故、了解村需村难，可以为本乡本村的特色产业发展提供切合实际的发展建议，是推动乡村各项事业向好发展的主要参与者、中坚力量、长久能手。因此，要以乡情乡愁为纽带凝聚乡村特色人才，支持乡村建设，促进乡村特色人才将乡愁乡情转化为促进家乡发展的实际行动，通过以情感引人，以事业留人，使乡村特色人才集聚于乡村，助力乡村特色产业的发展。

第三节 加强城镇化水平建设

城镇化是我国经济发展现代化的重要标志。河北省各县域城镇化水平的提升不仅能够带动农村的发展，改善地区产业结构，而且能够创造出较多的就业机会，吸收大量农村剩余人口，缩小城乡发展差距。

一、加强乡村中心城镇新型城镇化建设

首先，重点建设乡村中心城镇。城镇化是现代化的必由之路，是社会文明进步的重要标志。中心城镇是区域乡村的经济中心，对周边地区的资本、技术、人力等资源具有吸纳力和辐射带动能力。因此，要进一步加强乡村中心城镇建设，选择部分具备交通优势、产业发展潜力、劳动力资源丰富的城镇成为重点打造中心城镇的对象。通过完善城镇经济和功能配套、优化空间布局等，提高其集聚各种生产要素的能力，发挥中心城镇地区集聚乡村人才的优势。顺应绿色发展的要求，牢固树立乡村中心城镇地区绿色安全发展理念，优化布局绿心、绿肺、绿环、绿廊，增强城镇生态系统的整体性、连通性和综合效益，提高城镇生态产品供给能力，以高品质的城镇生态系统集聚乡村人才。

其次，完善中心城镇的城市功能。加强中心城镇地区规划建设和管理水平，完善中心城镇基础设施和公共服务设施，健全中心城镇地区交通体系，发展公共交通。鼓励社会资金、企业资本采取独资、合资、合作等形式参与市政公用设施的建设，形成多元化的投资结构，对供水、供气、供热、污水处理、垃圾处理等经营性市政公用设施建设公开向社会招标，完善中心城镇地区基础设施，发挥中心城镇集聚人才的功能。

二、发挥乡村中心城镇地区的人才集聚和辐射作用

首先，发挥中心城镇集聚各类人才功能。中心城镇内汇聚着更多的资金、信息等资源，中心城镇不仅可以为乡村人才提供更多的就业机会，而且可以为乡村人才提供更好的生活服务。通过打造中心城镇，将进一步完善中心城镇地区的公共服务设施，商场、餐饮、住宿、美容美发、快递等第三产业将进一步得到激活，教育、医疗资源也会向中心城镇集中，人们的生活环境将会更加便利和舒适，促使更多的人才向乡村中心城镇集聚。同时，中心城镇的完善可以推动该地区产业发展，吸引乡村企业家和乡村治理人才等向中心城镇集聚，使中心城镇成为广大乡村地区的“人才增长极”和“蓄水池”，从而带动乡村经济的发展。

其次，充分发挥乡村中心城镇人才的辐射作用。中心城镇的发展能够集聚大量人才，要充分盘活人才资源，发挥中心城镇人才的辐射作用。要创造条件和平台让他们为中心城镇周边乡村服务，使中心城镇人才的专业技术和创新观念优势得以延伸和拓展，形成乡村中心人才培训乡镇基层人才农村生产新格局，

让更多的乡镇基层人才从中受益。鼓励乡村中心城镇人才领办、创办乡镇企业、村办企业和个体私营企业，打造特色产业，发挥“领头雁”的作用，推动农村经济专业化、集约化、产业化格局的形成，从而成为发展农村特色经济的带头人。

第四节 营造良好的营商环境

营商环境的优化能够促进乡镇地区社会经济发展，提高乡镇地区的综合竞争力，吸引乡村人才返乡创业建设乡村。为此，河北省乡村地区要加快培育良好的营商环境，吸引和留住乡村人才。

一、优化乡村人才的融资环境

首先，改善乡村人才的信贷环境。银行要根据实际需求，结合各个区县资源禀赋，持续优化服务模式、创新金融产品，加大普惠型涉农贷款投放力度，用特色化信贷方式助力乡村振兴。如 2020 年，重庆银行打造了“个体工商户经营快贷”“云电贷”“抵押快贷”“交易快贷”等普惠金融系列产品，用于满足农户在辣椒、柑橘、榨菜等农产品收购、销售、加工过程中的资金需求，从而真正起到“贷”动当地产业增效，助力乡镇企业发展。大力创新信贷产品，通过对乡村人才进行信用评级，为信用良好的乡村人才发放“免担保，无抵押”的信用贷款。积极鼓励乡村人才进行联保，创新信贷模式，增加乡村人才的贷款额度，从而使乡村人才在创业中能更多地得到金融机构的融资支持，激励乡村人才返乡创业。

其次，优化乡村人才的信贷担保环境。深入推进营商环境优化升级，落实创业担保贷款，充分发挥创业担保贷款在促进乡村人才返乡创业的积极作用。通过线上线下同步宣传、电话沟通解答、主动上门以及“点对点”服务对接的工作方式，让返乡创业人才充分了解创业担保贷款相关政策。要对符合条件的城镇登记失业人员、就业困难人员、复员转业退役军人、高校毕业生、返乡创业农民工、网络商户、农村自主创业农民作为创业担保贷款支持的重点群体，由经办机构发放贷款，财政部门给予贷款担保和贴息，支持个人或小微企业的贷款融资需求，吸引更多的人才到乡村创业。积极推广乡村企业互保、联保贷款。让两家企业经营规模、形成背景基本相似的非关联企业结对互保，担保金额也基本对等；鼓励乡村企业进行联保，通过风险共担的方式进行贷款，从而提高乡村企业的融资概率。

二、构筑亲商重商的引才环境

首先，营造亲商的社会环境。通过宣传引导，在乡村区域内形成亲商重商的友好氛围，为乡村人才打造宾至如归的社会营商环境，吸引乡村人才在乡村投资和创业；要在乡村地区真正树立“投资者发财我发展、投资者赚钱我崛起”的合作双赢意识，倡导“人人都是投资环境”的理念，培育诚实守信、和谐共荣的健康社会亲商氛围；要为乡村投资者提供各种贴心的服务，如协助乡村投资者子女享受优质教育和医疗资源，提供住房、租房补贴和相关荣誉称号等，切实为乡村投资者解决后顾之忧，使他们能全身心地投入乡村事业。

其次，打造重商的引才环境。全面掌握乡村投资者创办企业和投资项目的进展动态，主动听取他们在生产经营、水电、用地、招工、税收优惠等方面的诉求，及时梳理工作难点，积极构建服务型政府，大力打造一站式服务平台，强化项目审批，为投资者“保姆式”服务，为投资者营造良好的投资服务环境。通过引进相关专家和技术指导员，对乡村投资者创办的企业从原料进货、生产技术更新、产品销售方面提供全方位服务。通过电商平台、县长直播带货等方式促进产品销售。如陕西省宜川县政府官员走进宜川农特产品体验店，化身抖音“主播”，推介销售延安苹果、壶口酥梨、“大红袍”花椒和宜川稠酒等农产品，带动乡村农副产品发展，让乡村人才真真正正感受到重商的氛围，从而使乡村人才留得下、干得住。

第五节 提升乡村教育水平

乡村振兴要靠人才实现振兴，而人才的培养需要依靠教育来实现。实施乡村人才振兴战略，就要优先发展乡村教育事业，全面改善乡村地区办学条件，提升河北省乡村社会的教育质量。

一、统筹规划布局乡村基础教育

首先，尽快实现城乡教育一体化。推进城乡教育一体化可以加快乡村基础教育发展，缩小城乡发展差距，促进城乡教育资源共享、优势互补。为实现河北省城乡教育的均衡化发展，各地要立足自身乡村教育发展现实，摸清家底。

要树立“优先发展乡村教育”的思想理念不动摇，着力解决制约本地乡村教育发展的主要因素和薄弱环节，创新工作举措。针对支持乡村教育发展资金不足的现实，各地要大力投入资金支持乡村义务教育阶段，做到办学经费保障到位，在教育薄弱的乡镇统筹规划学校布置格局，新建和改、扩建乡村标准化初中和标准化小学，大力扩增校舍面积，全面改善教育落后村镇基础教育学校的办学条件，实现乡村基础教育的全覆盖，切实解决城乡教育发展不均衡的问题。

其次，实现优质教育资源最大化。要对教育资源进行合理资源整合，在乡村地区大力推行城乡教育联盟和推行区域组团办学的举措，由点及面，充分发挥优质资源的辐射带动作用，就近辐射带动乡村薄弱学校的发展，城乡教育联盟是选择城区中教学质量较高的优质初中、小学作为“盟主”，每所优质校与乡镇若干所初中和小学结为合作联盟共同发展，要求对县域所有乡镇中小学全覆盖。探索建立城市优质学校与农村薄弱学校统一领导、统一管理、统一调配师资的“三统一”办学模式，联盟各学校通过现场交流、教师轮岗、示范课观摩、教学经验座谈、金课下乡、联合评价等形式加强交流，打造教育发展共同体。乡村薄弱学校在与盟校的互动交流中，可以学习优质学校先进的教育理念，大家互相取长补短，相互促进，实现了抱团发展。这不仅可以构建农村学校、薄弱学校向优质化、规范化发展格局，有效缓解优质学校“大班额”“择校热”问题，而且可以快速促进乡村学校办学理念、教学质量和教学管理水平的整体提升。

最后，确保城乡教育公平公正。保障河北省乡村学生入学公平，确保乡村的每一个孩子都可享受到无差别的义务教育资源，让城乡孩子享受同样公平而有质量的教育，实现乡镇学校教育的均衡化发展；完善贫困学生的资助体系，保证家庭经济困难学生全部就学，确保乡村义务教育阶段学生不失学、零辍学，努力办好人民满意的教育。如扎根云南省丽江市贫困地区 40 余年的“全国脱贫攻坚楷模”张桂梅，创办了全国第一所全免费女子高中，建立特殊学生群体关爱体系，帮助 1800 多名贫困山区女孩圆梦大学，保障了学生受教育的机会和权利，促进了教育公平。河北省北部、西部等部分县域教学设施较为滞后，学生住宿、食堂等生活条件较差，师资力量也比较薄弱。因此，要改变他们的教育现状，阻断贫困代际传递，确保城乡教育的公平、公正。

二、改善乡村学校办学条件

首先，均衡配置学校教学设备和生活设施。重点实施乡村义务教育薄弱学校教学设施改造计划，通过政府拨款和引入社会资本的方式保障乡村学校的教学设施投入经费，购置和补强数理化、生物、地理、音体美等学科教学仪器，配置多媒体等信息技术教学设备。优先补齐乡村义务教育办学条件短板，着力改善学生生活设施，特别是针对乡村偏远地区学生和留守儿童的寄宿需求，重点改造和建设学生宿舍、食堂、洗浴、饮水等学生基本生活必需的设施设备，做好学校清洁取暖和旱厕改造，从而改善乡村学校学生的基本生活条件。

其次，发展乡村学校远程教育。以各乡镇中心学校为中心，建立全面覆盖的信息网络，进一步夯实 4G 和光纤网络基础，逐步探索在各乡村地区开展 5G 网络建设，不断提升各乡镇中心学校信息基础设施的水平。加强对现代远程教育网络的应用管理，通过视听技术、卫星传播技术、计算机技术、网络技术等多种技术，以及卫星转播、多媒体、光盘、电脑等现代化远程教育教学设备开展教学，充分利用互联网便捷性、丰富性的资源优势，实现远程教育与传统教育互带互动、优势互补，不断激发乡村学校的教学活力，全面提高乡村学校远程教育水平，从而促进城乡远程教育均衡发展，缩小城乡差距，实现乡村远程教育现代化和教育公平化。鼓励乡村教师自觉学习和掌握现代信息技术教育，不断学习信息技术，努力提高信息化操作和电子教学水平，把远程教育资源充分运用到课堂教学中，提高乡村学校的信息化教育水平。

三、强化乡村师资队伍建设

首先，大力扩充乡村教师队伍。实施乡村教师定向补充计划，通过与相关高校签订协议，培养公费师范生，免除其上大学的学费，并补贴部分生活费，毕业后定向分配到乡村学校任教。公费师范生大学毕业后须在指定的乡村学校任教一定年限，从而使乡村教师的队伍得到有效扩充。如河北师范大学在参加普通高校全国统一招生考试的考生中，实行提前批次录取，选拔热爱教育事业的学生并签订协议，其大学毕业在乡村任教八年，从而定向培养乡村优秀教师，为乡村教育振兴助力。开展城乡教师交流轮岗及“三区”人才支持计划，引导市区学校教师向农村中小学流动，在优质学校选派具有中高级职称的骨干教师到偏远乡村地区支教，用于扩充乡村学校中相对薄弱学科的师资，有效缓解乡村学校教师短缺问题，从而使城乡学校师资在学历结构、职称结构、年龄结构及骨干教师比例等方面日趋均衡，激发乡村教师持续保持队伍活力。

其次，精准培训乡村教师。2020 年 9 月 4 日，教育部发布的《中共中央国务院关于全面深化新时代教师队伍建设改革的意见》中指出：“我国乡村教师队伍中，35 岁（不含）以下教师占 43.4%，男教师占比接近 40%，本科以上学历占 51.6%，中级以上职称占 44.7%。”可见，在中国目前的乡村教师队伍中，仍有将近一半的教师并未获得本科学历，乡村教师能力和素质水平整体依然偏低。因此，要针对乡村教师开展精准培训。推进乡村教师专业化发展。通过公费培养、国培、省培、高级研修等举措，着力补齐乡村地区教师能力短板，为乡村地区打造一支“下得去、留得住、教得好”的高素质乡村教师队伍，大幅提升乡村教师整体素质。通过“名校名师送教下乡”“教师跟班学习”等传帮带方式，使乡村教师能近距离学习优秀教师的教学理念和教学方法，全方位提升乡村教师的综合素质水平，提升乡村教师的教学水平，从而以优质的教学质量达到乡村教师人才振兴的目的。加强对乡村教师师德、师风培训，要始终把教师的师德、师风水平作为评价乡村教师队伍素质的首要标准，通过教师思想道德专项讲座、参观红色教育基地等方式整体改善农村教师思想道德素质，引导广大乡村教师争做“四有”好老师、当好“四个引路人”。强化对乡村教师乡情教育，通过将本地乡情纳入乡村教师的日常学习之中，提升乡村教师的使命感与责任感，强化外地乡村教师服务本地乡村振兴的教育理想、信念和情怀，使他们能够热爱乡村、热爱他们从教的这片热土，增强本土文化认同感，从而能够安心在乡村从教。

四、健全乡村教师激励机制

首先，提高乡村教师薪酬待遇水平。各地财政应强化对乡村教师的支持力度，全力保障其工资水平不低于当地公务员收入水平，并根据乡村地区教师任教地区的经济发展水平与交通情况发放专项补贴，以提高乡村教师薪酬待遇，从而使乡村教师有更多职业幸福感和获得感。积极落实乡村教师生活补助及乡镇工作补贴政策，提高教龄津贴的标准，按照每人每月的标准足额发放补贴。积极实行教龄累进工资制度，切实提高乡村老教师工资水平。为乡村教师提供交通补贴、伙食补贴、汽车加油券等福利保障，改善乡村教师的福利待遇。

其次，对乡村教师职称评定实行倾斜政策。对乡镇农村学校在编教师，在高级、中级职称指标上给予适度政策倾斜，对长期在乡村和艰苦边远地区从教一定年限、表现突出并获得学生认可的乡村教师，职称评审放宽学历和学术成果要求，可直接申评高级职称。对长期在乡村教学一线的教师在职称评审上要给予优惠政策，在职称晋升时可采取单列指标的方式，依据其任教年限晋升职称。2021 年，黑龙江省出台新规定，对于在乡村及偏远地区从事教育工作 30 年以上的资深教师，可直接晋升为高级职称，这样就能使乡村教师相对容易地晋升到高级职称，也能稳住人心，促进乡村教师人才队伍长远发展。目前，乡村学校中高级职称指标很少，而且不少被学校领导占用，这在一定程度上打击了基层教师的工作积极性，因此，要增加乡村教师的高级职称指标。同时，对乡村学校领导在高级职称的评定时要进行指标单列，将领导岗位与教师岗位职称评审分别评定，从而为乡村一线教师打造较为畅通的晋升渠道。这便可以极大地激发乡村教师扎根乡村，安心长期从事乡村教育的信心。

再次，完善乡村教师住房保障机制。当前，乡村教师岗位的工作要比城镇教师更辛苦，因为他们每天的生活环境以及工作环境都是有限的，乡村教师工资水平也相对较低，部分乡村教师执教多年却依然面临着住房难的问题，现实中甚至还有些乡村教师只能住在学校教室、办公室或者是附近村民房里，居住条件十分艰苦。这不仅动摇了乡村教师安心在乡村工作的信心，而且也让很多年轻人才不愿前往农村、乡镇学校工作。因此，解决乡村教师的住房问题是当务之急。建议在地处偏远、交通不便、条件艰苦的乡村学校配建教师周转宿舍，距离相对较近、交通较为便利、条件相对较好的乡村学校，可在乡镇寄宿制学校内或周边集中建设教师周转宿舍，将符合条件的乡村教师住房纳入当地住房保障范围。乡村教师住房问题的解决，将会极大地激发他们的工作热情，在工作当中也会尽自己最大的能力去教育学生。

最后，对乡村教师实施精神激励。开展乡镇学校名优教师评选活动，实行骨干教师评选倾斜政策。如 2020 年 7 月 11 日河北省教育厅和财政厅联合发布的《关于组织开展河北省优秀乡村教师和优秀教育工作者申报奖励工作的通知》，依据教师所做的教育贡献授予 270 名“河北省优秀乡村教师”和 30 名“河北省优秀乡村教育工作者”荣誉称号。河北省各地也可以制定相应的条件，评选一定数量的本地优秀模范教师，并给予各种荣誉奖励，积极打造敬业奉献的优秀乡村教师典型，并加以大力宣传他们的先进事迹，提升乡村教师的荣誉感，促进河北省各地乡村教师人才的整体振兴。

第六节　完善乡村医疗条件

乡村医疗卫生条件的改善对实现乡村人才振兴具有重要作用。为吸引和留住更多的乡村人才，需要优化和完善乡村的医疗卫生条件。河北省要通过加强公共卫生建设，提高乡村医疗服务能力，培养乡村医疗人才。

一、加强公共卫生服务体系建设

首先，健全河北省各乡镇的就诊信息网络。要健全县区医院、乡镇卫生院、村级卫生室的三级就诊信息网络，实现不同层级医院上下互通、功能互补的公共卫生机构，以改善乡镇基层的医疗条件，方便村民就近就医。以县医院为基础平台，健全与省市大医院长期合作帮扶机制，对口建立即时远程医疗技术支持系统，实现疑难、急重病例由专家远程会诊，促进优质医疗资源纵向流动。以县医院专家团队为支撑，建立县、乡（镇）、村医疗机构技术信息交流互动平台，县医院专家通过信息化手段即时支持镇村医疗机构解决疑难诊疗问题。建立医疗信息化一卡通系统，实现了群众在市、县、镇、村定点医疗机构看病即时报销、全程监控、全程管理，从而为乡村人才提供良好的医疗保障。

其次，明确乡村公共卫生服务范围。加大医疗卫生领域投入，鼓励社会资本、乡镇集体经济、乡村自治组织等加入农村公共卫生服务设施建设，明确乡村公共卫生服务范围。根据实际的经济社会发展水平，在明确国家基本公共卫生服务项目的基础上，进一步增加乡村公共卫生服务的内容，包括居民健康档案管理、老年人健康管理、健康教育、孕产妇健康管理等，使村民也能够享受多样、便捷、及时的公共卫生服务。在规定的公共卫生服务范围内，进一步改善农村公共卫生服务设施，按照标准规范建设具备独立诊断室、治疗室、药房、观察室的村卫生室，配备必要的医疗设施设备，更好地为乡村人才服务。

二、加大对乡村医疗的财政支持力度

首先，合理编制公共卫生投入的财政预算。为规范和加强乡镇基本公共卫生服务项目专项资金的管理，保障公共卫生专项资金安全，提高公共卫生专项资金使用效率，更好地为乡镇居民提供公共卫生服务，要合理编制公共卫生投入的财政预算。进一步规范和完善河北省公共卫生投入的财政预算，合理规划政府预算卫生支出、社会卫生支出和居民个人卫生支出，满足乡村居民的就医需求。要在居民健康教育、预防接种、传染病防治、儿童保健、妇女保健、老年人保健、慢性病及重型精神疾病方面进行分类专项资金管理，提升公共卫生专项预算资金的使用效率。

其次，加大乡村医疗设施投入力度。党的十九大报告指出，人民健康是民族昌盛和国家富强的重要标志，提出实施健康中国战略，为人民群众提供全方位、全周期的健康服务。为此，在乡镇地区要加大乡村医疗设施投入力度，要把乡村卫生室建设作为各县市财政支出的优先保障领域，公共财政要加大力度向村级卫生室建设倾斜，增加对村卫生室、乡镇卫生院的财政投入力度，提高村级卫生室的医疗服务能力和保障能力。通过建立对口帮扶机制，引导城市医护人员定期入驻乡镇卫生院坐诊，提高乡镇卫生院与乡村卫生室医疗服务能力，不断提升乡镇医疗卫生人员待遇，稳定乡村医疗人才队伍。积极支持引导乡村私人诊所规范化建设，补充乡村医疗卫生力量。

三、加强河北省乡村医生队伍建设

首先，鼓励优秀卫生人才到乡村地区服务。积极引导医疗卫生人才进行合理流动，鼓励医学专业毕业生到乡村地区尤其是乡村边远地区进行服务。对长期在乡镇基层工作的卫生人员实行职称晋升和薪资提升激励，从而能够稳住人心，增强他们在乡镇基层从事医疗服务工作的信心，缓解乡村医疗人才流失的困境，减轻乡村医疗人才供需的矛盾。对于医药类高等院校大学生，毕业后志愿到农村基层工作的，要根据基层需求，联系乡镇卫生院，在校期间可签订定向协议，学生可以优先申请国家助学贷款、适当减免学费、优先获得勤工助学的机会，从而通过政策倾斜鼓励医疗卫生人才下乡到基层工作。

其次，建立河北省乡村医生队伍激励机制。加快建立乡村医生队伍激励机制，提高乡村卫生人才的医疗待遇，建立乡村医生队伍的专项补贴制度。对乡村医疗服务发展做出重大贡献的乡村医生队伍评选为各级道德模范，并给予差别化补助，从而留住乡村医疗卫生人才。建立乡村医疗卫生人才继续教育机制，通过县级医院与乡镇卫生院结对子，定期为乡村医疗卫生人才提供进修机会，促进乡村医疗卫生人才技术水平的不断提升。

第七节 建设生态宜居乡村

生态宜居是指乡村生态和乡村宜居的有机统一，是乡村生态保护的现实需要，也是实现乡村人才振兴的关键抓手，建设生态宜居乡村有利于改善乡村生活环境，为吸引和留住乡村人才创造条件。

一、加大乡村生态保护力度

首先，开展乡村生态保护宣传教育活动。结合实际情况宣传生态环境保护的相关政策及法律法规，在乡村中普及环境保护知识，提升乡村居民的生态保护意识。在重点水源地、山地、林地等生态保护区设置环境保护警示标志，提高乡村居民自觉保护生态环境的意识，从而打造生态宜居乡村，使乡村成为人人向往的宜居之地。加大生态环境保护法律普法宣传力度，有效营造共治共享的良好氛围。加强宣传农村生态环境保护知识，讲解如何解决垃圾减量、生活污水处理、农药化肥合理使用、水源地和森林保护等农村突出环境问题。引导村民积极参与生态环境保护工作，给村民耐心讲解大气污染防治小常识，农药、化肥、农膜等对土壤的污染，环保宣传活动，指导村民用正确的方法保护身边环境，从而在乡村营造良好的乡村生态环境。

其次，加大乡村污染防治力度。开展农业污染治理，通过加强农业污染防治，严查废水废气排放，并大力整治污染企业，改善乡村水环境质量，提高乡村生态环境质量，推动美丽乡村建设，为乡村居民构筑一个良好的生态环境空间。同时，在“十四五”期间，为落实农村人居环境整治提升五年行动要求，要坚持问题导向、成效导向，采取重点突破和综合整治、试点示范和监督管理相结合的方式，进一步加大农村环境整治力度，促进生产生活生态融合，助力乡村振兴。加快消除农村黑臭水体，清理农村生活垃圾、清理村内塘沟、清理畜禽养殖粪污等农业生产废弃物。系统采取控源截污、清淤疏浚、水系连通、生态修复等措施，消除乡镇地区面积较大的农村黑臭水体，助力美丽乡村建设，从而为乡村人才提供一个绿色健康的人居环境。

二、营造珍爱乡村环境的氛围

首先，开展生态环境保护实践活动。充分利用好“环境保护日”“水日”“地球日”等主题纪念日，开展主题明确、形式新颖、内容丰富的生态环境保护实践活动，在乡村营造保护环境、珍爱环境的良好氛围，促使乡村居民自觉地保护当地的生态环境，促进乡村环境的整治与改善，改善乡村居民居住环境。成立党员干部和志愿者服务团队，号召党员干部、乡村群众积极参与。在乡村地区发放宣传手册，现场讲解提高环保意识的重要性，提倡大家充分发挥“走在前、不怕苦、不怕累”的精神，严禁向河流、湖泊等周边倾倒、乱扔垃圾，切实打造一个舒适、干净的生活环境。

其次，拓展“绿色+”的绿色乡村活动。良好的乡村居住环境是吸引乡村人才的主要手段，而乡村良好居住环境也是我国乡村振兴战略的重要内容之一。要积极开展“绿色＋社区”“绿色＋学校”“绿色＋农业”等形式多样的绿色创建活动，把“绿色家庭”创建与美丽乡村建设工作相结合，通过开展绿色环保活动，择优评选出“绿色家庭户”“清洁家庭户”“最美庭院户”等先进家庭，从而强化乡村居民生态保护的理念和意识，使乡村居民逐步形成绿色生态环境保护理念，打造良好的生态宜居乡村。

三、打造特色田园乡村

首先，因地制宜开展特色田园乡村建设。根据当地的特色文化、地理位置及乡村资源禀赋，大力开展生态宜居乡村建设。可结合当地的地理优势开展“农业＋旅游业”的融合带动生产模式，不盲目跟风、效仿和照搬不适宜本地发展的乡村建设模式。如张家口市崇礼区依托当地的冰雪资源及特色农牧资源发展旅居产业，推动生态宜居乡村建设，从而在乡村营造舒适宜居的工作和生活环境。充分利用当地历史文化资源，打造乡村非遗民俗展示市集；营建一室多用的村民活动中心，作为村民议事堂、党员微家、农村书屋；注重文化保护和乡土文脉传承、维护村庄老房古树等有形文化，建设特色田园乡村，从而让村民生活更加和谐、更加温馨、更加幸福。

其次，重塑乡村特色田园风光。要加大改造和建设力度，依靠历史文化和特色产业，加强田园建筑设计，建设特色田园乡村，使各地乡村在改造中呈现出独具特色的田园风光和田园生活，提升乡村居民的幸福感，吸引乡村人才集聚。如张家口市围绕京津群众康养需求，先后培育了万全杏花沟旅居康养小镇、赤城温泉旅居康养度假区等康养度假项目，这不仅改善了居民生活环境，还吸引了众多创业者和从业者。

第八节 营造乡村文明

乡村文明包含着丰富的内涵，是乡村人才振兴战略的重要内容，也是加强乡村文化建设的重要举措。要通过乡村治理和乡村文化宣传，营造良好的乡村文明，吸引和留住乡村人才。

一、培育乡村社会治理人才

首先，着力培育乡村治理人才。让尊重科学、尊重知识、尊重人才成为一种社会风尚，不断努力营造识才、爱才、敬才、用才的乡村文明环境，大力培育更多乡村治理优秀人才。鼓励各类治理人才投入乡村振兴的事业中，切实增强他们的自豪感、荣誉感，使他们“来者有其尊，优者有其荣”；将外出务工人员、高校毕业生、退伍军人等有意愿参与乡村治理的各类人才纳入培育范围之内，培育更多乡村治理优秀人才，充实基层治理力量。深化乡村治理人才培养、引进、管理、使用、流动、激励等制度改革，完善人才服务乡村激励机制，让乡村治理人才参与乡村治理，实现乡村治理现代化，推动乡村文明风气改善，从而以有效乡村治理助力乡村人才振兴。

其次，加大对乡村治理人才的资金支持力度。将乡村治理发展纳入当地社会经济发展规划，建立乡村治理服务经费保障体制，制定合理科学的城乡治理发展经费投入比例。加强对乡村治理人才培育的财政资金投入，保障乡村治理人才和大学生村官示范培训班、外出实地考察、聘请专家教授、乡村治理人才交流经验等一系列实践活动的资金需求，提升乡村治理人才的管理和服务水平，从而加大乡村文明的建设力度，确保乡村治理人才以主人翁姿态投身家乡建设，发挥在乡村治理中的积极作用，为走好新时代乡村振兴之路奠定乡村治理人才基础。

二、优化乡村法治治理环境等聚乡村人才

首先，加大乡村法治宣传力度。大力开展乡村法律服务，在依法处理教育、医疗卫生、征地拆迁等群众关心关注的热点问题时，坚持政策宣讲与普法宣传一体推进，矛盾化解与法治教育同步进行，精准对接人民群众的利益诉求和权益保障等法律需求。实施送法进乡村宣传活动、法治文艺汇演、举办法治讲座、开展以案释法、建设法治文化公园、法治标语等方式，推动乡村文明的建设发展。强化法治宣传、法治实践与社会治安综合治理相结合，把“法理”的内核用乡村的“情理”呈现出来，引导群众遇事找法、化解矛盾靠法，有效激发乡村群众参与法治乡村建设的热情，增强群众在基层法治建设中的获得感，在乡村营造出浓厚的学法、尊法氛围，以法治服人心、聚人气，进一步提高乡村文明程度，吸引乡村人才集聚。

其次，加强乡村干部的法治能力。加强对村干部的法治教育，不断提高村干部的法治观念和依法办事能力，保障农民在土地承包经营权流转、林权改革、

土地改革中的合法权利，按照法律依法合规办事，有涉及村民切身利益的重大事宜，乡村干部要召开村民大会一致商讨决定，切实维护村民的合法权益。乡村干部要依法依规支持村民开展民主选举、民主协商、民主决策、民主管理、民主监督等自治活动，使村级事务管理权力运行权责统一，不断加快推进农村基层治理体系和治理能力现代化建设，净化乡村干部队伍，消灭乡村不良社会风气，用良好的法治环境聚人心、留人才，营造良好的乡村文明环境。

三、弘扬传统文化集聚乡村人才

首先，着力培育乡村文化人才。加大对乡村文化人才的培训力度，依托乡村祠堂、文化礼堂等文化阵地，加强对民间艺人、民间艺术团等乡村文化人才进行培训。2020 年，河北省馆陶县依托粮画小镇举办了乡村旅游管理人才培训，邀请专家学者进行专业授课，并实地观摩粮画小镇、艾草产业园、陶艺文化园等乡村旅游与旅游扶贫重点产业，从而提高乡村旅游管理与从业人员的综合素质。注重发挥乡村文化和旅游能人、产业带头人、非物质文化遗产代表性传承人、工艺美术师、民间艺人等领头作用，挖掘培养乡土文化人才，建立河北省乡村文化人才培养基地，制定乡村文化人才培训体系，对民间文艺团体、文化大户和文艺爱好者进行长期培训，提高河北省乡村文化人才的素质水平和创新能力，从而建设良好的乡村文明环境，吸引和留住乡村人才。

其次，大力开展乡村文化宣传活动。根据河北省各地乡村的实际发展情况因地制宜，进一步丰富文化传播形式，通过采取宣传手册发放、海报张贴、广播、文化墙、宣传栏、农村大喇叭等群众喜闻乐见的传播形式等方式宣传推广传统文化，积极开展文化“三下乡”活动，通过为乡村人民群众提供喜闻乐见的艺术，丰富乡村人民精神文化生活。积极利用当下快手、抖音等短视频平台，积极宣传乡村好人好事，优秀乡村文化等内容，充实农民日常文化生活，进一步提高乡村文明程度，从而实现以乡村文明建设聚人才、暖人心。

四、建设现代乡村文化留住人才

首先，着力营造现代乡村文化新风气。在新时代，要以乡村文明建设为目标，积极开展各类弘扬新风、移风易俗的文化实践活动，挖掘农村传统道德教育资源，深化中国特色社会主义和中国梦宣传教育，弘扬时代精神、集体主义精神和新乡贤文化，涵养明德向善、守望相助、风醇物厚的文明乡风，用好的乡风聚人、聚心、聚气，推动社会主义核心价值观在乡村落地生根。大力弘扬现代乡村文化，广泛开展群众性精神文明创建活动，潜移默化地影响乡村人才的价值取向和道德观念，使乡村人才在乡村发展中形成强大的凝聚力和向心力，从而吸引乡村人才回归乡村社会，引领现代乡村文化新风气，促进乡村文明的发展。

其次，培育现代乡村文化产品专业人才。打造富有特色的现代乡村文化产品，将乡村文化价值与乡村资源进行巧妙融合，深度挖掘乡土文化、民俗文化、地域文化与现代文化之间的关联，制作出深受消费者喜爱的“接地气”的现代乡村文化产品。近年来各地陆续开发了现代乡村文化气息十足的特色乡村产品，如中草药挂件或香囊、创意T恤、农耕文化书签、桃花坞木刻年画、原木手工雕刻木制扇、山水雕塑保温杯、创意包装有机绿茶等。通过增加文创产品的实用性，将一些乡土元素、特色标志等融入现代乡村文化产品，从而形成具有一定纪念意义或者收藏意义的产品。多样性和多元化的现代乡村文化产品能够提升现代乡村文化价值，形成一条现代乡村文化产业链，促进乡村文化产业发展，从而营造良好的乡村文明风气，也为乡村人才提供了乡村创业新途径。

五、打造乡村文化公共空间

首先，加强乡村文化公共空间建设。大力发挥河北省各地乡村人才在乡村文化公共空间建设的主要作用，积极鼓励乡村人才参与乡村公共文化空间建设，完善乡村文化公共空间建设的人才保障体制。乡村祠堂、寺庙、古村落、古街道等公共空间是村民进行日常交往、活动、娱乐、休闲、行政等诸多活动的空间载体。建设乡村文化公共空间在一定程度上有利于丰富村民日常生活，保护优秀的乡村传统文化。因此，在建设新农村的过程中要“一村一策”，切实尊重本村村民的意见，避免千篇一律地简单复制城市的空间布局，切实提高乡村人居环境质量，保护好传统古村落和历史文化名村的文化遗产和建筑风貌，从而营造良好的乡村文明环境。

其次，提升乡村文化公共空间的发展水平。积极扩充乡村文化公共空间功能，通过综合利用乡村文化广场、农家书屋等乡村公共空间，在其原有功能的基础上融入文化传播功能，以满足乡村居民日益增长的文化需求。比如，向农家书屋提供政治、法律、历史、文化、文学艺术、农业科技、卫生保健等各类书籍，开阔农民眼界，提高农民精神文化水平，使广大农民的日常生活方式更加文明和科学。拓宽乡村文化广场的功能，提高服务档次，在乡村文化广场举办爱国电影下乡、农业科教下乡、农事座谈会等各种活动，丰富村民农闲生活。通过多样化利用乡村文化公共空间，提升村民文化素质水平，推动乡风文明建设，吸引乡村人才回归乡村社会。

六、加强乡村人才的文化认同

首先，提升乡村人才的文化认同感。要强化乡村本土文化建设，通过将乡村本土文化与社会主义核心价值观相结合，充分挖掘和宣传文明乡风、良好家风、淳朴民风等优秀乡村文化，并将其用来教化村民，改善村风，提升乡村整体精神风貌，增加乡村人才对本土文化的认同感与归属感，从而以培养乡村人才的文化认同意识助力乡村人才振兴。

其次，增强乡村人才的文化认同能力。开展符合乡村人才需求的文化建设活动，建立以政府为主导、村民委员会执行的奖惩和考核机制，通过举办基层文艺骨干和新文艺群体专题培训班、“送欢乐、下基层”文艺志愿服务活动、“文艺扶贫奔小康”微电影创作、民间文艺作品征集展演、乡村书法展、“影像见证 40 年”摄影展、重点现实题材电视剧剧本创作等系列实践活动，建设优秀传统文化认同大环境，开阔乡村文化人才视野，不断增强乡村人才的文化认同能力，使乡村人才积极主动地参与乡村建设，进一步促进乡村文化产业发展，营造良好的乡村文明氛围。

第十五章 河北省乡村人才振兴资源性配置发展路径

近年来，随着河北省经济社会的快速发展，乡村人才队伍建设成效显著，乡村人力资本素质有了一定的提高。乡村人才资源性配置是要在乡村中对乡村人才进行科学、合理的最优配置，以发挥人才的最大效用。当前，对河北省乡村人才人力资源进行合理的资源性配置，是河北省乡村人才振兴的必由之路。

第一节 精准设计乡村人才引进政策

加强乡村人才队伍建设，顶层设计是保障。做好乡村人才引进工作，有利于促进人才回流乡村，有利于促进乡村社会经济发展和乡村振兴战略目标的实现。因此，要进一步加强乡村人才引进政策设计，强化河北省乡村人才振兴的政策供给。

一、创新乡村人才引进政策

首先，加强人才引进的制度性创新。“三区人才”“科技特派员”等人才专项计划以坚持服务“三农”为出发点和落脚点、以科技人才为主体、以科技成果为纽带，在推动乡村振兴发展、助力打赢脱贫攻坚战中发挥着重要作用。“三区人才”的目标是国家每年引导10万名优秀教师、医生、科技人员、社会工作者、文化工作者到“三区”工作或提供服务，每年重点扶持培养1万名“三区”急需紧缺人才。2021年，河北省科技厅启动了第一批科技特派员派驻服务工作，首批来自河北工程大学、华北电力大学、保定学院等单位180名科技特派员正式奔赴农村的各个岗位，开展对口服务工作。

其次，加强非正式制度的创新性设计。非正式制度是正式制度的延伸、阐释和修正，能够在促进人才返乡中发挥重要作用。要重视非正式制度的设计，深入实施人才回引工程，对急需紧缺的高层次乡村人才、特殊专业乡村人才和高端科研人员实行年薪工资制、协议工资制、项目工资制。年薪工资制主要由基本年薪、效益年薪和奖金构成。其中，基本年薪根据国家工资标准确定，按月发放；效益年薪由用人单位依据年度任务指标的完成考核情况自主确定并发放；而奖金主要是针对超额完成任务或者有突出贡献的人员发放。协议工资制是要根据乡村人才的能力水平、岗位职责、目标要求等，与人才协商一致后自主确定的薪酬水平。项目工资制是指用人单位依据项目周期内乡村人才所承担的阶段性任务，与人才协商一致后自主确定项目薪酬总额，并在项目经费中予以列示。灵活多样的工资分配形式不仅可以提升乡村人才的收入水平，同时也让乡村人才的收入分配更加公平和合理。

二、设计乡村人才特色激励政策

首先，实施高端乡村人才绿卡政策。设立高端乡村人才绿卡政策，旨在为乡村人才提供更为完善、更为便捷、更具人性化的服务，为高端乡村人才创造良好的工作和生活环境。适当放宽学历、资历等条件限制，由人社部门组织专家，通过面试答辩、实地考核、成果鉴定等方式，为符合要求的高端乡村人才发放人才绿卡。强化高端人才绿卡服务保障，在人事档案管理、户籍办理、子女入学、配偶就业、住房保障、房租补贴、就业创业服务、场地支持、科研经费支持、科研服务、工商税务服务、金融服务、医疗保健、生活服务、社会保险等各方面设立绿色通道，为高端乡村人才提供多层次的服务保障。

其次，为乡村人才提供特色扶持政策。要贯彻实施《河北省招商引资优惠政策》《河北省职业技能提升行动实施方案》《关于加快推进新型职业农民培育工作的意见》《关于支持农民工等人员返乡创业的实施意见》等政策。对于创新创业的乡村人才，给予相应的贷款担保和财政贴息；保障人才住房，加大人才公寓建设力度，为乡村人才提供人才公寓租赁服务；协助乡村人才子女享受优质教育资源；完善乡村人才医疗保健待遇，为乡村人才就医开辟绿色通道。通过提供特色扶持政策，激发乡村人才在各自擅长领域发挥才能、实现价值的积极性，进而吸引更多人才返乡，激励人才扎根乡村，在乡村振兴的大舞台中大显身手。

第二节 大力吸引人才下乡创业

随着乡村振兴战略的深入实施，农村的吸引力大大增强，人才下乡创业渐成趋势。下乡人才积累了资本、技术、现代理念、经营管理知识和产业运作经验，积极引导下乡人才以“资本”“技术”“智力”等要素投入乡村发展，对实现乡村振兴战略目标具有重要意义。

一、积极引进企业家投资乡村

首先，加大企业家投资乡村的税费优惠。完善乡村投资的相关税收优惠政策，可以有效减轻企业的税收负担，极大激发企业家投资乡村的积极性，增加乡村居民的就业机会，从而进一步促进乡村的经济发展。强化税收政策的支持力度，降低企业家投资门槛，对于企业家下乡创办企业，吸纳周边村民就业的，按规定享受定向减税和普遍性降费税收优惠政策。对于生产销售有机肥、滴灌产品、生产销售农膜、批发零售种子、种苗、农药、农机、免征增值税；对于小型微利企业和从事农、林、牧、渔业项目减免企业所得税；对于从事“四业”（种植业、养殖业、饲养业、捕捞业）的暂不征收个人所得税；对于捕捞、养殖渔船免征车船税；对于增值税小规模纳税人销售额限额内免征增值税。此外，对符合国家和省政策规定的，可免征教育费附加和水利建设基金等政府性基金，免收登记类、管埋类、证照类行政事业性收费。

其次，加大企业家投资乡村的财政补贴政策支持。健全财政补贴政策，对企业投资有着显著的正向激励作用，能够扩容乡村居民的就业岗位，促进乡村经济增长。对于企业家返乡创办企业，吸纳就业困难人员就业的，按规定给予财政资金补贴支持，使企业家享受创业培训补贴、一次性创业补贴、租金补贴、创业带动就业补贴、创业担保贷款及贴息等扶持政策。例如，四川省德阳市财政对符合条件的农民企业家返乡创业（孵化）园区（基地），给予一次性补贴10万元，“省级小企业创业示范基地”可获得省级50万~100万元的财政专项支持；支持园区吸引农民企业家创办的电子商务企业，按每户企业1万元/年给予补贴；对返乡农民企业家创办的注册成立不满3年、符合国家产业政策的科技型小微企业，进入工业园区小企业产业示范基地租用生产场地，给予企业50%的厂房租金财政补贴。

二、吸引高校、科研院所专家

首先，组织高校专家以多种形式服务乡村。组织实施“农业专家科技扶贫活动”“农业专家博士乡村行”等专家人才服务乡镇基层活动，吸引高等院校、科研院所的专家、教授等高级人才深入乡村进行讲学、培训、技术咨询、技术指导，加快农业相关专业技术的推广与应用。例如，河北工程大学园林与生态工程学院副教授、果树专家陈敬谊走遍河北省果树种植区的田间地头，累计行程 30 多万千米，举办果树技术讲座 3000 多次，义务培训果农 40 多万人次，帮助果农引进果树新品种 130 多个，技术指导百亩以上果园 110 多个，建立果树群 90 多个，帮助上万名果农走上脱贫致富路。

其次，建立乡村专家服务站。大力实施人才强县战略，建立院士工作站以及博士服务中心等乡村专家服务站，全力助推专家人才的事业发展。例如，临沂市兰陵县自 2019 年设立专家服务站以来，已与 23 位院士专家建立了长期稳定的合作关系，柔性引进了 200 余名涉农类专家，2021 年以来与复旦大学开展合作，辐射带动了 12 个村庄、20 平方千米、26000 余位农民的田园新城建设，依靠人才力量引领公司辐射带动当地经济快速发展，保障了当地农民的稳定增收。

三、积极引进高校毕业生

首先，鼓励高校毕业生服务乡镇基层。进一步落实《推进乡村人才振兴若干措施》《关于进一步引导和鼓励高校毕业生到基层工作的意见》《河北省高校毕业生基层成长计划实施方案》，积极主动地为高校毕业生提供成长和发展的就业培训平台、创业孵化平台，向高校毕业生宣传 “三支一扶”项目，引导高校毕业生到乡村工作。积极招录高校毕业生到乡镇基层就业，要依据基层发展需求，通过对乡镇基层机关事业单位增加事业编制，吸引更多的高校毕业生到乡镇基层就业，支持高校毕业生参加乡镇基层的选调生和公务员选拔，扩大基层选调生的数量和岗位。结合基层实际情况制定适合县乡事业单位工作性质的专门性公务员考录测评办法，对于考录到市地级以上机关单位的毕业生，可先行安排到县乡机关进行为期 1 年的锻炼。

最后，鼓励高校毕业生返乡创业。把高校毕业生返乡创业作为保障和改善民生的重要任务，充分发挥高校毕业生在发展乡村特色产业、传统手工艺业、文化旅游业等方面的聪明才智。出台有关高校毕业生返乡就业创业的优惠政策，对即将毕业的高校学生给予就业指导，鼓励其在择业时优先选择到符合自身专长的乡镇基层创办企业、从事个体经营或者网络创业等。放宽农业合作社等经济组织的准入条件，允许高校毕业生以资金入股或技术参股的形式即可加入相关经济组织。制定扶持政策和农业补贴政策等政策支持的形式，对符合条件的高校毕业生积极参与家庭农场建设的给予政策扶持。出台各类人才定期服务基层政策，鼓励高校毕业生利用互联网远程技术参与乡村公益性志愿服务或兼职工作，从而便于其利用闲暇时间参与基层的发展建设。营造有利于高校毕业生返乡创业的良好环境，坚持促进发展和培养人才相结合，引导和鼓励更多高校毕业生扎根乡村、服务乡村。

四、积极吸引乡贤群体

首先，搭建乡贤会汇集乡贤。发挥政府在乡贤会搭建过程中的引导作用，通过周密规划汇聚地方贤德楷模，充分激发乡贤人才的潜力，将乡贤会打造成河北省乡村人才返乡建设的组织平台。发挥地方企业家、技术人员及文化工作者等在乡贤会创建过程中的引领作用，鼓励他们通过担任职务的方式积极参与乡贤会的创建，发挥他们的“头雁”作用，建好用好乡贤会平台。凝聚乡贤人才力量，借助“乡贤联谊会”凝聚一批具有奉献精神的乡贤，不断充实“乡贤人才库”，壮大乡村振兴人才队伍，让乡贤们充分发挥自己的优势，引导他们成为乡村振兴建言献策“智囊团”、产业发展“致富团”、纠纷调解“和事团”、乡风文明“督导团”、公益慈善“志愿团”、助学兴教“助学团”，助推乡村全面振兴。

其次，引导乡贤会服务家乡。充分激发乡贤群体的潜力，利用他们在返乡建设中的巨大优势，通过设立人才头衔和贤德榜等方式，树立乡村贤德标杆，发挥他们在返乡创业中的模范作用，从而引导更多的乡贤人才参与到乡村建设工作中去。发挥乡贤的资源、人脉、智力优势，实现引老乡、回故乡、建家乡的目的，进一步加强与散布在全国的冀商的联系和沟通，盛情邀请老乡代表，共叙乡情友情，共谋家乡发展，引导广大冀商回乡投资兴业，促进乡村经济社会高质量发展。2020 年 1 月，邯郸永年区成立了永年商会，积极鼓励企业家积极回乡投资置业，共谋发展，并发挥朋友多、信息灵、资源丰富的优势，积极提供项目信息，宣传推介永年，为家乡招商引资和项目建设穿针引线、铺路搭桥。在大会上商会成功签约总投资 8.8 亿元的不锈钢医疗紧固件项目、铝模板设备生产基地项目和高科技消防器材项目，大幅度促进了永年区特色产业的发展。

第三节 建立乡村人才激励机制

水不激不跃，人不激不奋。要建立有效的乡村人才激励机制，强化乡村振兴人才支撑，激励各类乡村人才在乡村振兴工作中充分发挥自身专长，为乡村振兴储备一批懂农业、爱农村、为农民的“三农”人才工作队伍，使乡村需要的各类人才进得来、有作为、留得住。

一、加强对乡村人才的物质激励与精神激励

首先，加大对乡镇基层人才的物质激励。不断提升乡镇基层工作人员的工资水平，工资应综合考虑基础工资、当地生活水平、绩效工资、岗龄工资以及“五险一金”进行评定。2022 年，不少地方上调了村干部的待遇。例如，河南省洛阳市提出，从 2022 年开始，全市的村支书工资每月最低增加 1400 元，调整后为每月 3600 元，其他村干部也做出相应调整。按照村委副书记与村主任不低于 70% 来看，基本上村干部的月工资都能在 2000 元以上。优化考核评价机制，对工作成效突出的人员加大奖金奖励，形成“能者上，优者奖”的良好工作导向。按年逐级增加乡镇基层工作人员人才的养老保险金，对需要在家庭和工作地之间来回奔波的乡村教师、乡村医生、乡村治理人才给予一定的交通补贴与加油费补助。

其次，实施乡村人才精神激励。精神激励包括情感激励、榜样典型激励与荣誉激励等内容。增强对乡村人才的情感激励。营造乡镇基层单位同事之间相互信任、彼此关心、相互尊重的工作环境，加强情感沟通，使乡村人才保持良好工作情绪，激发其工作热情。不断加强对乡村人才的榜样典型激励，通过新闻媒体、宣传橱窗等形式广泛宣传他们身上蕴含的工匠精神、劳模精神，突出其在实现乡村振兴中的价值，让其获得更多的幸福感和成就感，使其继续全身心地投身于乡村振兴的伟大事业中。对取得较大成绩或有突出贡献的乡村人才给予“五四劳动奖章”“乡村科技工作者”“返乡创业带头人”“电商直播能人”等荣誉激励，不断提高乡村人才的责任感和使命感，发挥他们在乡村振兴中的带头作用。

二、构建乡镇基层干部人才的晋升和考评激励机制

首先，完善乡镇基层干部的职位晋升激励机制。增加乡镇基层干部晋升渠道，营造比学赶超的工作氛围，使广大优秀乡镇基层干部都能得到良好的政治待遇。

要充分发挥竞聘上岗平台，每年拿出一定的公务员招聘比例或事业单位招聘比例定向招聘一批优秀的乡镇基层干部；充分发挥“领头雁”效应，坚持每年为上一年度获得市级荣誉表彰 1 次以上或县级荣誉表彰连续 2 次的乡镇基层干部中符合条件的优秀基层干部申报任期内乡镇副科级待遇，从而进一步激励村乡镇基层干部的工作积极性，实现自我价值的提升。

其次，构建乡镇基层干部考评激励机制。在对乡镇基层干部进行考核评定时，不能唯业绩论，要将乡镇基层干部的个人品德、勤政廉政及业绩能力同时纳入其绩效考评标准，始终坚持民主集中制原则，确保考评过程的公开公正、民主集中。坚持恩威并施，通过正向激励激发干部工作动力，负向激励给予干部压力。对于那些心系百姓、干实事的干部予以提拔和重用，确保有为者有位，而对于那些享乐思想和形式主义严重、不担当不作为的干部，相关纪检部门要给以警醒和惩戒，实现处理一个、治理一片的目的。

第四节 完善柔性引才制度

柔性引才是不改变人才原有的人事关系，利用各种方式使各类人才服务乡村的引才方式。因此，在当前乡村地区引才形势下，柔性引才无疑可以为乡村开辟一种新的引才途径。

一、柔性引进乡村专业技术人才

首先，多方并举柔性引进乡村专业技术人才。乡镇基层用人单位可以在不改变人才的人事、档案、户籍、社保等关系的前提下，通过挂职、兼职、顾问指导、技术咨询、退休特聘等多种形式柔性引进省内外专业技术人才，为河北省乡村人才振兴提供智力支持。2017 年，河北省制定了《河北省鼓励柔性引才暂行办法》，大力开展“周末工程师”活动，目的是吸引省内外高层次人才通过挂职、兼职、技术咨询、周末下基层服务等形式，为乡村基层发展提供智力支持，实现基层单位的“招才引智”。

其次，合理满足柔性引进人才的薪酬与个性化需求。对乡镇事业单位聘用的专业技术人才，要建立协议工资制。协议工资水平应由单位与拟聘用或已聘用的专业技术人才共同协商，并依据受聘的专业技术人才工作能力、所从事具体岗位及预期贡献等协议确定。协议应明确协议期限、协议期内的责任和目标任务，协议工资水平和发放条件，考核办法和奖惩，违约责任、协议终止条件和终止后有关事项处理办法等相关内容。将柔性引进的专业技术人才纳入党政联系专家服务范围，定期调研、走访和座谈，动态了解乡村专业技术人才的个性化需求，如住房、老人赡养、子女入学等需求，要采取“一人一策”“特事特办”等引才手段，持续跟踪和了解他们在工作和生活中的各种诉求，为其提供个性化的贴心服务。

二、柔性引进教师、医生、科技、文化等乡村急需人才

首先，建立人才定期服务乡村制度。落实城市医生、教师、科技、文化等人才参与高级职称评审时的服务基层要求，支持和鼓励符合条件的各类人才按规定定期到乡村和涉农企业创新创业。明确中小学教师高级职称评聘条件中的乡村从教经历要求，规定参与高级职称评定的中小学教师必须有 1 年以上乡村基层工作经历；落实医疗卫生人员定期到基层和艰苦边远地区从事医疗卫生工作制度，要求具有副高级职称的执业医师需有到县级以下或对口支援的医疗卫生机构提供服务的经历，且服务时限要求累计 1 年以上。出台科技、文化等专业技术人才定期服务基层的制度，鼓励他们在任现职期间通过项目合作、专家服务、兼职等多种方式参与基层服务，并将此作为职称评审、岗位聘用的重要依据。

其次，成立“下乡教师、医生服务团”。选拔遵纪守法，有良好的职业道德和奉献精神，在行业内业绩突出、公认度高且发挥骨干示范作用明显的教师与医生，整合教育界、卫生界人才成立乡村振兴顾问团，支持和引导城市教师和医疗专家服务乡村振兴；坚持公开、公正、公平的原则，实行自下而上、逐级推荐、层层筛选、择优确定的办法，成立“下乡教师、医生服务团”。全方位地为下乡教师医疗人才提供接送、住宿、餐饮、下乡补助等服务。例如，全国重点高中校长、享受国务院政府特殊津贴专家的浙江省杭州市学军中学校长陈立群，退休后主动来到贵州黔东南苗族侗族自治州台江县担任唯一一所中学的校长，将自己的治学理念和经验带到乡村学校，取得了优异的教学成绩。2017 年 6 月，他带的首届毕业生高考，一本学生从 40 多个提高到 100 多个。2019 年，全校 885 名学生参加高考，有 561 人考取了本科，本科成绩完成率达到 83%。他不求功利、不为公德、只愿有更多的苗族孩子能够走出大山，去实现他们的人生目标。可见，优秀教师积极服务乡镇基层的效果十分显著。

第五节 重视乡村本土人才培育

乡村本土人才对家乡这片土地饱含热情与期待，乡村本土人才为家乡服务对乡村经济社会的积极影响也会更加持续和深远。因此，要加快探索和创新本土人才培育机制，激发本土人才活力，为乡村振兴建设储备一批高素质、高水平的新时代乡村本土人才。

一、健全乡村本土人才培养体系

首先，建立“乡村本土人才信息库”。将“致富带头人”“致富能手”“田秀才”“土专家”纳入乡村本土人才信息库。通过摸底调研、组织推荐等形式，层层挖掘、动态掌握各行各业的乡土人才，建立乡村本土人才信息库，实行资源信息化管理。在政府政策、财税政策、生产经营、技术创新、环境保护、管理者能力、劳动用工等方面为他们提供立体化、全方位的各种培训，重点培育和打造乡村各领域的“领头雁”。

其次，制订适宜本土乡村人才发展的培训计划。“凡事预则立，不预则废”。制定合理的培训战略和计划有利于促进乡村人才培训的系统性、科学性、规范性，进而增强培训效果。由政府组织和牵头，有目的、有计划地分期分批组织乡村本土人才到相关领域龙头企业培训学习，拓宽乡村本土人才的眼光和视野，打造一支能够“影响一片、带动一群、造福一乡”的过硬本土乡村队伍。立足乡村本土人才培训实际，研究开发具有针对性和实用性课程，采用田间教学、跟岗锻炼、体验教学、观摩交流、劳模典型示范等培训模式，多措并举提升本土乡村人才的综合素质。建立乡土人才培训评估信息系统数据库，做好培训前、培训中、培训后的全面过程管理，并根据反馈及时调整培训内容。

二、探索乡村本土人才远程教育模式

首先，创新乡村本土人才远程教育方式。远程教育学习方式可以突破时间和空间的限制，能够为乡村本土人才节省交通、住宿等费用，使学习效率更高，可为乡村本土人才提供更多学习机会，促进优秀教育资源的共享。然而乡村本土人才文化基础薄弱、习惯传统面授教学、远程自主学习能力有限，因此，各地应积极发挥信息化教学手段的优势，发挥远程教育在乡村本土人才培育方面的重要作用。充分运用现代信息技术支持学乡村本土人才自主学习，发挥多媒体技术和网络交互的优势，开设微课程等网络教学，充分利用微博、微信、QQ

等社交媒体营造多重教学环境，支持乡村本土人才协作学习、互帮互教，提升其自主学习能力。

其次，分类规划乡村本土人才远程教育课程。依托远程教育终端，积极开发各种涉农创业培训课程。在农业基础方面，开设农业基础、农学通论、农村法律法规、农业区划、农业发展规划等课程；在水产养殖方面，开设水产动物营养与饲料、水产动物疾病学等课程；在园艺栽培方面，开设园艺植物生物技术、栽培学、育种学等课程；在动物科学方面，开设家畜育种学、饲料学、禽生产学等课程；在农业机械方面，开设农业机械学、农产品加工、农机运用管理等课程；在乡村旅游方面，开设乡村旅游开发与管理、乡村旅游服务与运营、休闲观光农业等课程；在乡村电商方面，开设网络销售、产品推广、农村电商数据化运营、农产品美工设计、农村电商物流与供应链管理、农村电商客户关系管理等课程。

第六节　精准培养各类型乡村人才

机械化农业、绿色农业、休闲农业、农村电商、云端放养管理、智慧农业大数据平台等“互联网+”等如雨后春笋般纷纷涌现。因此，对各类乡村人才实行精准培养，有利于河北省乡村各领域人才规模不断壮大、人才素质稳步提升和人才结构持续优化。

一、加快培养农村电商人才

首先，开展多渠道、多形式的农村电商技能培训。面向乡村电商从业者、返乡青年、大学生村官及乡村种养大户开展多形式的电商知识培训，例如村头讲堂、打造实操平台、一对一传帮带等，充分发挥专业化培训机构和农村电商服务站的优势作用，为乡村振兴事业储备一批高素质的电商人才。持续推进后续跟踪服务，确保实现良好的培训效果，鼓励农村电商企业与知名社交媒体平台开展农产品直播、电商带货项目合作，孵化农民主播，建立农村电商产业园，打造一村一品一店。成立乡村电商学院，通过加强农村与电商学院及电商企业的合作，培养一批专业的乡村电商人才。

其次，发挥电商人才“头雁”效应。电商强不强，要看“领头羊”，要想推动农村电商人才队伍提质升级，需要发挥农村电商人才“头雁”效应。目前，在部分农村地区，已有大学生村官和青年创客优先进行了电商直播带货活动，并取得了良好效果。他们具有一定的电商知识和销售经验，是推动农村电商队伍建设的主力军。相关政府部门应该引导他们参与到农村电商人才队伍建设中来，积极组织他们到专业电商培训机构和电商企业进修学习，提升专业电商知识，以发挥他们的潜力。通过开展电商技能大赛、农产品展销会及农村电商交流会等活动，宣传返乡创业电商“头雁”人才的商场战绩，让他们积极传授经验，调动广大农民“触网”积极性，形成发展农村电商的良好氛围。

二、加快培养乡村种养殖业人才

首先，加大乡村种植业人才的培训。积极优化完善培训课程，选派农村合作社组织负责人、种植大户、优秀经纪人对种植大户进行选种、育种和良种繁育、农机配置、种子处理、整地、播种、合理密植、水肥管理、病虫害防治等种植课程培训。发挥中高等涉农职业院校、农广校的教育资源，实施“百万高素质农民学历提升行动计划”，加大对乡村种植业人才的培养力度。

其次，加快乡村养殖业人才的培养力度。制订现代养殖业人才培育计划，在饲料喂养、圈厩搭建、疫病防治、加工销售和信息获取等方面开展全产业链培训；拓宽养殖业人才培养渠道，在聘用乡村农技教员时，主要从各个农村当地从事养殖业的基层畜牧科技人才中予以选聘，并组织他们定期进行专业养殖知识培训，提升技能知识，再由他们将自身养殖经验传授给乡村养殖业人才，增强培训的实用性和可操作性。打造一批养殖科技示范基地，通过定期组织农村养殖业从业者到基地进行观摩学习，不断提升乡村养殖业人才的养殖技能。

三、创新培养乡村旅游人才

首先，完善乡村旅游人才培养方式。安排热衷于从事乡村旅游事业的农村青年到当地职业院校进行系统化的旅游培训，建立职业院校乡村旅游人才培训的长效工作机制。邀请旅游专家现场培训，聘请富有乡村旅游经验的旅游专家到现场进行指导，通过创建农民田间学校、乡村学区和移动教室等形式，聘请富有旅游经验的旅游专家深入农村、走近农民，结合当地农村特色给予现场培训指导，并通过专家与当地居民技术结对的形式开展定期跟踪服务，确保旅游培训到旅游从业者的家门口。利用“互联网 +”开展线上培训，依托中国乡镇企业协会乡村振兴工作委员会在 2022 年 1 月发起的全国乡村人才线上培训服务联盟平台，积极开发微课、慕课、VR（虚拟现实技术）等数字化培训资源，吸引更多的乡村旅游从业者随时随地进行线上学习。

其次，不断改善旅游人才培训内容。不断普及国家政策和相关法律法规知识，向乡村旅游从业者大力普及国家政策和相关法规、本土优秀传统文化和旅游技能技巧，加强培养乡村旅游从业者的法律意识和服务意识，提高乡村旅游从业者的综合业务素质。开设实用性强的乡村旅游课程，如《乡村旅游开发与经营》《农家乐经营与管理》《农家乐特色菜品与营销》《休闲农业与乡村旅游》《民俗旅游》《乡村餐饮与乡村民宿》《旅客接待与客房餐饮管理》等特色课程，对乡村旅游从业者进行立体化、全方位的集中培训，进而切实提高乡村旅游从业人员的文明道德素质、经营管理水平和旅游服务能力。

四、加快培养乡村治理人才

首先，加强乡村治理人才队伍建设。选优配强乡镇领导班子特别是乡镇党委书记，不断充实壮大乡村治理班子，对驻村第一书记、驻村干部等予以指导，支持和鼓励他们将乡村治理任务纳入日常工作内容，完善从他们当中选拔乡镇领导干部的工作机制。尽快落实乡镇编制专编专用，对于新晋录用的乡镇公务员，要明确其在扎根乡镇的最低服务年限，确保乡镇工作人员调用流程的规范性。切实保障乡镇工作人员的待遇水平，对于乡镇工作人员给以工作补贴和艰苦边远地区津贴，以确保乡镇机关工作人员收入水平高于县直机关同职级人员收入水平。聚合各类人才资源，引导和扶持一批农村致富能手、外出经商人员、高校毕业生等乡贤人才返乡回乡参与乡村治理工作，从而挖掘和培养一批优秀的乡镇基层治理人才。

其次，完善培养锻炼乡村治理人才机制。通过学党史、上党课，学习学习强国系列知识等方式加强乡村治理人才的理论学习，用理论思想武装头脑、规范言行，增强他们的党性修养，帮助乡村治理人才学会运用科学的政治思想的立场、观点和方法，去研究新情况，解决新问题。通过开展两委干部业务培训会，定岗实习等途径不断提升乡镇基层干部的治理能力，提高基层干部对农业经济、乡村治理、党纪国法、政策措施、乡村振兴、廉政建设的认识。加强对乡镇基层干部服务意识的培训，通过理想信念和宗旨观念教育、群众观念教育、创新理念教育增强基层干部的责任意识、服务意识以及群众意识。

第七节 建立新型职业农民培训体系

新型职业农民往往具有一定的农业专业技能储备，文化基础较高，发展潜力大，是推进乡村建设的主力军。因此，要积极采取措施建立新型职业农民培训体系，以促进农业高速、高质量发展。

一、积极建立多元培训主体

首先，政府要承担起新型职业农民培训的主导责任。有文化、懂技术、会经营、负责任的新型职业农民是推动现代化农业高质量发展，解决好“三农”问题的重要抓手。政府在新型职业农民培育中扮演着新型职业农民培育政策扶持者、培育质量监督者的系列角色。不断出台好的扶持政策与制度，支持新型职业农民培训的开展。如2019年，《国家职业教育改革实施方案》规定要提高中等职业教育发展水平，建好办好一批县域职教中心，精准服务农村实际人才需求，着力为广大农村培养一批符合农村产业特色的高素质新型职业农民。加大对新型职业农民培训的监督力度，确保培训工作任务落到实处。牵头部门要派人员对培训机构实行纵向到边、横向到底全程全覆盖监督，既监督线下课堂教学，又监督线上学习情况；既监督本地实训，又监督外地实训；既监督教学内容，又监督生活标准；既监督教学效果，又监督后续跟踪服务等。

其次，各培训主体要承担起新型职业农民培育的主要责任。发挥本地农职院校、龙头企业等机构在新型职业农民培训过程中的主体作用，通过加强组织领导和政府的统筹协调，重点扶持一批院企农专参与职业农民培训，大力促进新型职业农民培训提质增效。支持和鼓励农职院校和各类培训机构到田间地头，深入农村基层，切实了解农民的实际需求，通过建设农村小院课堂、田间地头课堂等形式，实时实地予以农业知识培训指导，提升农民参与培训的积极性。通过政策扶持，增强当地龙头企业、家庭农场和农业专业合作社的参与度，龙头企业、家庭农场、农业专业合作社具有一定的技术、资金与规模，在新型职业农民的培养工作中要做到标准化、专业化、集中化、规范化、系统化。

二、强化对新型职业农民的针对性培训

首先，完善新型职业农民的培训内容。在政策方面，将职业农民从事经营生产活动涉及的相关政策法规纳入培训内容，让农民及时了解国家、省市县的最新政策，确保其在从事农业生产过程中符合相关法律法规和国家标准，如中

华人民共和国产品质量法、安全生产法、税法等；在技能方面，根据新兴职业农民从事的不同行业，开展创业指导、销售创新、品牌建设、储存与加工、种养殖实用技术等各种精准化培训；在培训形式方面，针对农民实际诉求开展多种模块的培训内容，例如设施农业、规模养殖、特色林果业以及新技术推广等培训课程，通过聘请农业专家到田间地头现场指导及面对面解答等方式，切实解决新型职业农民从事经营生产过程中面临的各种疑难问题，从而确保新型职业农民职业化培训效果，提升农民职业技能。

其次，增强新型职业农民培训内容的实用性。根据新型职业农民的群体特征和学习特点，开展农业新品种培训和新技能培训，打造一批名特优新农产品，拓宽农产品销路，切实帮助农村创收。例如，顺应农村电商销售的新潮流，着力孵化一批本土农民主播，推出农村网红农货，通过直播带货拓宽农产品销路，帮助农民创收。因此，政府以及相关培训机构要对新型职业农民开展农产品品牌设计、产品上架、销售流程、网络直播运营等方面的实用技能培训，提升新型职业农民的电商销售实用技能。

三、加强对新型职业农民培训的监管力度

首先，规范新型职业农民培训的管理工作。为有效推进新型职业农民的培训管理工作，可以分前、中、后三个阶段进行。在培训准备阶段，要严格按照实施方案和教学计划开展培训，落实培训环节，创新培训方法，严把培训时间和质量关。对象遴选充分尊重农民意愿，力求对象精准；在正式培训阶段，做好培训课程开设、培训内容制定、培训教材选用及师资选定等工作的监督管理工作，从而确保培训质量的同时获得良好效果；在培训结束后，要抓好培训班考核和颁发结业证书等管理服务。及时出台新型职业农民认定管理办法，依据认定标准对完成培训考核的人员进行分层级、分类别认定，建立新型职业农民信息库，确保符合要求的新型职业农民信息全部入库统计，并对相关信息进行实时更新，实行动态管理。

其次，建立有效的新型职业农民的培训信息反馈机制。新型职业农民的培训信息反馈机制包括新型职业农民培训效果评估与新型职业农民后续跟踪服务等内容。建立即时评估、中期评估和长期评估相结合的参训人员培训效果评估机制，可以通过电话回访、入户调查、问卷调查、技能操作考核、比较评价等方式，获取和收集有关新型职业农民培训效果信息，了解学员对培训工作的建议，并根据反馈情况不断完善新型职业农民的培训体系，切实提升培训效果。

强化跟踪服务，严把训育结合关。利用微信等现代化网络平台，开展跟踪服务，为新兴职业农民随时进行技术咨询指导，提供交流、学习平台，持续指导训后产业发展，延伸培训链条，做到训育结合，切实推进职业农民培训工作提质增效。

参考文献

[1] 李冲 . 中国扶贫经历四个阶段 . 中国发展门户网，2015.

[2] 刘娟 . 我国农村扶贫开发的回顾、成效与创新 [J] . 探索，2009 (04) : 87-90.

[3] 简新华 . 为什么我国实行土地私有化是有害的 [J] . 红旗文稿，2013 (19) : 21-26.

[4] 黄承伟 . 中国扶贫开发道路研究：评述与展望 [J] . 中国农业大学学报 (社会科学版) ，2016，33 (05) : 5-17.

[5] 陈标平，胡传明 . 建国 60 年中国农村反贫困模式演进与基本经验 [J] . 求实，2009 (07) : 82-86.

[6] 中共中央文献研究室 . 建国以来重要文献选编：第 8 册 [M] . 北京：中央文献出版社，1994

[7] 邢中先，张平 . 中国扶贫 70 年：基于实现共富的三重向度研究 [J] . 西北农林科技大学学报 (社会科学版) ，2019，19 (04) : 8-15.

[8] 黄承伟 . 中国扶贫开发道路研究：评述与展望 [J] . 中国农业大学学报 (社会科学版) ，2016，33 (05) : 5-17.

[9] 刘娟 . 我国农村扶贫开发的回顾、成效与创新 [J] . 探索，2009 (04) : 87-90.

[10] 陈标平，胡传明 . 建国 60 年中国农村反贫困模式演进与基本经验 [J] . 求实，2009 (07) : 82-86.

[11] 黄承伟 . 中国扶贫开发道路研究：评述与展望 [J] . 中国农业大学学报 (社会科学版) ，2016，33 (05) : 5-17.

[12] 苏国霞 . 扶贫开发是中国特色社会主义的伟大实践 [J] . 经济研究参考，2008 (32) .

[13] 国务院扶贫开发领导小组办公室 . 中国农村扶贫开发概要 [Z] .2006-11-19.

[14] 刘娟 . 我国农村扶贫开发的回顾、成效与创新 [J] . 探索，2009 (04) : 87-90.

[15] 程承坪，邹迪 . 新中国 70 年扶贫历程、特色、意义与挑战 [J] . 当代经济管理，2019，41 (09) : 1-9.

[16] 国务院扶贫开发领导小组办公室 . 国家八七扶贫攻坚计划 (1994-2000 年) [Z] .2016-07-14.

[17] 王博，朱玉春 . 改革开放 40 年中国农村反贫困经验总结——兼论精准扶贫的历史必然性和长期性 [J] . 西北农林科技大学学报 (社会科学版) ，2018，18 (06) : 11-17.

[18] 赵慧珠 . 走出中国农村反贫困政策的困境 [J] . 文史哲，2007 (04) : 161-168.

[19] 中华人民共和国国务院新闻办公室 . 中国的农村扶贫开发 [Z] .2005-05-26.

[20] 国务院 . 中国农村扶贫开发纲要 (2001-2010 年) [Z] .2016-09-23.

[21] 杨宜勇，吴香雪 . 中国扶贫问题的过去、现在和未来 [J] . 中国人口科学，2016 (05) : 2-12，126.

[22] 国家统计局 .2012 年全国农村贫困监测调查 [Z] .

[23] 国务院 . 中国农村扶贫开发纲要 (2011-2020 年) [Z] .2020-05-25.

[24] 国家统计局 . 国家脱贫攻坚普查公报 (第二号) [Z] .2021 2-25.

[25] 国家统计局 . 国家统计局局长就 2020 年全年国民经济运行情况答记者问 [Z] .2021-1-18. http : //www.stats.gov.cn/.

[26] 张新民 . 中国农村人才的现状与演变趋势 [J] . 农业经济，2012 (03) : 101-103.

[27] 顾建军 . 建国以来我国农村教育发展与改革历程的回顾 [J] . 江西教育科研，1990 (06) : 1-7.

[28] 顾建军 . 建国以来我国农村教育发展与改革历程的回顾 [J] . 江西教育科研，1990 (06) : 1-7.

[29] 顾建军 . 建国以来我国农村教育发展与改革历程的回顾 [J] . 江西教育科研，1990 (06) : 1-7.

[30] 中国农村统计年鉴 . 农村文化、教育、卫生及其他事业 [Z] .2000.

[31] 中国农村统计年鉴 . 农村基本情况与农业生产条件 [Z] .2000.

[32] 中国人口与就业统计年鉴 . 各地区乡村分性别的 15 岁及以上文盲人口，各地区乡村分性别、受教育程度的人口 [Z] .2010.

[33] 中国人口与就业统计年鉴 . 各地区乡村分性别的 15 岁及以上文盲人口，各地区乡村分性别、受教育程度的人口 [Z] .2020.

[34] 中国农村统计年鉴 . 农村文化、教育、卫生及社会服务 [Z] .2021.

[35] 国家统计局 .2015 年农民工监测调查报告 [Z] .

[36] 国家统计局 .2020 年农民工监测调查报告 [Z] .

[37] 国家统计局 .2015 年农民工监测调查报告 [Z] .

[38] 国家统计局 .2020 年农民工监测调查报告 [Z] .

[39] Biobele B R. Human resource development research as a route to sustainable development in Nigeria [J] . Journal of Economics and Sustainable Development，2014，32 (5) : 72–76.

[40] Asrar-ul-Haq M. Human resource development in Pakistan：evolution，trends and challenges [J] . Human Resource Development International，2015，18 (1) : 97–104.

[41] JS Zhang，PengSH，Yuan H，et al.Human Capital Theory and Its Enlightenment to Rural Revitalization in China [J] .Taxation and Economy，2019，32 (3) : 689–710.

[42] Jiang H，Jiang L.Rural Human Capital Revitalization：A Study on the Backflow Willingness of Chinese Migrant Workers [J] . Journal of Sichuan University (Philosophy and Social Science Edition) ，2019，69 (3) : 337–348.

[43] Ren W，Xue B，Yang J，et al. Effects of the Northeast China Revitalization Strategy on Regional Economic Growth and Social Development [J] . Chinese Geographical Science，2020，30 (5) : 791–809.

[44] 肖芸 . 关于加强农村人才队伍建设的思考 [J] . 中国人才，2010 (17) : 58–59.

[45] 高海燕.新时代乡村振兴要抓好人才关键[C].社会舆情与社会治理创新，2016：154-157.
[46] 宛诗平."乡村振兴"必须人才先行[J].宁波通讯，2017（21）：73.
[47] 侯嫣."乡村振兴"的关键是人才振兴[N].新疆日报（汉），2017-11-14（003）.
[48] 张慧敏.加强"三农"人才队伍建设助力乡村振兴战略[J].农民科技培训，2018（05）：15-16.
[49] 张曼.实施乡村振兴，加强乡村人才建设[J].作物研究，2018（32）：78-79.
[50] 赵秀玲.乡村振兴下的人才发展战略构想[J].江汉论坛，2018（04）：10-14.
[51] 毛利，叶惠娟.乡村振兴战略下的乡土人才价值再认识[J].农村经济与科技，2018，29（22）：207+209.
[52] 吴忠权.基于乡村振兴的人力资本开发新要求与路径创新[J].理论与改革，2018（06）：44-52.
[53] 张萌，张秀平.以人才振兴助力乡村振兴[J].合作经济与科技，2019（04）：109-111.
[54] 廖智琪，陈修颖.浅谈推进乡村人才振兴的途径[J].农村经济与科技，2019，30（04）：202-203.
[55] 薛瑞敏.乡村振兴战略下人才振兴研究[J].乡村科技，2019（22）：12-13.
[56] 曹中秋.打造人才引擎助力乡村振兴[J].人民论坛，2019（23）：70-71.
[57] 廖承英.乡村振兴战略视域下西藏农牧区实用人才队伍建设[J].西藏研究，2020（S1）：118-125.
[58] 王国峰，钱子玉，尤亮.服务乡村振兴的人才联合培养机制设计——以山西财经大学乡村振兴学院为例[J].山西财经大学学报，2020，42（S2）：74-75+86.

[59] 吴帅.夯实乡村振兴人才支撑[N].中国组织人事报,2021-04-30(006).
[60] 罗成友.乡村振兴需用好本土人才[J].当代党员,2021(09):41-42.
[61] 刘秀芳.人才振兴是乡村振兴的重要支撑[N].贵州日报,2021-04-28(007).
[62] 查代春,钟志贤.新中国乡村人才培养模式探索及启示——基于共大、电大“一村一”模式的分析[J].中国远程教育,2021,34(05):1-12+21+76.
[63] Rachard Florida.The Flight of the Creative Class Rachard Florida.The Flight of the CreativeClass [J] .Liberal Education, 2006, 92 (3) : 741-752.
[64] Kobayashi A, Rose-Redwood R, Aagesen, S. Landscapes of Injustice Research Collective.Exile: Mapping the Migration Patterns of Japanese Canadians Exiled to Japan in 1946. [J] .Journal of American Ethnic History, 2018, 12 (37) : 73-89.
[65] Liu C. Sustainability of Rural Environmental Governance Research on Waste Disposal Issues. In 2nd International Conference on Economy [M] . Management and Entrepreneurship. Atlantis Press.2019.
[66] 王文婧.为乡村振兴战略打实人才基础[N].人民代表报,2017-12-19(004).
[67] 拓兆兵.乡村振兴要留住青年人才[N].经济日报,2018-01-12(009).
[68] 苗丽.吸引和留住人才助力乡村振兴[J].劳动保障世界,2019(35):60.
[69] 夏世平.镇基层医疗卫生单位吸引和留住人才助力乡村振兴[J].中国市场,2020(33):49+51.
[70] 黄玉林.乡村人才振兴困境及其破解途径[J].南方论刊,2020(05):15-18.
[71] 曹丹丘,丁志超,高鸣.乡村人才振兴的现实困境与路径探索——以青岛市为例[J].农业现代化研究,2020,41(02):181-189.
[72] 唐丽霞.乡村振兴战略的人才需求及解决之道的实践探索[J].贵州社会科学,2021(01):161-168.

[73] Frederick Herzberg & Bernard Mausner，et al.The Motivation to Work [M] . Transaction Publishers，1993.

[74] Wallee Mantzou Taylor.Policy options for agricultural education and trainingin sub-Saharan Africa：report of a Preliminary study and literature review [D] .AERDD Working Paper 96/1.Reading，UK：University of Reading.1996.

[75] Shuhha Tole & Ronald D.Vlae Young Leaders for Biology in India [J] . Science，2010，329 (5998) ：1441.

[76] Joshua D.，Hawley，Jeeyon Paek. Developing human resources for the technical workforce：A comparative study of Korea and Thaila [J] . International Journal of Training and Development，2005，9 (1) ：79-94.

[77] Kashiwa Chiba. Impact of Farmer Field Schools on Agricultural Incom and Skills [J] .Journal of International Development，2013 (25) ：362-381.

[78] Kwasie& Alam，K. Towards Understanding Digital Divide in Rural Partnerships and Development：A Framework and Evidence from Rural Australa [J] . Journal of Rural Studies，2015 (7) ：214-244.

[79] Ahmed，et al. Spir-itual Intelligence （SQ）：A Holistic Framework for Human Resource Development [J] .Administration & Public Management Review，2016b，26：60-77.

[80] Qi Kun，Ziqiang Ge.Leading the Revitalization of the Countryside with talents [J] . Modern Agriculture Research，2019.

[81] Zhang J，Yanli Y U，Guo H . Analysis of the Training Path of New Agricultural Entrepreneur Talents From the Perspective of Rural Revitalization [J] .Journal of Northwest A&F University (Social Science Edition) ，2020.

[82] 刘英 . 浅谈地方政府在人才队伍建设中的职能作用 [J] . 行政事业资产与财务，2014 (24) ：205-206.

[83] 詹文文 . 农村实用人才队伍建设的问题与对策研究 [D] . 江西农业大学，2016.

[84] 胡永万. 为推进乡村振兴提供有力的人才支撑 [J]. 农村工作通讯，2017（24）：27-30.
[85] 蒲实，孙文营. 实施乡村振兴战略背景下乡村人才建设政策研究 [J]. 中国行政管理，2018（11）：90-93.
[86] 刘玉娟，丁威. 乡村振兴战略中乡村人才作用发挥探析 [J]. 大连干部学刊.2018，34（08）：11-17.
[87] 高琦. 激发人才活力推进乡村振兴 [J]. 人民论坛，2018（14）：56-57.
[88] 钱再见，汪家焰. "人才下乡"：新乡贤助力乡村振兴的人才流入机制研究——基于江苏省L市G区的调研分析 [J]. 中国行政管理，2019（02）：92-97.
[89] 曾升科，李勋华. 乡村振兴背景下人才吸引力影响因素的实证研究——基于渝西地区的调查数据 [J]. 中国农机化学报，2019，40（08）：214-220.
[90] 周晓光. 实施乡村振兴战略的人才瓶颈及对策建议 [J]. 世界农业，2019（04）：32-37.
[91] 李婷婷，贝淑燕，何锦莹，卢思怡，周紫凌. 新时代背景下乡村人才振兴问题探讨——以浙江省为例 [J]. 特区经济，2019（07）：78-80.
[92] 郭险峰. 构建推动乡村人才振兴的综合机制 [J]. 中国党政干部论坛，2019（04）：74-76.
[93] 王文强. 以体制机制创新推进乡村人才振兴的几点思考 [J]. 农村经济，2019（10）：22-29.
[94] 苗成斌，沙勇，李义良，赵扬波，彭大松，刘晓峰. "十四五"江苏乡村人才振兴战略研究 [J]. 江苏海洋大学学报（人文社会科学版），2020，18（06）：132-144.
[95] 田书芹，王东强. 乡村人才振兴的模式比较及其延伸——基于整体性治理的多案例研究 [J]. 当代经济管理，2020，42（08）：66-71.
[96] 李芳. 乡村振兴背景下农村人力资源开发的对策 [J]. 中国经贸导刊（中），2020（02）：106-107.

[97] 王富忠 . 乡村振兴战略视域下乡村人才机制建设研究 [J] . 农业经济，2020 (08)：48-50.

[98] 张慧泽，高启杰 . 新农人现象与乡村人才振兴机制构建——基于社会与产业双重网络视角 [J] . 现代经济探讨，2021 (02)：121-125.

[99] 曾欢，朱德全 . 新时代民族地区职业教育服务乡村人才振兴的逻辑向度 [J] . 民族教育研究，2021，32 (01)：74-81.

[100] 蒋军成，陈显友 . 乡村振兴战略下创新人才成长的"五链"融合路径研究 [J] . 广西社会科学，2021 (03)：45-51.

[101] 杨帆，梁伊馨 . 职业化发展：民族地区乡村振兴的人才困境与路径选择 [J] . 民族学刊，2021，12 (04)：25-32+113.

[102] 陈朝阳，肖雨青 . 乡村振兴战略实施中人才战略问题研究 [J] . 经济研究导刊，2021 (08)：26-28.

[103] 杨曼玉，吴国清 . 乡村振兴背景下乡村人才问题及对策研究 [J] . 北方经贸，2021 (03)：68-71.

[104] Joshua D.Hawley. Jeeyon Paek. Developing human resources for the technical workforce. A comparative study of Korea and Thaila [J] . International Journal of Training and Development，2005，9 (1)：79-94.

[105] Latif，et al. Human Resource Development：Strategies for Sustainable Rural Development [J] .Asian Social Science，2011，7 (6)：159-162.

[106] Mashreque，M. S. Paradox of Rural Development in Bangladesh：A Focus on Poverty Alleviation and Triangular Policy Manipulation [J] . Humanomics，2012，28 (3)：187-199.

[107] Sparkman，T. E. The Factors and Conditions for National Human Resource Development in Brazil [J] . European Journal of Training and Development，2015，39 (8)：666-680.

[108] Lengyel，et al. Human Resource Development Using E-learning for

Hungarian Agricultural Experts [J]. Journal of Agricultural Informatics, 2016, 7 (1) : 94–102.

[109] Van Mele P, Bentley J, Harun–ar–Rashid M, etal. Letting information flow: Distributing farmer training videos through existing networks [J]. Ecological Perspectives, 2016 (43) : 545–551.

[110] CR Farnworth.How knowledge deficit interventions fail to resolve beginning farmer challenges [J].Agriculture & Human Values, 2017 (2) : 1–15.

[111] Sun Y . Research on Rural Talents from the Perspective of Rural Revitalization Strategy [C].International Conference on Culture, Education and Economic Development of Modern Society, 2019.

[112] 刘永进 . 宁夏农村实用人才培养现状及对策建议 [D] . 西北农林科技大学，2017.

[113] 薛江 . 中国特色小镇建设的基础人才回流问题思考 [J] . 中国集体经济，2017 (02) : 62–73.

[114] 刘馨 . 关于乡村人才振兴的研究 [J] . 农场经济管理，2018 (10) : 18–22.

[115] 蒲实，孙文营 . 实施乡村振兴战略背景下乡村人才建设政策研究 [J] . 中国行政管理，2018 (11) : 90–93.

[116] 黄跃成，唐卫东 . 构建科技人才支撑体系努力促进乡村产业振兴 [J] . 四川农业科技，2018 (11) : 53–55.

[117] 王军旗 . 河南省乡村人才体系构建思考[J]. 合作经济与科技，2018(23): 170–171.

[118] 赖德胜，陈建伟 . 人力资本与乡村振兴[J]. 中国高校社会科学，2018(06): 21–28+154.

[119] 吴忠权 . 基于乡村振兴的人力资本开发新要求与路径创新 [J] . 理论与改革，2018 (06) : 44–52.

[120] 曾升科，李勋华 . 乡村振兴背景下人才吸引力影响因素的实证研究——基于渝西地区的调查数据 [J] . 中国农机化学报，2019，40 (08) : 214–220.

[121] 余剑平 . 乡村振兴背景下农村乡土人才队伍建设刍议——以湖南省 HD 县为例 [J]. 南方农机，2020，51（17）：24-25+28.

[122] 苗成斌，沙勇，李义良，赵扬波，彭大松，刘晓峰 .“十四五”江苏乡村人才振兴战略研究 [J]. 江苏海洋大学学报（人文社会科学版），2020，18（06）：132-144.

[123] 杨旸 . 乡村人才是乡村振兴的重要力量 [J]. 人民论坛，2021（16）：72-74.

[124] 徐姗姗 . 乡村振兴战略视角下的乡村人才振兴研究 [J]. 农业经济，2021（06）：109-110.

[125] 陶庆华 . 论农村新电商人才的重要性 [J]. 小康，2019（32）：84-85.

[126] 高原丽 . 充分发挥文化在乡村振兴中的作用 [N]. 黑龙江日报，2018-10-16（007）.

[127] 姜猛 . 舒尔茨人力资本投资理论对我国的启示 [J]. 现代经济信息，2016（10）：122-123.

[128] 西奥多·W. 舒尔茨 . 人力资本投资——教育和研究的作用 [M]. 北京：商务印书馆，1990.

[129] 赵达薇，李非非 . 罗默、卢卡斯人力资本理论对经济增长作用的理论分析 [J]. 管理现代化，2008（01）：49-50.

[130] 加里·贝克尔 . 人力资本 [M]. 梁小民，译 . 北京：北京大学出版社，1987.

[131] 雅各布·明塞尔 . 人力资本研究 [M]. 张凤林，译 . 北京：中国经济出版社，2001.

[132] 沈利生，朱运法 . 人力资本与经济增长分析 [M]. 北京：社会科学文献出版社，1998.

[133] 丁越兰，张伟琴，张磊 . 不同层次人力资本投资对中国经济增长贡献的实证研究 [J]. 电子科技大学学报（社科版），2007（06）：6-8.

[134] 王金营，郑书朋 . 人力资本在经济增长中作用的东部与西部比较 [J]. 人口与经济，2010（04）：24-30+77.

[135] 周惠民，逯进．城镇化、人力资本与经济增长的耦合演化［J］．统计与决策，2018，34（20）：130-134.

[136] Rumelt，R.Toward a strategic theory of the firm［C］//In R.Lamb（Ed.），Competitive Strategic Management.Englewood Cliffs，NJ：Prentice-Hall，1984.

[137] Wernerfelt B.A resource-based view of the firm［J］.Strategic Management Journal，1984（5）：171-180.

[138] Barney J B.Types of competition and the theory of strategy：Toward an integrative framework［J］.Academy of Management Review，1986（11）：656-665.

[139] 方润生，李垣，冯进路．管理层人力资本结构的变化对企业绩效的影响［J］．科研管理，2002（06）：93-99.

[140] 李丽华，高杰．人力资本对高技术企业绩效影响研究——基于上市公司面板数据［J］．科技进步与对策，2011，28（22）：151-154.

[141] Porter M E.Competitive Advantage［M］.New York：Free Press，1985.

[142] Lengnick-Hall C A.&Lengnick-Hall M L.Strategic human resource management：A review of the literature and a proposed typology［J］.Academy of Management Review，1988（13）：454-470.

[143] 苏树厚，徐刘芬．基于专用性人力资本的企业竞争优势研究［J］．中国流通经济，2005（11）：53-56.

[144] 高素英，赵曙明，张艳丽．战略人力资本与企业竞争优势关系研究［J］．管理评论，2012，24（05）：118-126.

[145] 岳书敬，刘朝明．人力资本与区域全要素生产率分析［J］．经济研究，2006（04）：90-96+127.

[146] 魏下海．贸易开放、人力资本与全要素生产率的动态关系——基于非参数 Malmquist 指数与 VAR 方法［J］．世界经济研究，2009（03）：9-15+87.

[147] 孙敬水，张周静．人力资本对城乡收入差距及其收敛性的影响——基于我国省际面板数据分析［J］．农业技术经济，2010（09）：105-113.

[148] 焦斌龙 . 人力资本对居民收入差距影响的存量效应 [J] . 中国人口科学，2011 (05) ：16-25+111.

[149] 张国强，温军，汤向俊 . 中国人力资本、人力资本结构与产业结构升级[J]. 中国人口 · 资源与环境，2011，21 (10) ：138-146.

[150] 张桂文，孙亚南 . 人力资本与产业结构演进耦合关系的实证研究 [J] . 中国人口科学，2014 (06) ：96-106+128.

[151] 李答民 . 社会资本、人力资本与大学生就业实现关系模型分析 [J] . 中国成人教育，2010 (21) ：34-36.

[152] 赵登峰，唐杰，陈勇 . 人力资本、内部股权激励与创新企业长期产出的增长路径 [J] . 南开经济研究，2015 (02) ：3-23.

[153] Beaulieu L，Mulkey D E . Investing in People：The Human Capital Needs of Rural America. Rural Studies Series. [M] . Westview Press，Inc.1995.

[154] Taylor J E，Martin P L . Chapter 9 Human capital：Migration and rural population change[J].Handbook of Agricultural Economics，2001，1(01)：457-511.

[155] Liu Z . Human capital externalities and rural - urban migration：Evidence from rural China [J] .China Economic Review，2008，19 (3) ：0-535.

[156] 国光虎，李滨 ."乡村振兴" 战略背景下农村人力资本与农村经济发展关系研究 [J] . 安徽农业科学，2019，47 (03) ：226-230.

[157] 刘楚杰，江文曲 . 乡村振兴战略下农村人力资本对农民收入增长的影响路径研究 [J] . 新疆农垦经济，2020 (11) ：12-21.

[158] 兰芳，刘浩杰，何楠 . 精准扶贫、人力资本与乡村振兴——基于河北省 11 个地级市的实证检验 [J] . 经济与管理，2021，35 (01) ：36-43.

[159] Hou F. The Study on Rates of Investment Return to Human Capital in China Rural Areas [J] . Economic Research Journal，2004.

[160] Corcoran J，Faggian A，Mccann P.Human Capital in Remote and Rural Australia：The Role of Graduate Migration [J] . Growth & Change，2010，41 (2) ：192-220.

[161] 匡远凤.人力资本、乡村要素流动与农民工回乡创业意愿——基于熊彼特创新视角的研究[J].经济管理，2018，40(01)：38-55.

[162] Kendrick J.The Formation and Stocks of Total Capital [M].New York：Columbia University Press，1976.

[163] Eisner R.The total incomes system of accounts [J].Survey of Current Business，1985，65 (1)：24-48.

[164] Christian M.Human Capital Accounting in the United States，1994-2006[J].Survey of Current Business，2010，90 (6)：31-36.

[165] 侯风云，范玉波，孙国梁.中国人力资本存量估计[J].南大商学评论，2005(03)：27-54.

[166] 钱雪亚，王秋实，刘辉.中国人力资本水平再估算：1995-2005[J].统计研究，2008，25(12)：3-10.

[167] 焦斌龙，焦志明.中国人力资本存量估算：1978-2007[J].经济学家，2010(09)：27-33.

[168] 乔红芳，沈利生.中国人力资本存量的再估算：1978-2011年[J].上海经济研究，2015(07)：36-45.

[169] Jorgenson D W，Fraumeni B M.The output of the educational sector [C] //In Z.Griliches (ed.)，Output Measurement in the Service Sector. Chicago，IL：University of Chicago Press，1992：303-338.

[170] 王德劲，刘金石，向蓉美.中国人力资本存量估算：基于收入方法[J].统计与信息论坛，2006(05)：68-74.

[171] 李海峥，梁赟玲，BarbaraFraumeni，刘智强，王小军.中国人力资本测度与指数构建[J].经济研究，2010，45(08)：42-54.

[172] 徐珊.基于J-F收入法测算的山东省人力资本特点分析[J].生产力研究，2015(11)：32-35.

[173] 何珺子，杨伟国，董兴奎.终生收入法计量人力资本之研究评述[J].劳动经济研究，2019，7(06)：80-94.

[174] WoBmann，L.Specifying human capital [J].Journal of Economic Surveys，2003 (3)：239-270.

[175] 杨建芳，龚六堂，张庆华．人力资本形成及其对经济增长的影响——一个包含教育和健康投入的内生增长模型及其检验［J］．管理世界，2006（05）：10-18+34+171.

[176] 张毓晗．基于教育年限法的高校图书馆人力资本存量测算与研究［J］．图书情报工作，2013，57（17）：73-77.

[177] 曲玥．考虑教育异质性的人力资本配置效率测算——基于“企业－员工”匹配调查数据［J］．中国工业经济，2020（08）：24-41.

[178] Camilo Dagum，Daniel J. Slottje. A new method to estimate the level and distribution of household human capital with application［J］. Structural Change and Economic Dynamics，2000，11（1）：67-94.

[179] 周德禄．基于人口指标的群体人力资本核算理论与实证［J］．中国人口科学，2005（03）：56-62+96.

[180] 石庆焱，李伟．教育年限总和法人力资本测算——基于 2010 年全国人口普查数据的修订结果［J］．中国人口科学，2014（03）：95-103+128.

[181] 陈汉鹏，卜振兴．人力资本测算及对经济增长的实证研究——基于第六次全国人口普查数据的分析［J］．重庆社会科学，2019（11）：66-79.

[182] 周国富，倪滕．教育回报率的省际差异［J］．社会科学家，2014（06）：83-87.

[183] 李国璋，赵桂婷，李春梅．农村人力资本水平与城乡收入差距的关系——以小西北为例［J］．财经理论与实践，2013，34（01）：97-101.

[184] Lucas，Robert E..On the Mechanies of Economic Development［J］. Joumal of Monetary Eeonomies，1988，22（1）：3-42.

[185] Elena K，Theofanis M，Thanasis S . The Effect of Information Technology and Human Capital on Economic Growth［J］. Macroeconomic Dynamics，2011，15（5）：595-615.

[186] Whalley J，Zhao X. The contribution of human capital to China's economic growth［J］. China Economic Policy Review，2013，2（01）：1350001.

[187] 周天勇．论我国的人力资本与经济增长［J］．青海社会科学，1994（06）：25-29.

[188] 马建会，李萍．广东经济增长过程中人力资本贡献率差异分析［J］．改革与战略，2008（10）：152-157.

[189] 李培泓，张世奇．河北省人力资本对经济增长贡献率的实证分析［J］．河北学刊，2011，31（01）：227-230.

[190] 李永宁．欠发达地区乡村人力资本对乡村经济增长贡献的实证分析——以江苏淮安为例［J］．安徽农业科学，2008（16）：7019-7021.

[191] 蔡军．乡村人力资本对经济增长贡献率的实证分析——以河北省为例［J］．人民论坛，2012（14）：180-181.

[192] 汤琼，李成标．湖北省乡村人力资本对乡村经济增长贡献的实证分析［J］．湖北农业科学，2014，53（12）：2941-2943.

[193] 朱家安．山东省农村人力资本对经济增长贡献的实证研究［D］．辽宁大学，2016.

[194] 崔国鹏．贵州省农村人力资本对农村经济增长的贡献研究［D］．贵州财经大学，2019.

[195] Nagatada T. Rural Revitalization with Sunflowers as Amenity Crops in the Japanese Countryside［J］. Geographical Review of Japan，2010，82（2）：78-88

[196] Dai T . Problems and Solutions of the Incentive Scheme for Rural Technological and Scientific Talents—Based on the Survey of Rural Technological and Scientific Talents in a City of Jiangsu Province［J］. Journal of Southwest Jiaotong University（Social ences），2015.

[197] Zhou C ，Tian L . Research on Rural Talent Resources Development against the Background of Rural Revitalization—Taking Yongning Township，Wanyuan City as an Example［J］. Journal of Human Resource and Sustainability Studies，2018，06（4）：318-324.

[198] Liu，H. The Research on the Cultivation of Agricultural Professional Talents under the Vision of Rural Revitalization［J］. Indian Journal of Public Health Research & Development 2019-1.

[199] Chen Y , Liang H . Research on the construction of rural complex in the context of rural revitalization based on FAHP [J] . Journal of Intelligent and Fuzzy Systems，2021（3）：1-10.

[200] 张巧梅 . 农村渴求技能管理人才——河南焦作农村人才资源状况调查[J]. 中国人才，2006（15）：28-29.

[201] 武忠远 . 影响农业科技推广人才开发效果因素的控制 [J] . 农机化研究，2008（04）：237-239.

[202] 李道和，张海涛 . 农民参与农村实用人才培训行为动机及其影响因素分析 [J] . 职教论坛，2011（21）：52-56.

[203] 梁成，刘玉良 . 呼伦贝尔市乡村农牧业人才调查分析[J]. 安徽农业科学，2016，44（36）：253-255.

[204] 薛建良，朱守银，龚一飞 . 培训与扶持并重的农村实用人才队伍建设研究 [J] . 兰州学刊，2018（05）：189-199.

[205] 曾升科，李勋华 . 乡村振兴背景下人才吸引力影响因素的实证研究——基于渝西地区的调查数据 [J] . 中国农机化学报，2019，40（08）：214-220.

[206] 廖智琪 . 村人才振兴目标下的黔南州乡村人才评价研究 [D] . 浙江海洋大学，2019.

[207] 田书芹，王东强 . 乡村人才振兴的模式比较及其延伸——基于整体性治理的多案例研究 [J] . 当代经济管理，2020，42（08）：66-71.

[208] 熊肖雷，张慧芳 . 乡村人才振兴视角下山地农业现代化的影响因素——基于多项分类Logistic模型的实证研究[J]. 农业科技与信息，2021(05): 5-11.

[209] 高鸣，武昀寰，邱楠 . 乡村振兴战略下农村人才培养：国际经验视角[J]. 世界农业，2018（08）：176-182.

[210] 李逸波，张亮，赵邦宏，周瑾. 中日比较视角下的日本职业农民培育体系研究与借鉴 [J] . 世界农业，2016（05）：186-193.

[211] 陈文权，李颖 . 国外农村人才资源开发的经验与借鉴 [J] . 开放导报，2010（02）：75-79.

[212] 王春伟，刘云涛．国外农村人力资源开发的经验借鉴［J］．世界农业，2013（04）：145-148.

[213] 卢先明，刘清泉，邓正华．韩国、日本乡村振兴人才队伍建设的经验及对我国的启示［J］．湖南行政学院学报，2021（02）：106-114.

[214] 万忠，杨小平．国外农村人力资源开发典型经验及启示［J］．广东农业科学，2009（11）：258-261.

[215] 沈权平．韩国推行“归农归村”的政策支持体系对中国乡村人力资本发展路径的启示［J］．世界农业，2019（10）：53-60.

[216] 高鸣，武昀寰，邱楠．乡村振兴战略下农村人才培养：国际经验视角［J］．世界农业，2018（08）：176-182.

[217] 孙宇，肖洁．美国农民职业教育的经验与启示［J］．现代化农业，2019（04）：49-50.

[218] 王春伟，刘云涛．国外农村人力资源开发的经验借鉴［J］．世界农业，2013（4）：145-148.

[219] 侍建旻．美国农村成人教育对我国农村成人教育的启示［J］．继续教育研究，2011（05）：158-160.

[220] 储诚炜，张波，许迪楼．双元制和资格证书制度：德国农民职业教育的制度驱动［J］．世界农业，2013（03）：132-133+141.

[221] 蔡跃．德国综合性大学的“双元制”教育模式研究［J］．外国教育研究，2010，37（07）：80-85.

[222] 柳一桥．德国农业职业教育对我国新型职业农民培育的启示［J］．农业经济，2018（04）：64-66.

[223] 刘岱．浅谈德国农业人才教育体系［J］．中国职业技术教育，2012（04）：55-56.

[224] 胡献如．借鉴德国“城乡等值化”发展理念 着力推动乡村振兴．［EB/OL］．（2019-01-02）.http：//qynews.zjol.com.cn/qynews/system/2019/01/02/031374883. shtml

[225] 郭徽．法国农民培训教育状况及对我国农民教育的启示［J］．河北大学成人教育学院学报，2007（03）：28-29.

[226] 谭金芳，邓俊锋，徐佳.农业教育视角下的法国现代农业及启示[J].中国农业教育，2016(02)：11-15.

[227] 邢琳.法国农村发展政策（2010—2015年）研究[J].世界农业，2016(06)：104-108+223.

[228] 彭志武.发达国家农民创业培训的国际比较与启示[J].中国集体经济，2019(22)：163-165.

[229] 杨波.国外农民教育培训激励机制及对我国的启示[J].西南交通大学学报（社会科学版），2013，14(05)：104-107.

[230] 李芬芬，戴博.法国乡村建设特点与成效[N].中国社会科学报，2020-11-02(007).

[231] 镇平县政府.关于印发《镇平县电子商务进农村综合示范项目管理办法》暨《镇平县电子商务进农村综合示范项目专项资金管理办法》的通知.[EB/OL].(2017-12-26).

[232] 政府办.思南县"六项举措"加强乡村教师队伍建设 促进县域教育均衡发展.[EB/OL].(2017-03-30).

[233] 安徽省卫生健康委.濉溪县多举措持续加强乡村医生队伍建设[EB/OL].(2020-24).

[234] 甘肃省委组织部.陇西："多管齐下"培育基层党员干部队伍.[EB/OL].(2019-04).

[235] 中共陇西县委组织部.村干部队伍职业化管理的创新举措研究.[EB/OL].(2019-04).

[236] 运城党建网.临猗县加强农业科技人才队伍建设 助力农业高质量发展.[EB/OL].(2020-05).

附　录

河北省乡村人才振兴影响因素调查问卷一

您好：

非常感谢您能够参与我们的问卷调查填写。为了了解乡村振兴视角下河北省乡村人才振兴的影响因素，课题组对河北省乡村人才开展了此次问卷调查。请您仔细阅读每一项叙述，选择符合您实际情况的选项（部分选项可以选择多个），并在选项上标记“√”。本问卷中的每个问题都无对错之分。你选择的答案仅用于整体统计分析和学术研究。本问卷采取不记名方式，并将严格对任何答题情况和个人信息进行保密，不会将其透露给他人。请您根据实际情况认真填写问卷，放心作答。谢谢您的支持！

河北工程大学课题组

一、个人基本情况

1. 您的性别是？

A. 男　　B. 女

2. 您的年龄？

A.18 岁以下　　B.19~30 岁　　C.31~45 岁　　D.46~60 岁

E.61 岁以上

3. 您的婚姻状况？

A. 未婚　　B. 已婚

4. 您有几个子女？

A.0 个　　B.1 个　　C.2 个　　D.3 个及以上

5. 您的学历是？

A. 初中及以下　　B. 高中及职高　　C. 大专　　D. 本科

E. 研究生

6. 您目前的居住地？

A. 乡村　　B. 城市

7. 您目前的从业地是哪里？

A. 石家庄　　B. 邯郸　　C. 邢台　　D. 保定　　E. 张家口

F. 承德　　G. 唐山　　H. 秦皇岛　　I. 沧州　　J. 衡水　　K. 廊坊

8. 您从事的职业是？

A. 种植业从业者　　B. 养殖业从业者　　C. 制造业从业者

D. 电商行业　　E. 乡镇基层教师　　F. 乡镇基层医生

G. 个体经营户　　H. 乡镇基层干部　　I. 村基层干部　　J. 其他

9. 您目前的月收入处于什么水平？

A. 本地区人均月收入以下　　B. 与本地区人均月收入持平

C. 本地区人均月收入以上

10. 您的政治面貌是？

A. 群众　　B. 团员　　C. 民主党派　　D. 中共党员

11. 您更喜欢定居在城市还是乡村？

A 乡村　　B. 城市

二、乡村基础设施因素

12. 您认为您所在乡村的哪些公共服务对人才留在乡村工作的影响较大？（多选）

A. 交通设施　　B. 水暖电气设施　　C. 通信网络设施

D. 人居环境　　E. 教育水平　　F. 医疗条件　　G. 商业服务

H. 快递服务　　I. 其他

13. 您认为您所在乡村的交通设施存在哪些问题？

A. 路面硬化率低　　B. 村道设计不合理，路面窄、路况差

C. 道路维修保养不到位　　D. 缺乏交通标识牌和路灯

E. 村民非法占用村道　　F. 其他　　G. 无上述问题

14. 您对乡村交通基础设施是否满意？

A. 非常不满意　B. 不满意　C. 一般　D. 满意　E. 非常满意

15. 您认为您所在乡村在用水方面存在哪些问题？

A. 自来水普及率低　B. 水质差　C. 经常停水　D. 水费过高

E. 其他　F. 无上述问题

16. 您对乡村用水的总体情况是否满意？

A. 非常不满意　B. 不满意　C. 一般　D. 满意　E. 非常满意

17. 您认为您所在乡村在用电方面存在哪些问题？

A. 经常停电　B. 电压低　C. 安全用电隐患大　D. 其他

E 无上述问题

18. 您对乡村用电的总体情况是否满意？

A. 非常不满意　B. 不满意　C. 一般　D. 满意　E. 非常满意

19. 您对乡村取暖的总体情况是否满意？

A. 非常不满意　B. 不满意　C. 一般　D. 满意　E. 非常满意

20. 您认为乡村燃气在使用方面存在哪些问题？

A. 燃气设备购置费用高　B. 燃气费用贵　C. 燃气补贴不到位

D. 燃气接入费用高　E. 燃气安全隐患大

21. 您认为您所在乡村的通信网络设施存在哪些问题？

A 网络覆盖率低　B. 网络信号质量不稳定

C. 运营商服务质量不高　D. 其他　E. 无上述问题

22. 您对乡村通信网络设施是否满意？

A. 非常不满意　B. 不满意　C. 一般　D. 满意　E. 非常满意

23. 您认为乡村人居环境的哪些影响因素对您更有吸引力？

A. 村庄净化、绿化、美化、亮化到位　B. 村庄环境优美

C. 村庄建筑风格别致　D. 村庄有体育健身器材　E. 民风淳朴

24. 您认为您所在乡村的基础教育存在哪些问题？

A. 教学水平落后　B. 师资力量严重缺乏　C. 教师评职称难度大

D. 教师工作学校距家较远　E. 教学硬件设备缺乏

F. 学校住宿条件差　G. 学校就餐条件差　H. 其他

I. 无上述问题

25. 您对乡村的基础教育水平是否满意？

A. 非常不满意　B. 不满意　C. 一般　D. 满意　E. 非常满意

26.（教师回答）您认为下列哪些因素对您留在乡村学校任教影响较大？（可多选）

A. 薪资水平　B. 职称评定难度　C. 教学难度和压力

D. 上下级关系　E. 同事之间关系　F. 师生关系

G. 学校住宿环境　H. 学校就餐条件　I. 学校卫生条件

J. 学校办公条件　K. 学校生源质量　L. 学校距离家的距离

M. 其他

27.（教师回答）您对在乡村学校工作是否满意？

A. 非常不满意　B. 不满意　C. 一般　D. 满意　E. 非常满意

28. 您认为您所在的乡村医疗情况存在哪些问题？

A. 医务人员配备不齐　B. 基础医疗设施缺乏　C. 医护水平不高

D. 看病贵　E. 看病难　F.“医患”矛盾较突出　G. 其他

H. 无上述问题

29. 您对乡村的医疗技术水平是否满意？

A. 非常不满意　B. 不满意　C. 一般　D. 满意　E. 非常满意

30. 您认为您所在的乡村快递服务存在哪些问题？

A. 快递派送速度慢　B. 快递寄出速度慢　C. 快递代收点少

D. 快递代收点远

二、城市吸引力因素

31. 您认为乡村人才流失到城市的情况严重吗？

A. 非常严重　B. 严重　C. 一般　D. 比较严重　E. 不严重

32. 如果您是家长，会支持子女到城里工作（学习）吗？

A. 一定会　B. 不会　C. 不确定

33. 您认为下列哪些因素是吸引乡村居民进城务工的主要因素？（可多选）

A. 城市收入高　B. 道路、通信、网络等基础设施完善

C. 城市环境好　D. 教育水平高　E. 医疗水平高

F. 生活方式文明　G. 营商环境好　H. 就业机会多　I. 其他

四、乡村营商环境因素

34. 您认为您所在的乡村营商环境存在哪些问题？

A. 政府政务不透明　B. 财税、银行优惠政策不足

C. 创业融资困难　D. 亲商重商的社会氛围不浓

E. 人为设置障碍、刁难办事人员　F. 巧立名目、频繁检查

G. 其他　H. 无上述问题

35. 您对当地基层便民服务水平是否满意？

A. 非常不满意　B. 不满意　C. 一般　D. 满意　E. 非常满意

36. 您对乡村的营商环境是否满意？

A. 非常不满意　B. 不满意　C. 一般　D. 满意　E. 非常满意

五、政府政策因素

37. 当地有无乡村人才支持政策？

A. 有　B. 无　C. 不了解

38. 您认为当地政府关于人才相关政策宣传力度如何？

A 几乎没有　B. 不大　C. 一般　D. 大

39. 当地对乡村人才创业有优惠政策吗？

A. 有　B. 无　C. 不了解

40. 您认为哪些措施的实施可以达到柔性引才的目的？（可多选）

A. 创建重大平台支持　B. 设立工作站点支持　C. 共建合作项目支持

D. 给予安家补贴　E. 加大主导产业扶持力度　F. 解决子女就读问题

G. 给予高收入　H. 其他

41. 您认为当地政府培养乡村人才，鼓励人才返乡的政策体现在哪些方面？（可多选）

A. 财政补贴方面　B. 职业技能培训方面　C. 税收优惠方面

D. 畅通的晋升渠道方面　E. 其他

42. 您认为乡村人才最需要的政策是什么？（可多选）

A. 完善的人才薪酬激励政策　B. 畅通的晋升渠道

C. 实施积极就业政策，为人才提供更多的就业机会
D. 搭建科研平台，为高端人才施展才华提供用武之地
E. 加大对乡村人才的培训、培养力度
F. 完善对乡村人才子女的教育政策
G. 提供优越的安置条件
H. 其他

六、其他因素

43. 您认为您所在的乡村为人才提供的就业岗位如何？
A. 很少　　B. 一般　　C. 比较全面
44. 您认为您所在乡村的个人发展空间如何？
A. 几乎没有　　B. 不大　　C. 还可以　　D. 比较大
45. 您认为新型职业农民对乡村振兴影响大吗？
A. 影响很小　　B. 影响不大　　C. 一般　　D. 影响大
E. 影响非常大
46. 您认为乡镇基层干部的工作强度怎么样？
A. 非常小　　B. 小　　C. 一般　　D. 大　　E. 非常大
47. 下列哪些因素造成了基层干部工作强度大？（可多选）
A. 与村民沟通有难度　　B. 防火、防洪、禁燃　　C. 信访维稳
D. 乡村行政执法问题　　E. 工作人员少　　F. 工作任务繁重
G. 工作能力不足　　H. 干群关系不融洽　　I. 环保工作压力大
J. 属地管理制度增加了很多工作量　　K. 工作人员老龄化　　L. 其他
48. 您认为乡镇基层干部的工作强度对您是否留在乡村工作影响大吗？
A. 影响很小　　B. 影响不大　　C. 一般　　D. 影响大
E. 影响非常大
49. 您认为影响您留在乡村工作的因素有哪些？（可多选）
A. 政府对乡村人才的优惠政策　　B. 风土人情　　C. 职业前景好
D. 晋升机会多　　E. 社会责任感　　F. 照顾老人或者子女方便
G. 毕业时被招录到乡村，无更好的选择　　H. 其他

50. 您认为风土人情对您留在当地工作、生活的影响大吗？

A. 影响很小　　B. 影响不大　　C. 一般　　D. 影响大

E. 影响非常大

51. 您认为当地乡村人才队伍存在的问题有哪些？（可多选）

A. 文化程度较低，高层次人才少　　B. 人才队伍年龄偏大

C. 人才外流现象严重　　D. 现有人才作用发挥不足　　E. 其他

52. 您认为当前乡贤返乡创业的环境存在哪些不足？（可多选）

A. 创业机会不足　　B. 税收优惠政策不足　　C. 融资环境较差

D. 基础设施不健全　　E. 其他

河北省乡村人才振兴影响因素调查问卷二

您好：

非常感谢您能够参与我们的问卷调查填写。为了了解乡村振兴视角下河北省乡村人才振兴的影响因素，课题组对河北省乡村人才开展了此次问卷调查。请您仔细阅读每一项叙述，选择符合您实际情况的选项（部分选项可以选择多个），并在选项上标记“√”。本问卷中的每个问题都无对错之分。你选择的答案仅用于整体统计分析和学术研究。本问卷采取不记名方式，并将严格对任何答题情况和个人信息进行保密，不会将其透露给他人。请您根据实际情况认真填写问卷，放心作答。谢谢您的支持！

河北工程大学课题组

一、个人基本情况

1. 您的性别？

A. 男　　B. 女

2. 您的年龄？

A. 18 岁以下　　B. 19~30 岁　　C.31~45 岁　　D. 46~60 岁

E. 61 岁以上

3. 您的婚姻状况？

A. 未婚　　B. 已婚

4. 您有几个子女？

A.0 个　　B.1 个　　C.2 个　　D.3 个及以上

5. 您的学历？

A. 初中及以下　　B. 高中及职高　　C. 大专　　D. 本科　　E. 研究生

6. 您目前的居住地？

A. 农村　　B. 县城

7. 您从事的职业是？

A. 种植业从业者　　B. 养殖业从业者　　C. 制造业从业者

D. 村基层干部　　E. 个体经营户　　F. 乡镇基层干部

G. 乡村教师　　H. 乡村医生　　I. 电商行业　　J. 其他

8. 您目前的月收入处于什么水平？

A. 本地区人均月收入以下　　B. 与本地区人均月收入持平

C. 本地区人均月收入以上

9. 您的政治面貌是？

A. 群众　　B. 团员　　C. 民主党派　　D. 中共党员

10. 您更喜欢定居在城市还是乡村？

A. 城市　　B. 乡村

二、乡村基础设施因素

11. 您认为您所在乡镇的交通设施完善与否对人才留在乡村工作的影响大吗？

A. 影响很小　　B. 影响不大　　C. 一般　　D. 影响大

E. 影响非常大

12. 您认为您所在乡镇的用水设施完善与否对人才留在乡村工作的影响大吗？

A. 影响很小　　B. 影响不大　　C. 一般　　D. 影响大

E. 影响非常大

13. 您认为您所在乡镇的用电设施完善与否对人才留在乡村工作的影响大吗？

A. 影响很小　　B. 影响不大　　C. 一般　　D. 影响大

E. 影响非常大

14. 您认为您所在乡镇的通讯网络设施完善与否对人才留在乡村的影响大吗？

A. 影响很小　　B. 影响不大　　C. 一般　　D. 影响大

E. 影响非常大

15. 您认为您所在乡镇的人居环境的适宜程度对人才留在乡村工作的影响大吗？

A. 影响很小　　B. 影响不大　　C. 一般　　D. 影响大

E. 影响非常大

16. 您认为您所在乡镇的快递服务的完善与否对人才留在乡村工作的影响大吗？

A. 影响很小　　B. 影响不大　　C. 一般　　D. 影响大

E. 影响非常大

17. 您认为您所在乡镇的基础教育水平的高低对您留在乡村工作的影响大吗？

A. 影响很小　　B. 影响不大　　C. 一般　　D. 影响大

E. 影响非常大

18. 您认为您所在乡镇的教师水平的职称评定难度对您留在乡村工作的影响大吗？

A. 影响很小　　B. 影响不大　　C. 一般　　D. 影响大

E. 影响非常大

19. 您认为您所在的乡镇医疗条件对人才留在乡村工作的影响大吗？

A. 影响很小　　B. 影响不大　　C. 一般　　D. 影响大

E. 影响非常大

三、乡村营商环境因素

20. 您认为您所在乡镇的营商环境怎么样？

A. 非常不好　　B. 不好　　C. 一般　　D. 好　　E. 非常好

21. 您认为您所在乡镇的政府行政审批效率对您留在乡村工作的影响大吗？

A. 影响很小　　B. 影响不大　　C. 一般　　D. 影响大

E. 影响非常大

22. 您认为所在乡镇的基层便民服务水平对您留在乡村工作的影响大吗？

A. 影响很小　　B. 影响不大　　C. 一般　　D. 影响大

E. 影响非常大

23. 您认为所在乡镇的政务透明程度对您留在乡村工作的影响大吗？

A. 影响很小　　B. 影响不大　　C. 一般　　D. 影响大

E. 影响非常大

24. 您认为所在乡镇的财税、银行的优惠政策对您留在乡村工作的影响大吗？

A. 影响很小　　B. 影响不大　　C. 一般　　D. 影响大

E. 影响非常大

25. 您认为所在乡镇的创业融资困难程度对您留在乡村工作的影响大吗？

A. 影响很小　　B. 影响不大　　C. 一般　　D. 影响大

E. 影响非常大

26. 您认为所在乡镇的亲商重商的社会氛围对您留在乡村工作的影响大吗？

A. 影响很小　　B. 影响不大　　C. 一般　　D. 影响大

E. 影响非常大

四、政府政策因素

27. 您认为当地政府关于人才相关政策宣传力度如何？

A. 几乎没有　　B. 不大　　C. 一般　　D. 大

28. 您认为政府创建重大平台支持对人才留在乡村工作的影响大吗？

A. 影响很小　　B. 影响不大　　C. 一般　　D. 影响大

E. 影响非常大

29. 您认为政府设立工作站点支持对人才留在乡村工作的影响大吗？

A. 影响很小　　B. 影响不大　　C. 一般　　D. 影响大

E. 影响非常大

30. 您认为政府共建合作项目支持对人才留在乡村工作的影响大吗？

A. 影响很小　　B. 影响不大　　C. 一般　　D. 影响大

E. 影响非常大

31. 您认为政府给予安家补贴对人才留在乡村工作的影响大吗？

A. 影响很小　　B. 影响不大　　C. 一般　　D. 影响大

E. 影响非常大

32. 您认为政府加大支柱产业扶持力度对人才留在乡村工作的影响大吗？

A. 影响很小　B. 影响不大　C. 一般　D. 影响大

E. 影响非常大

33. 您认为政府解决子女就读问题对人才留在乡村工作的影响大吗？

A. 影响很小　B. 影响不大　C. 一般　D. 影响大

E. 影响非常大

34. 您认为政府给予高收入对人才留在乡村工作的影响大吗？

A. 影响很小　B. 影响不大　C. 一般　D. 影响大

E. 影响非常大

35. 您认为政府为乡村人才提供职业技能培训对人才留在乡村工作的影响大吗？

A. 影响很小　B. 影响不大　C. 一般　D. 影响大

E. 影响非常大

五、其他因素

36. 您认为您所在乡村个人发展空间对您是否留在乡村工作影响大吗？

A. 影响很小　B. 影响不大　C. 一般　D. 影响大

E. 影响非常大

37. 您认为新型职业农民对乡村振兴影响大吗？

A. 影响很小　B. 影响不大　C. 一般　D. 影响大

E. 影响非常大

38. 您认为乡镇基层干部的工作强度对您是否留在乡村工作影响大吗？

A. 影响很小　B. 影响不大　C. 一般　D. 影响大

E. 影响非常大

39. 您认为乡镇风土人情对人才留在乡村工作的影响大吗？

A. 影响很小　B. 影响不大　C. 一般　D. 影响大

E. 影响非常大

40. 您认为在乡镇工作带来的晋升机会对人才留在乡村工作的影响大吗？

A. 影响很小　B. 影响不大　C. 一般　D. 影响大

E. 影响非常大

41. 您认为人才个人所追求的社会责任感对人才留在乡村工作的影响大吗？

A. 影响很小　　B. 影响不大　　C. 一般　　D. 影响大

E. 影响非常大

42. 您认为在乡镇照顾老人或者子女方便对人才留在乡村工作的影响大吗？

A. 影响很小　　B. 影响不大　　C. 一般　　D. 影响大

E. 影响非常大

后 记

本书是在2019年度河北省社会科学基金项目《乡村振兴视阈下河北省乡村人才振兴路径研究》（HB19YJ040）研究成果的基础上修改完成的，它的完成是我和课题组成员三年寒暑刻苦努力的回报，是多年来我的研究成果的结晶。

党的十九大报告指出，“农业农村农民问题是关系国计民生的根本性问题，必须始终把解决好‘三农’问题作为全党工作的重中之重”。当前，乡村振兴已经成为党和国家的重大战略部署，需要各级政府全面发力才能做好乡村振兴工作。

人才振兴是乡村振兴不可或缺的一部分，可以说，如果没有乡村人才的振兴，就没有乡村振兴。当前，河北省的乡村振兴工作正在稳步推进，取得了较大的成效，但是，河北省的乡村人才依然存在着乡村人才总量不足、质量不高的短板，这已经成为阻碍河北省乡村振兴进程的主要因素。因而，当前亟须对河北省乡村人才振兴路径进行深入研究。据此，根据本人及课题组的多年的研究积累，本人选择了以“乡村人才”为视角申报了2019年度的河北省社会科学基金项目并顺利获得批准立项和经费资助。这使我的学术研究道路又提高到了一个崭新的领域。希望通过课题组成员的共同努力去深入研究河北省的乡村人才振兴问题，以期提出河北省乡村人才振兴的具体对策措施。

课题立项后的喜悦和兴奋只是暂时的，完成课题的压力使课题组马上进入了艰苦的课题研究阶段。为了保障课题研究的顺利进行，课题组进行了具体的任务分工。由于要研究河北省乡村人才振兴问题，这就需要深入河北省的县域乡村进行实地调研。为了减少调查的工作量，快速提高样本数据的采集速度和保证调查的时效性。本书采用了抽样调查法估计和推测整体研究对象。根据2020年河北省各县域农村居民人均可支配收入，将河北省各个县域分成“高收入组”“中高收入组”“中等收入组”“中低收入组”“低收入组”五个区间，并从五个区间中再抽样选择部分县域对影响河北省乡村振兴的主要因素进行调研。两年间，课题组先后在样本县域进行了实地调研和问卷收集；在人群选择上，重点选择了对乡镇基层公务员、乡村基层干部、乡村教师、乡村医生、乡村种养殖业、乡村制造业职工、乡村个体户等乡村人才进行数据采集。本次调研共获取有效调查问卷 964 份，基本掌握了目前影响河北省乡村人才振兴的基本情况，从而为课题的深入研究奠定了坚实的基础数据支持。

在课题研究过程中，课题组不断追踪国内外最新的研究成果，同时利用调研基础数据，共发表了 4 篇学术论文，这表明课题研究成果得到了相关专家的认可。当然，本研究的研究道路远未结束，一方面，本书将送往相关部门和接受采访的乡村人才，征求他们对本书的建议，以便更好地进行后续的研究；另一方面，随着河北省城乡发展的不断融合，乡村社会又会出现新的发展特点，乡村人才尤其是“00 后”乡村人才的工作和生活诉求也会随之发生相应的变化，这就需要紧密追踪乡村人才进行持续研究，从而为河北省提供乡村人才振兴富有针对性的对策路径，这也是作者今后的研究重点。

对于本书的写作，要特别感谢我的博导河北大学的王金营教授、河北工程大学的哈明虎教授、河北省发改委的李岚研究员、河北省社科院的王建强研究员，感谢我的同事王彦林教授、顾瑶教授、刘艳华博士、李凯伦博士、马志超博士、康东伟博士，感谢河北工程大学管理工程与商学院的支持，感谢研究生吴继琛、邢闰淅、梁晓丹、薛波、郭晓磊、王金良、张珊、张艳丽、魏岚、胡秀深、张如月、李欢欢、李志红等同学在资料收集、实地调研和数据整理中的艰苦努力。

感谢河北省哲学社会科学规划办公室对于本书出版的支持和资助，感谢中国纺织出版社有限公司的曹炳镝编辑为本书的出版付出了辛勤的劳动，提供了高质量的编辑、设计和印刷服务，在此表示最诚挚的谢意。

贾冀南

2022 年 7 月 19 日晚

于新校区 9 教 235 工作室